Naître là-bas, grandir ici

NAÎTRE
GRANDIR
DEVENIR

Jean-Vital de Monléon

Naître là-bas, grandir ici

L'adoption internationale

BELIN

NAÎTRE, GRANDIR, DEVENIR
Collection dirigée par Agnès GRISON et Danielle RAPOPORT

Dans la même collection :

Danielle RAPOPORT, Anne ROUBERGUE-SCHLUMBERGER, *Blanche-Neige, les sept nains et… autres maltraitances. La croissance empêchée*

Jean-Paul DOMMERGUES, Guy LEVERGER, Danielle RAPOPORT, *Droit de savoir, savoir dire. L'enfant malade*

Catherine SELLENET, *L'enfance en danger. « Ils n'ont rien vu »*

Danielle RAPOPORT, *La bien-traitance envers l'enfant. Des racines et des ailes*

Les Cahiers

Cahier n° 1. Olivier FRESCO, *Entendre la douleur du nouveau-né. Aux confins de l'oubli*

Cahier n° 2. Claude SUZANNE, Didier JEAN-JOUVEAU, James MCKENNA, Jacky ISRAËL, *Comment dorment les bébés. Pour ou contre le sommeil partagé*

Cahier n° 3. Hélène SALLEZ, Bernard THIS, *Tous jaloux ? Lorsqu'un autre enfant paraît*

Hors collection : *Si on rêvait*

ISBN 978-2-7011-3564-9

Sommaire

La passion de l'adoption 7

1. Les deux grandes questions
Le pourquoi de l'adoption 15

2. De nouvelles maternités performantes : les aéroports
L'état actuel de l'adoption internationale 31

3. L'adoption au fil des siècles
Un miroir de nos mentalités 57

4. Dis-moi comment tu adoptes, je te dirai d'où tu viens
Tour du monde ethnologique de l'adoption 83

5. Qui a peur de l'adoption ?
Inquiétudes et a priori *psychologiques* 105

6. Un enfant à tout prix ou des parents à tout prix
Éthique et morale dans l'adoption 159

7. Mon enfant a traversé des frontières, en est-il plus fragile pour autant ?
La santé des petits adoptés 191

8. Adoption : mode d'emploi
Le déroulement des démarches 231

9. Aspects juridiques de l'adoption
La filiation par le juge 271

Les petits adoptés, explorateurs du XXIe siècle 289

Annexes

Adresses utiles 293

Bibliographie 295

Table des matières 297

À tous les petits adoptés
de la consultation d'adoption
outremer et d'ailleurs...

La passion de l'adoption

Pourquoi ce livre ?

Quand on s'intéresse à l'adoption on peut se contenter de l'effleurer, mais quand on décide de vraiment s'y attacher, on le fait avec passion.

Depuis que j'ai rencontré l'adoption, elle ne m'a plus quitté, car j'ai compris comment cette parenté particulière touchait ce qui est le plus essentiel à l'enfant. Il y a une petite dizaine d'années, je ne savais pas grand-chose sur ce sujet. Mais, de plus en plus souvent confronté à ce phénomène, j'ai découvert et je continue à découvrir un fait social révolutionnaire, qui bouleverse les mentalités. Pris d'une boulimie de connaissances, j'ai choisi d'y consacrer une partie non négligeable de mon temps : consultations d'enfants adoptés, conseils aux parents adoptifs, conférences à mes confrères médecins ou à diverses associations, recherches ethnologiques sur l'adoption en milieu traditionnel, lecture d'innombrables livres et articles.

C'est petit à petit que l'adoption est devenue pour moi un véritable engagement. Comme beaucoup, je ne voyais dans ce mode de filiation qu'une forme de traitement contre la stérilité.

Mais deux séjours dans la Polynésie traditionnelle m'ont ouvert les yeux sur une autre culture, une manière différente d'appréhender la filiation, les relations familiales et le respect que l'on doit à l'enfant. Ces expériences m'ont poussé à aller plus loin et à étudier les différents volets de l'adoption.

Écrire un livre sur le sujet me semblait de plus en plus nécessaire. Le désir de partager cette expérience est ancien. Mon métier de médecin de l'enfance me porte à rassurer face à l'inconnu. On a parfois comparé, à tort, la pédiatrie à la médecine vétérinaire puisque, comme un animal, le petit enfant ne peut pas toujours s'exprimer. Mais, à la différence du vétérinaire, le pédiatre doit être un grand bavard. Il s'agit sans doute de l'une des professions où la communication a la plus grande place. Il faut essayer d'expliquer l'incompréhensible et chercher, avec les parents, la meilleure solution pour leur enfant. De plus en plus de pédiatres refusent que leur rôle se limite à la seule santé physique de l'enfant et veulent s'attacher à son bien-être social et familial.

C'est dans l'étude de l'adoption que j'ai pu utiliser conjointement mes deux formations, celle de médecin pédiatre et celle de chercheur en anthropologie, spécialisé dans l'étude de la petite enfance. En créant la consultation d'adoption outremer, j'ai voulu éviter aux enfants et à leurs parents un long cheminement de consultations en consultations, l'obligation de poursuivre le parcours du combattant depuis le spécialiste des maladies tropicales, puis celui de la croissance et celui de la nutrition jusqu'au pédopsychiatre. Je ne prétends pas avoir les compétences pour dominer toutes ces spécialités, mais, dans le domaine de l'adoption, j'espère être le plus polyvalent possible et en connaître toutes les subtilités.

Des structures telles que ma consultation manquaient en France et leur généralisation me comblera. Car, si l'adoption est souvent une histoire merveilleuse, elle peut être aussi source de bien des soucis. Il est nécessaire de rassurer chacun sur son rôle et de mettre en garde sur les problèmes avant leur apparition.

Cette exigence de polyvalence m'interdisait de me limiter à un double regard médical et anthropologique sur un phénomène aussi complexe. Il fallait étudier les autres facettes de l'adoption. En ne s'attachant qu'aux spécificités de leur fonction, ou aux hasards de leurs rencontres, un magistrat, un médecin, un psychologue, un sociologue, un anthropologue, un démographe, un enseignant ont souvent un regard bien étroit sur le sujet. L'enfant est un enfant dans sa globalité; il ne peut être limité à une maladie, un texte de loi ou une unité statistique.

Peu de sujets provoquent autant de débats que l'adoption. Malgré un essor considérable, cette façon de créer une famille n'est pas toujours considérée comme l'équivalent de la filiation biologique, naturelle. Si les débats sont nombreux, l'adoption reste méconnue et, malheureusement, les idées communes ne sont souvent que des croyances qui s'appuient sur des fondations peu fiables.

Le but de cet ouvrage sera atteint s'il permet à ses lecteurs de progresser dans leur réflexion, et d'accepter l'adoption comme une filiation à part entière, même si elle est différente de la filiation biologique Mon souhait est de devenir un passeur de l'adoption pour que la rencontre entre l'enfant et sa nouvelle famille se passe dans les meilleures conditions.

Pour comprendre le poids de cette filiation naturelle, il faut repenser le moment de la naissance. Lorsque l'enfant paraît, toutes les fées plus ou moins bien intentionnées se penchent sur son berceau pour chercher des ressemblances. Il a les yeux de sa mère, le menton de son père, le nez de sa grand-mère et les grandes oreilles décollées de son oncle. Ces remarques, souvent les premières que va entendre le nourrisson, ont pour but de l'accueillir ou de l'installer dans sa nouvelle vie et sa famille, comme pour bien légitimer sa place dans l'arbre généalogique.

Quand un enfant étranger est adopté, il a les yeux bridés des berges du Mékong, les cheveux crépus du Burkina Faso, les pommettes hautes des montagnes andines ou la peau joliment teintée des lagons polynésiens. Mais il ressemble rarement à ses nouveaux parents. Et si, par coïncidence, quelqu'un constate une ressemblance physique de l'enfant avec l'un de ses parents adoptifs, c'est presque en s'excusant qu'il la fera remarquer, alors que la plupart des parents adoptifs recevront ce commentaire comme le plus doux des cadeaux, comme s'il était besoin d'être semblables pour s'aimer et avoir des relations familiales normales. Les progrès de la science, qui ont montré l'importance de l'héritage génétique, nous confortent dans cette hypothèse.

Je voudrais montrer qu'une filiation réussie n'est pas nécessairement une filiation biologique, que la part de l'affectif et de l'amour est souvent plus importante que celle de l'inné.

L'inquiétude d'une famille qui va adopter est naturelle. Si les parents sont anxieux dans l'attente d'un enfant biologique, ils ont bien plus de raisons de l'être dans le cas de l'adoption, car leur chemin est pavé d'embûches, les difficultés sont souvent plus grandes pour arriver jusqu'à l'enfant et l'éducation est parfois plus délicate. Pourtant, ces embûches et la crainte qu'elles inspirent donnent l'occasion aux parents de mieux s'interroger et de mieux réfléchir sur leur parentalité. La conséquence en est que l'adoption aboutit dans de nombreux cas à des relations familiales aussi fortes, voire plus profondes que certains liens biologiques. « On choisit ses amis, pas sa famille », dit un dicton populaire ; dans l'adoption, on ne choisit pas sa famille, mais on s'adopte mutuellement.

Pour qui ce livre ?

Il est avant tout destiné aux parents.

À ceux qui viennent d'adopter un enfant, il permettra de mieux préparer son accueil en répondant à certaines des questions que soulève un événement aussi important.

Mais il s'adresse aussi à ceux qui s'interrogent sur leur désir d'adoption. Il aidera les couples à mûrir leur décision, une des plus délicates qu'ils auront à prendre dans leur vie, en les aidant à se lancer, ou non, dans cette aventure, Cette étape ne doit pas être franchie à la légère, les conséquences peuvent être graves, surtout pour l'enfant adopté.

Les proches (grands-parents, amis, parrains, marraines) trouveront ici des informations pour mieux entourer et accepter ce nouvel arrivé. Car, si les parents ont l'occasion de découvrir l'adoption bien avant l'arrivée de l'enfant, par le processus de l'agrément et de la recherche, leurs proches n'y sont véritablement confrontés qu'au moment où l'enfant arrive. C'est, pour eux aussi, un moment de grandes interrogations.

Les professionnels approfondiront à la lecture de plusieurs chapitres certains aspects de la question. Chaque école primaire, chaque clientèle de médecin de l'enfance, pédiatre ou généraliste, comptent au moins un enfant adopté à l'étranger, et pourtant, là aussi, ce phénomène largement répandu est encore méconnu en raison de son caractère relativement récent.

Enfin, à ceux qui ne sont pas confrontés directement à ce sujet, ce livre évitera des *a priori* ou des réflexions maladroites aux conséquences désastreuses.

La première partie rend compte de la situation actuelle de l'adoption internationale à partir des données démographiques, et analyse au travers de l'histoire et de l'anthropologie la mobilité des enfants en fonction de la culture,

L'adoption internationale est devenue depuis deux décennies un véritable phénomène de société. Elle touche de plein fouet des destinations comme la France, les États-Unis et les pays scandinaves, mais n'atteint pas encore la même ampleur en Allemagne ou au Royaume-Uni. Presque tous les Français connaissent, dans leur entourage plus ou moins proche, un petit enfant adopté au-delà des mers. Et presque tous jugent cette situation avec des idées bien arrêtées et proclament leurs opinions d'un ton péremptoire. L'étude de ce qui s'est passé autrefois, ou de ce qui se passe sous d'autres latitudes, la fait apparaître dans toute sa complexité, et peut aider à profiter des expériences ou des erreurs des autres.

La deuxième partie du livre, en replaçant l'enfant dans son nouvel environnement, vise à favoriser son accueil : il faut tenir compte de sa santé physique et psychologique, souvent rassurer et ne pas ajouter de faux problèmes. À cet aspect psychologique se rattache le côté moral. Beaucoup se demandent en effet si on a le droit de séparer des enfants de leur famille et de leur région d'origine. Les problèmes juridiques doivent également être étudiés, car l'adoption est une filiation légale et non biologique.

Enfin, ce livre donne des renseignements pratiques sur le fonctionnement et les démarches de l'adoption. Bien souvent, quand on songe à adopter un enfant, on ne sait ni comment faire, ni par où commencer. Mais s'il s'agit bien d'un guide et d'une source de renseignements, il se veut plus un outil de réflexion qu'un mode d'emploi à suivre aveuglément. Dans le long chemin qui aboutit à l'adoption, nos conseils ont un double but : faire profiter au mieux de cette période, mais aussi en accepter les contraintes. Même si les questions pratiques sont celles que l'on pose en premier, elles n'ont qu'une faible importance par rapport à l'adoption proprement dite. Aussi longue et pénible soit-elle, la démarche qui y conduit n'est qu'une partie infime de la vie d'un individu.

1

Les deux grandes questions

Le pourquoi de l'adoption

Pourquoi se séparer d'un enfant biologique ? Pour répondre en partie à cette première grande question, je voudrais raconter, choisie parmi les témoignages que je reçois chaque jour et qui me permettent de progresser dans ma réflexion, cette histoire d'un couple de parents adoptifs, car elle balaie bien des idées reçues et porte un message d'espoir.

Après quelques tentatives de procréation médicale et des échecs mal supportés, ce jeune couple s'est tourné vers l'adoption. Leur projet a été mûri, le mode d'adoption en Polynésie leur a été expliqué par des personnes qui ont vécu sur place ; ils se sentent prêts à l'accepter et organisent donc un séjour.

Ils sont vite connus et appréciés dans ces îles. De nouveaux amis les aident à rencontrer deux jeunes Polynésiens, dont le bébé doit naître bientôt, 14 mois après son aîné. Dès le début de cette deuxième grossesse, ce couple a prévu de « donner » son enfant, car ses moyens financiers ne lui permettent pas de s'occuper de deux nourrissons aussi rapprochés. Sans être tendus, les contacts entre les deux familles sont marqués par un certain embarras ; les cultures sont différentes, sans parler des concepts de filiation. Les Polynésiens en particulier, intimidés et handicapés par une mauvaise pratique de la langue française, s'expriment peu.

L'enfant naît peu de temps après. C'est une magnifique petite fille. Les parents adoptifs sont fous de joie. Une joie un peu ternie par un sentiment de culpabilité, mêlé à la vive reconnaissance qu'ils éprouvent vis-à-vis des parents biologiques. Ce sentiment est d'autant plus fort que pendant la période délicate entre la naissance et la légalisation du don d'enfant, la mère biologique est souvent présente auprès d'eux. Elle ne leur parle pas, mais observe chacun de leurs gestes. Les nouveaux parents sont gênés par cette présence, qu'ils interprètent comme un regret. Peut-être ne veut-elle plus leur donner le bébé, cette petite fille qui est déjà la leur, qu'ils ont tant attendue, à laquelle ils tiennent plus que tout ? S'ils n'imaginent pas de s'en séparer, ils ne veulent pas la « voler », l'arracher à celle qui l'a portée pendant neuf mois.

Cette inquiétude qui les ronge, qui les empêche d'éprouver une sérénité totale, va bientôt disparaître. La mère de naissance n'ose pas leur en parler directement, mais se confie à une infirmière qui en informe les nouveaux parents. Le message est simple : même s'il n'est jamais facile de donner son enfant, la mère biologique sait maintenant que son enfant sera heureuse. Jusqu'alors elle s'inquiétait pour son avenir, mais depuis qu'elle a rencontré ceux qui vont devenir les parents de son enfant, elle est apaisée au point de recommencer à dormir la nuit.

Le message de cette femme est magnifique : il nous surprend, nous émeut, nous secoue. Il doit surtout nous permettre de balayer beaucoup d'*a priori*. Ne pas garder son enfant auprès de soi ne signifie pas qu'on ne l'aime pas, qu'on n'y est pas attaché. Cette femme a fait un grand geste d'amour en recherchant le meilleur avenir possible pour son bébé. Elle l'a aimé pour lui, sans égoïsme, alors que certains parents adoptifs, peut-être pour se donner bonne conscience, interprètent trop facilement le geste des parents de naissance comme un désintérêt vis-à-vis de leur progéniture. Cette histoire nous invite à observer la plus extrême prudence avant de juger les autres selon nos propres principes, et à encourager le couple adoptif à un grand respect vis-à-vis de la famille naturelle. Il doit être digne de ce véritable défi : aimer l'enfant pour lui. Avant de se lancer dans les démarches de l'adoption, que les postulants songent à leurs futures responsabilités. Décider d'avoir un enfant est un acte d'une grande responsabilité. Adopter, c'est aller encore plus loin, c'est accepter un engagement encore plus important.

Dans les récits de notre enfance, les enfants abandonnés sont nombreux. Parmi les exemples les plus connus : le Petit Poucet et ses frères, malheureux enfants que leurs parents, pauvres bûcherons, sont contraints de perdre dans les bois à deux reprises. L'abandon apparaît comme une extrême nécessité, une solution tragique, mais inévitable lorsque la faim et la misère rendent impossible toute autre alternative.

Plus tard, on se plonge dans une littérature plus romanesque. Ces livres, que l'on commence à lire à l'adolescence, font découvrir les enfants du péché, enfants de l'amour, enfants accidentels, enfants naturels ou enfants illégitimes. Les termes pour désigner ces enfants nés en dehors d'une union reconnue sont d'une grande variété. La façon dont ils ont alimenté la littérature et l'histoire de France témoignent de leur fréquence.

Ces légendes, ces récits rendent compte de la misère de l'Ancien Régime et du XIXe siècle, qui poussait certains parents au désespoir ; elle a disparu et les aides sociales permettent d'éviter une fin aussi dramatique. Il est désormais exceptionnel en France qu'on abandonne un nourrisson pour des raisons économiques.

Quant à la deuxième cause d'abandon, elle paraît, elle aussi, d'une autre époque. Les moyens contraceptifs ont fait diminuer considérablement les naissances non désirées, mais les mentalités ont également évolué. Au cours des cinquante dernières années, l'enfant sans père a changé radicalement de statut. Au milieu du XXe siècle, il pouvait représenter, pour toute sa famille, une honte et un déshonneur que l'on cherchait à cacher par tous les moyens, comme Marcel Pagnol le décrit, avec une grande véracité, dans son film *Fanny*. On voit comment Honorine traite sa fille qui lui avoue sa grossesse ; la seule solution pour sauver l'honneur de la famille est d'épouser Panisse, homme beaucoup plus âgé que Fanny, qui est prêt à fermer les yeux sur ce « détail », pour se marier avec la jeune femme qu'il convoite. Plus près de nous, l'enfant sans père est devenu un phénomène de société, accepté, reconnu, et chanté par Jean-Jacques Goldman : *Elle a fait un bébé toute seule.*

Si l'abandon dans des pays ou des régions moins favorisés que les nôtres semble acceptable, on a en revanche de plus en plus de mal à le comprendre en France.

La séparation volontaire de son enfant par une mère ou un couple reste, pour beaucoup, synonyme d'abandon. Pourtant, dans un certain nombre de cas, il s'agit plutôt de don. Entre don et abandon, il n'y a que quatre lettres de différence, mais celle-ci dépasse la simple arithmétique. Le premier terme est porteur d'espoir, d'amour, de solidarité, de coopération, tandis que le deuxième évoque une rupture brutale et un acte cruel envers un tout-petit.

On subit l'abandon, quand il n'existe pas d'autres solutions, alors que le don apparaît comme un geste positif, une marque d'amour. Il est universellement reconnu comme un acte généreux ou d'alliance, quoi que l'on donne.

Dans le don d'enfants, dans la majorité des cas, le récipiendaire n'est pas le couple adoptif, mais l'enfant lui-même qui reçoit de sa mère biologique une possibilité d'avenir.

L'adoption, pour être possible, doit commencer par une séparation. L'appeler don plutôt qu'abandon lui donne un autre visage et autorise un autre regard sur les enfants adoptés : un regard rempli d'espoir plutôt que de commisération.

La séparation en France : l'accouchement sous X

L'accouchement sous X est une spécificité bien française puisque, hormis notre pays, il n'existe qu'au Luxembourg. On peut donc être surpris de trouver cette pratique en si bonne place dans un ouvrage consacré à l'adoption internationale, mais ce phénomène est tellement ancré dans nos traditions, il soulève tant de polémiques qu'on ne peut l'ignorer. Comprendre l'accouchement sous X en France permet de saisir la cause de certains malentendus sur l'adoption internationale.

D'autre part, beaucoup de ceux qui ont adopté ou veulent adopter à l'étranger se sont renseignés, ou souhaitent se renseigner sur l'adoption à l'intérieur de l'hexagone. Il est donc utile d'en parler puisque pratiquement tous les enfants adoptables en France sont nés de cette manière anonyme.

Le dernier chapitre consacré à la filiation par le juge et aux aspects juridiques complétera une réflexion sur les problèmes qui font actuellement débat.

Qui accouche sous X en France ?

Les grandes détresses et les misères sociales dénoncées par Hugo et Zola subsistent dans notre pays. Ainsi, un certain nombre de femmes n'ont pas la possibilité sociale ou familiale de garder l'enfant qu'elles attendent. Mais bien d'autres raisons expliquent les grossesses non désirées.

Il n'existe pas toujours de contraception disponible, car celle-ci signifie consultation auprès d'un médecin ou d'un centre de planification familiale, qui peuvent être trop éloignés ou difficiles d'accès. Parfois, des jeunes femmes, surtout par inexpérience, ne découvrent leur grossesse que lorsque le délai légal de l'interruption volontaire de grossesse est dépassé. Ou, dans certains cas de grossesses non désirées, qu'il s'agisse d'un accident ou dans le pire des cas d'un viol, des convictions personnelles ou religieuses font refuser à certaines toute idée d'avortement. Il peut s'agir aussi de grossesses désirées au moment de la conception, mais qui ne le sont plus après les neuf mois de gestation, souvent du fait d'une dislocation du couple parental.

Enfin, s'il est bien connu que certaines Françaises profitent des délais plus longs proposés par les législations d'autres pays (Royaume-Uni, Pays-Bas) pour interrompre leur grossesse à l'étranger, on sait moins qu'un nombre non négligeable de femmes étrangères bénéficie de la législation française sur l'accouchement anonyme.

La séparation à l'étranger : des raisons souvent proches sous toutes les latitudes

Il n'est pas aisé de connaître les raisons qui poussent des familles à se séparer de leur(s) enfant(s), car on dispose de peu de statistiques. J'utilise ici les données de ma consultation d'adoption outremer, et les renseignements qui m'ont été fournis par les familles adoptives, où, contrairement à d'autres sources, les parents, dans la presque totalité des cas, savent pourquoi leurs enfants ont été séparés de leur famille d'origine.

Une raison économique

C'est, principalement, le manque de moyens financiers qui fait que l'on ne peut garder l'enfant qui arrive. Cette pauvreté représente, de manière isolée ou associée, un peu plus de la moitié des cas de séparation.

Il s'agit d'enfants qui ne sont pas attendus, dans des pays où la contraception est soit hors de portée (Asie du Sud-Est), soit refusée pour des raisons culturelles ou religieuses (Afrique Noire, Polynésie), soit interdite par un régime autoritaire, comme la Roumanie de Nicolae Ceaucescu, qui proclamait les fœtus « richesse nationale appartenant à l'ensemble du peuple ».

Dans bien des pays, on ne peut nourrir un enfant de plus. Dans d'autres, sans aller jusqu'à cette extrémité, un enfant non souhaité risque de déséquilibrer une situation déjà précaire.

Une raison sociale

Présente une fois sur quatre, cette raison est souvent associée à la précédente. Il est aisé de comprendre qu'il est plus difficile d'assumer la charge financière d'un enfant quand son père a quitté le foyer, laissant son épouse sans ressources.

Les rares cas de séparation d'enfant par des femmes issues d'un milieu favorisé s'expliquent par une naissance en dehors du mariage, en particulier en Amérique latine.

L'une des situations les plus insupportables est celle où un petit garçon ou une petite fille sont abandonnés par leur mère, avec laquelle ils vivaient jusqu'alors, parce qu'elle a décidé de refaire sa vie avec un homme qui refuse d'accepter les enfants d'un autre.

Les enfants orphelins

Si une majorité d'enfants adoptables se trouvent dans des lieux qui portent encore le nom d'orphelinat, bien peu sont véritablement des orphelins (un peu plus d'un sur dix). Mais, pour un enfant sans parents dans le tiers-monde, que ceux-ci soient morts ou introuvables, un des rares espoirs de vie meilleure reste l'adoption internationale.

Les enfants refusés pour ce qu'ils sont

Souvent les petites filles sont dévalorisées socialement. Dans certaines sociétés, si le nouveau-né est un petit garçon, on se serrera pour lui faire une nouvelle place, mais s'il s'agit d'une fille on cherchera plus volontiers à s'en débarrasser, surtout si la situation pécuniaire est délicate. Actuellement, deux enfants sur trois adoptés à l'étranger sont des petites filles.

Des superstitions ancestrales poussent aussi à se débarrasser rapidement de nourrissons, s'ils sont supposés porteurs d'une malédiction (c'est le cas des jumeaux dans certaines régions d'Afrique ou de Madagascar). Cette situation n'est évidente que dans environ 2 % des cas. Mais comme elle n'est pas aisée à mettre en évidence, elle est sans doute sous-estimée.

L'enfant retiré par les autorités

Dans quelques pays, les droits des enfants sont encore totalement bafoués, mais, de plus en plus, les gouvernements se mobilisent pour créer des systèmes de protection. Des enfants sont retirés de la garde de leurs parents en cas de sévices avérés : coups, violences sexuelles, ou graves négligences. En France, ils sont confiés à l'Aide sociale à l'enfance et placés dans des centres ou des familles d'accueil, où ils ne sont que rarement adoptables car les magistrats hésitent à prononcer une déchéance de l'autorité parentale, alors que dans d'autres pays ces droits sont plus fréquemment annulés. L'adoption internationale apparaît alors comme une nouvelle chance donnée à l'enfant et une charge en moins pour un pays souvent en proie à des difficultés économiques. Presque un enfant sur dix, principalement d'origine sud-américaine, est dans ce cas.

Le cadeau fait à l'enfant

Parfois (environ 3 % des cas), la séparation est décidée par les parents biologiques, avant tout dans l'intérêt de leur enfant. Celui-ci est porteur d'une malformation ou d'une maladie curable par des thérapeutiques disponibles en Occident, mais difficiles à obtenir dans son pays d'origine. Ou bien l'on espère que le petit dernier d'une nombreuse famille, auquel il ne reviendra que des miettes, bénéficiera, avec d'autres parents, d'une éducation et surtout d'une instruction de bon niveau.

Le cadeau fait aux parents adoptifs

C'est une raison exceptionnelle dans notre société, mais qui reste fréquente sous d'autres latitudes. Par obligation (pour des services rendus ou pour honorer quelqu'un dont on dépend) ou par solidarité (la stérilité d'un ami par exemple), des parents acceptent de donner leur enfant. Comme nous le verrons dans le chapitre consacré à l'anthropologie, ceci ne témoigne pas d'un manque d'amour pour l'enfant, mais de notions très différentes de la parenté.

Les minorités ethniques

Ce n'est jamais une cause isolée, mais elle est très fréquente (proche de 10 %) chez les enfants adoptés à l'étranger. Beaucoup de petits Thaïlandais sont d'origine laotienne, les petits Roumains appartiennent souvent à l'ethnie tzigane, les Bulgares à la minorité turque de ce pays, etc. Il est évident que cet élément ajoute un facteur de risque réel à des situations déjà fragiles.

Les enfants trouvés dans la rue

Ils représentent environ un enfant sur sept, adoptés à l'étranger. La plupart du temps, bien sûr, on ne sait pas grand-chose sur eux. On peut supposer que leur abandon est dû à l'une ou plusieurs des raisons évoquées ci-dessus.

On les retrouve dans des endroits où ils seront vite recueillis, devant un orphelinat, un commissariat, dans une salle d'attente de gare routière, avec parfois un petit mot explicatif. Il s'agit, plus rarement, d'une action à visée infanticide lorsqu'un bébé est abandonné dans un lieu où il a peu de chances d'être découvert, comme une poubelle ou un endroit désert.

Les données sociales des parents biologiques

Ces chiffres sont toujours ceux de la consultation d'adoption outremer. Ils montrent une grande précarité, puisque un peu moins de la moitié des familles biologiques n'a pas de travail ou exerce des petits boulots, qu'environ 30 % sont des agriculteurs ou pêcheurs et 10 % des ouvriers. Toutes ces situations correspondent à un très bas niveau social, en particulier dans les pays du tiers-monde. La plupart des agriculteurs, par exemple, sont des paysans sans terre ou qui n'exploitent qu'un maigre lopin. On note 7 % d'employés de maison sur le total, ce qui correspond aux deux tiers de l'ensemble des ouvriers. Il semble que cette profession présente un risque important de séparation familiale. Une employée de maison, dans un pays du tiers-monde est souvent exploitée, elle doit être disponible à tout moment, et ne peut garder son emploi avec la charge d'un enfant.

Il ne reste donc que 10 % de familles de catégories socio-professionnelles intermédiaires ou supérieures, pour lesquelles il faut chercher des raisons sociales à la séparation.

Par ailleurs, seulement 4 % des enfants sont nés de mères prostituées. Certes ce chiffre est élevé, mais bien moins que dans l'imaginaire collectif, où il est souvent surévalué.

L'âge des parents biologiques, au moment de la naissance de leurs enfants, contredit une autre idée reçue : ce ne sont pas seulement des femmes jeunes qui se séparent de leur enfant. La pyramide des âges est bien répartie : seulement 12 % des mères (et aucun père) ont moins de 20 ans.

Pourquoi accepter un enfant qui n'est pas le sien ?

Sur cette deuxième grande question, il n'est pas plus évident d'avoir des statistiques exactes. Les enquêtes d'agrément pourraient fournir une réponse, puisqu'elles interrogent les postulants sur leurs motivations. Mais toutes n'aboutissent pas à une adoption et certaines personnes n'osent pas se dévoiler totalement à cette occasion.

Les données que j'expose ici sont, elles aussi, issues de mon expérience dans la consultation d'adoption outremer. Elles représentent un échantillon de près de 300 familles qui m'ont donné librement ces renseignements, dans une ambiance de confiance réciproque.

Les raisons de l'adoption

Stérilité

C'est de très loin, avec 75 % des cas, le principal motif qui pousse les couples à adopter. Certains connaissent leur stérilité dès avant leur union. L'adoption est donc un choix qu'ils ont envisagé dès leur projet de vie commune. Ce sont ceux par exemple qui ont reçu des traitements anticancéreux, thérapeutiques à double tranchant; ils ont eu la vie sauve, mais ils sont devenus stériles. Il peut aussi s'agir de malformations ou de maladies touchant les organes génitaux. Parmi les principales causes de stérilité féminine actuelle, citons le Distilbène. Pendant les années 1960-1970, ce médicament a été largement prescrit lors des grossesses pour éviter les fausses couches, On ignorait sa grande nocivité sur les petites filles issues de telles grossesses. Aujourd'hui celles-ci sont adultes et, à cause de ce médicament, elles présentent un grand risque de cancer gynécologique et de stérilité.

Mais la grande majorité des personnes ignorent leurs troubles de fécondité avant le mariage. Longtemps on a cru, ou l'on a fait croire, que la stérilité était une affaire de femmes, que l'homme ne pouvait pas être atteint par de tels troubles. Il n'en est rien, la stérilité masculine semble d'ailleurs en progression, soit parce qu'on la recherche et que l'on sait mieux la dépister, soit peut-être à cause de certains facteurs extérieurs (pollution, stress). Des polluants en particulier, comme le DDT, se dégraderaient sous forme d'hormones féminines qui nuiraient après leur absorption (dans la nourriture) à la qualité du sperme. Il semble cependant que la plupart des stérilités soient des stérilités de couple. Ni le mari, ni la femme ne sont véritablement stériles, mais tous deux sont porteurs d'une hypofécondité ; l'association de ces deux insuffisances à l'intérieur d'un même couple le rend infécond.

Il existe aussi des stérilités secondaires, physiologiques, qui touchent surtout les femmes, comme la ménopause. Cette situation se rencontre fréquemment dans des familles recomposées, où l'épouse, déjà mère avec un autre conjoint ne peut, compte tenu de son âge, avoir naturellement l'enfant qu'elle désire avec son nouvel époux.

Si une petite partie des couples, dès la découverte de troubles de la reproduction, choisit d'adopter, la plupart se lance d'emblée dans des thérapeutiques médicales de procréation assistée. Il s'agit, là aussi, d'un parcours douloureux.

Restent, même si elles sont peu nombreuses, les personnes qui se pensaient stériles après plusieurs années d'infécondité, parfois plus de dix ans, et qui ont la surprise et le bonheur d'une grossesse qu'elles n'osaient plus espérer, alors qu'elles viennent d'adopter un enfant ou de commencer des démarches en vue de le faire. Des histoires de ce genre sont souvent colportées, rapportées, proclamées. Elles sont réelles mais exceptionnelles (moins de un pour cent des postulants à l'adoption). Les demandes d'adoption ne sont pas un traitement de la stérilité, et il ne faut pas encourager, comme je l'ai parfois entendu, les couples à les entreprendre, dans le but hypothétique qu'elles déclenchent une grossesse.

Risque génétique

À rapprocher de la stérilité, les risques congénitaux expliquent la motivation d'un couple adoptant sur vingt. Des futurs parents se savent porteurs d'une maladie familiale, qu'ils estiment assez grave pour ne pas prendre le risque de la transmettre à leur descendance. C'est parfois après une première grossesse et la naissance d'un enfant gravement malade ou handicapé que ce risque devient évident. L'adoption apparaît alors comme la solution pour éviter cette épée de Damoclès.

Célibat

Peu d'hommes non mariés cherchent à adopter : aux yeux de la société, l'image de l'homme sans enfant est « acceptable ». Beaucoup d'hommes sans enfants satisfont ce manque de paternité par des contacts proches et fréquents avec des neveux ou des enfants d'amis. D'aucuns trouvent même bizarre qu'un homme célibataire veuille adopter un enfant, certains pays allant même jusqu'à l'interdire. À l'opposé, bien des femmes célibataires souhaitent devenir mères, même si elles sont seules. L'adoption est possible pour elles et plusieurs réalisent ce projet. Elles représentent presque une famille adoptive sur dix.

Adoption humanitaire

Je sous-entends par ce terme ambigu une adoption par un couple ou un célibataire qui a déjà des enfants ou qui, sans en avoir, n'a pas de problèmes de fécondité et qui choisit librement le mode de filiation par l'adoption. Le plus souvent, il s'agit de parents qui ont déjà plusieurs enfants biologiques et qui, souhaitant avoir un nouvel enfant, décident de l'adopter plutôt que de le « fabriquer ». Ce choix est dicté par des convictions religieuses ou philosophiques, qui sous-tendent un désir de don, le souhait d'apporter une aide à un enfant défavorisé. La plupart de temps, ces personnes acceptent des enfants moins facilement adoptables, plus âgés ou qui présentent un handicap, voire des fratries. Mais une adoption a rarement pour seul but un motif humanitaire. Si l'adoption plutôt que la procréation reste un geste généreux, une autre cause sous-jacente pousse à ce choix : avoir une petite fille après trois ou quatre garçons biologiques par exemple, ou ne pas tenter le diable et risquer une grossesse pathologique, dont le risque augmente avec l'âge.

Les adoptions purement humanitaires sont exceptionnelles ; elles sont le fait de des personnes qui, avant ce geste, n'avaient aucun désir d'enfant. Elles sont motivées par des histoires particulières, la détresse d'un enfant par exemple. Ces actes sont particulièrement généreux, mais on peut s'interroger sur la relation qui s'installera dans cette nouvelle famille. Les liens relèveront plus du parrainage que de la parenté-filiation. Il est donc nécessaire qu'ils soient bien définis et acceptés de part et d'autre.

Mon but n'est pas de discréditer ce mode d'adoption qui représente souvent la seule solution pour des enfants en danger. Toutefois il me semble important de dire qu'une adoption doit, à l'origine, se traduire par un désir d'enfant.

Il est essentiel d'adopter en pensant à l'enfant, de savoir l'accepter tel qu'il est. Avoir un enfant n'est pas un droit ; lorsqu'il est là, qu'il soit biologique ou adopté, le rendre heureux est un devoir, souvent agréable, pour tous les parents. Adopter n'est pas non plus un droit, encore moins qu'avoir un enfant biologique. Faire ce choix, c'est devenir les parents à part entière d'un enfant avec une histoire qu'il faut respecter. Pour autant adopter, sans adopter pour soi, n'est pas non plus une bonne chose. Nous y reviendrons dans le chapitre consacré à la psychologie.

En conclusion, le cas le plus fréquent est celui d'un enfant sans parents recueilli par des parents sans enfants. Ces deux recherches de bonheurs « égoïstes » peuvent, généralement avec succès, aboutir à un bonheur commun. On peut rendre un enfant heureux en le recueillant, mais ce bonheur sera plus grand s'il est partagé par les parents.

Les données socio-familiales des parents adoptifs

Contrairement à celles des parents biologiques, elles témoignent d'un très haut niveau socioculturel. Ce constat peut être jugé scandaleux, les meilleurs parents ne sont pas les plus riches, mais adopter à l'étranger dépend souvent du niveau socio-économique. La première raison en est strictement économique : adopter, et surtout un enfant étranger, coûte cher. La deuxième est d'ordre plus social : le cheminement de l'adoption est long et difficile, et il apparaît moins compliqué pour les milieux favorisés qui ont un meilleur accès aux sources d'information. Dans plus de neuf cas sur dix, les familles adoptantes ont une profession supérieure (chef d'entreprise, cadre, profession libérale) ou intermédiaire haute (technicien supérieur, enseignant, etc.).

L'âge des familles adoptives est élevé. Seulement 4 % des parents adoptifs ont moins de 30 ans lors de l'adoption, 48 % entre 30 et 40 ans et 48 % plus de 40 ans. Ceci s'explique par les longs processus médicaux qui précèdent l'adoption, par la durée de la démarche d'adoption proprement dite, et parfois par la maturation de la réflexion.

2

De nouvelles maternités performantes : les aéroports

L'état actuel de l'adoption internationale

Comme nous le verrons dans le chapitre suivant, la France est un pays neuf dans le domaine de l'adoption, et encore plus neuf en ce qui concerne l'adoption internationale. Celle-ci n'est apparue qu'au milieu des années 1970, pour devenir progressivement un important phénomène de société.

Aujourd'hui, un peu plus de 700 000 enfants naissent chaque année en France, et entre 3 000 et 4 000 sont adoptés à l'étranger. Cela veut dire que pour 200 enfants qui naissent sur le territoire français, un à deux enfants sont adoptés par une famille française. Dans presque tous les établissements scolaires, au moins un enfant a bénéficié d'une adoption internationale. Dans toutes les petites villes, dans chaque quartier il y a un enfant adopté. Ainsi, chacun d'entre nous est amené à croiser ces enfants de manière régulière. Il ne s'agit pas d'une situation isolée, mais d'une véritable révolution sociale.

Avec près de 4000 arrivées chaque année, presque des « naissances », les aéroports de Roissy et d'Orly sont à classer parmi les premières maternités de France. Des maternités ouvertes sur le monde, qui accueillent un petit échantillon de l'humanité entière.

Un aéroport est pourtant un lieu presque inhumain. Les voyageurs ne font qu'y passer, certains sont pressés, d'autres se désespèrent dans des attentes interminables, presque tous sont stressés. Mais, environ dix fois par jour, des événements d'une émotion intense s'y déroulent. Ce peut être un enfant et ses parents qui se rencontrent pour la première fois, au terme d'une longue espérance partagée. Et si les parents adoptifs ont fait eux-mêmes la route pour ramener leur enfant du bout du monde, l'aéroport est alors l'endroit où tous les proches (famille et amis) voient enfin le « petit dernier ». Un endroit moins intime qu'une chambre de maternité, mais qu'emplit un bonheur encore plus grand.

Quasi nul au début des années 70, le nombre d'enfants étrangers accueillis dix ans plus tard était proche de 1000. Ce chiffre a quadruplé en vingt ans et il devrait encore augmenter. Cette progression a été régulière, avec quelques légers soubresauts, qui s'expliquent par des aléas de l'histoire et des mesures politiques favorables ou défavorables à l'adoption. Certaines baisses s'expliquent facilement quand on analyse les données, pays par pays. Par exemple celles intervenues entre 1986 et 1987 d'une part, et entre 1991 et 1992 d'autre part, ont pour origine la nette diminution, voire le quasi arrêt, de l'adoption par des étrangers dans les deux pays qui étaient alors, pour les Français, la destination privilégiée : la Corée du Sud, puis le Brésil. La stagnation constatée depuis 1999 est due à la décision du gouvernement français, prise au début de cette année-là, d'interdire à ses ressortissants l'adoption au Vietnam. Jusqu'alors, ce pays représentait environ un tiers des adoptions en France. La reprise après chacune de ces pauses montre que rien, même de nouvelles difficultés, ne semble arrêter les parents dans leur quête ou leur recherche d'enfant. Une fois la décision d'adoption prise, après un temps d'arrêt en raison de la conjoncture internationale, les couples se tournent vers d'autres destinations.

Plusieurs faits expliquent le développement impressionnant de l'adoption internationale.

Le premier sera examiné en détail dans le chapitre sur l'histoire de l'adoption : il apparaît que celle-ci a été mieux acceptée dans notre pays et qu'elle s'est progressivement imposée comme une autre façon d'avoir des enfants. À l'époque de l'enfant-roi, pour un couple sans enfants qui ne peut parvenir de manière « classique » ou naturelle à avoir des enfants, l'adoption est devenue une solution envisageable. Ce changement de mentalité a poussé le législateur à unifier le statut des filiations naturelle et adoptive.

La deuxième raison peut être qualifiée d'économique au sens premier du terme, puisqu'à une demande croissante ne correspondait plus qu'une offre déclinante. En effet, en même temps que l'adoption était mieux acceptée dans notre pays, le nombre d'enfants français adoptables diminuait considérablement, du fait des différentes législations autorisant la contraception, puis l'interruption volontaire de grossesse. Les couples désireux d'adopter un enfant ont donc commencé à se tourner vers des pays moins favorisés où, tout comme dans la France du XVIIIe ou du XIXe siècle, de nombreux enfants se retrouvaient sans parents.

Enfin, la démarche des parents adoptifs a été facilitée par l'ouverture au monde. La généralisation des transports aériens, accompagnée de la baisse des tarifs, a réduit les distances. Les échanges entre pays ont se sont intensifiés, le tourisme international s'est développé, tout comme les reportages télévisés. L'étranger est devenu moins étrange. Cette ouverture a changé les mentalités. Le « sauvage » que l'on colonisait au XIXe siècle est devenu petit à petit le frère humain défavorisé que l'on se doit d'aider. Même si la principale motivation reste personnelle, l'aspect humanitaire pèse désormais dans la décision d'adopter, beaucoup de parents acceptant l'idée généreuse de recueillir un enfant physiquement très différent et de lui donner une nouvelle chance.

Sans doute accentué par des difficultés économiques, par la présence d'immigrés et aussi par beaucoup d'incompréhension, le racisme semble fort en France. Pourtant, contrairement à ce que l'on croit, notre pays semble accepter plus que d'autres pays la différence ethnique. Cette attitude est particulièrement nette vis-à-vis du continent africain, où les Français sont pratiquement les seuls à adopter des enfants à la peau sombre. Alors que l'Angleterre gardait l'Inde comme référence lointaine, l'essentiel de l'empire colonial français se situait en Afrique. Associé au côté mythique de l'exotisme africain, le métissage a été admis plus facilement. Bien avant l'équipe de France de football multi-ethnique et championne du monde, de nombreux artistes et sportifs de couleur, originaires des DOM-TOM ou des anciennes colonies, ont su gagner la sympathie des métropolitains.

Le tableau du nombre global d'enfants étrangers adoptés en France, année par année, montre l'importante progression de ces vingt dernières années. Celle-ci est à peu près régulière et rien ne semble pouvoir l'arrêter durablement.

Nombre d'enfants étrangers adoptés en France de 1980 à 2002

Années	*Nombre*	*Années*	*Nombre*	*Années*	*Nombre*
1980	935	1988	2 499	1996	3 666
1981	1 256	1989	2 408	1997	3 528
1982	1 644	1990	2 956	1998	3 777
1983	1 946	1991	2 873	1999	3 528
1984	1 947	1992	2 418	2000	2 964
1985	1 988	1993	2 783	2001	3 094
1986	2 227	1994	3 075	2002	3 351
1987	1 723	1995	3 028		

Les trois grandes phases de décroissance correspondent à la diminution brutale (voire à l'interruption totale) de l'adoption, dans le principal pays d'origine de l'époque. Mais à chaque fois, après une période de « sidération » où le nombre global d'adoptions à l'étranger diminue, les chiffres remontent avec l'apparition ou le développement de nouvelles régions.

Les dernières années ont été exceptionnelles. La chute en 1999 et en 2000 est importante car, dès le premier semestre 1999, le gouvernement français interdit l'adoption au Vietnam et, un an plus tard, au Cambodge au moment où il semblait en passe de remplacer son voisin vietnamien et de devenir la destination privilégiée. Les chiffres de 2001 ont permis une stabilisation, mais la « reprise » a été freinée par la fermeture du nouveau leader : la Roumanie. La croissance devrait reprendre, car certains pays déjà bien présents comme la Colombie, l'Éthiopie et Haïti se sont développés, tandis que d'autres comme la Bulgarie, la Chine et des pays d'Afrique équatoriale ouvrent leurs portes. L'adoption au Vietnam et au Cambodge vient d'être à nouveau autorisée, mais avec des conditions si draconiennes que le nombre d'enfants adoptés reste très faible.

L'origine des enfants adoptés est à la fois diverse et variable avec les années. Depuis 1979, ce sont 98 pays qui ont autorisé l'adoption par des familles françaises. Ce chiffre est impressionnant, puisqu'il correspond à la moitié du monde. Il est aussi en pleine croissance, car de plus en plus de nouveaux pays sont « explorés » par les postulants à l'adoption. Alors que pour l'année 1979, seuls 7 pays d'origine étaient recensés, le record de 1998 avec 69 pays vient d'être battu en 2002 avec 71 pays.

Mais à l'intérieur de ces 98 pays, la répartition est très inégale.

D'où viennent les enfants adoptés ?
Le Top 50 de l'adoption internationale

Les géants de l'adoption

Quatre nations sont de véritables géants de l'adoption avec, au total, de 5 000 à 8 000 enfants adoptés en France. Hormis le Vietnam, ce ne sont pas des États qui possèdent de liens historiques forts avec notre pays, puisqu'il s'agit de la Corée du Sud, du Brésil et de la Colombie. Mais leurs conditions économiques et sociales font qu'il y a, ou qu'il y a eu, beaucoup d'enfants sans famille ; d'autre part, les mentalités ne s'opposent pas (ou ne s'opposaient pas) à l'adoption par des étrangers.

La Corée du Sud, le Brésil et le Vietnam se sont succédé chronologiquement comme destination privilégiée des Français souhaitant adopter à l'étranger. Chaque année, l'une de ces trois régions représentait près de la moitié des adoptions internationales en France, à l'exception des périodes de transition déjà évoquées, où la courbe amorçait une décroissance entre la diminution de l'un de ces géants et l'émergence d'un nouveau pays.

L'année 2000 est particulièrement exceptionnelle, sans destination privilégiée, puisque quatre nations sont à peu près à égalité : la Roumanie, la Colombie, le Guatemala et le Cambodge qui atteignent cette année-là, pour chacune d'entre elles, environ 10 % des adoptions internationales. Si l'adoption au Cambodge n'avait pas été suspendue dès le mois de juin 2000, sa part aurait sans doute été bien plus importante.

Le quatrième géant de l'adoption, la Colombie, affiche quant à lui une plus grande stabilité.

Une analyse plus précise, pays par pays, permet d'expliquer certaines variations.

La Corée du Sud

Ce fut LE pays de l'adoption internationale, lorsque celle-ci en était à ses balbutiements en France, au début des années 80. Les petits Coréens ont représenté jusqu'aux deux tiers des enfants étrangers adoptés, proportion jamais égalée depuis par une autre nation. Après un maximum en 1985, le nombre d'enfants coréens a constamment diminué, pour s'effondrer dès 1987 et prendre une place modeste, en milieu de tableau dans les années 90. L'une des principales raisons en est l'attribution des jeux olympiques de 1988 à la ville de Séoul, capitale de la Corée du Sud. Cet événement très médiatique lui a donné une place importante sur la scène mondiale, ce que montrait déjà son essor économique. Ce pays a connu, dans le dernier quart du XXe siècle, une formidable progression industrielle, d'autant plus remarquable si l'on compare les revenus par habitant des deux Corée. La Corée du Sud faisait un bond, tandis que la Corée du Nord s'enfonçait dans un régime totalitaire, rétrograde, entraînant une pauvreté extrême.

Avec les jeux olympiques de Séoul, qui marquaient de façon triomphale l'entrée de la Corée du Sud dans la cour des Grands, les autorités ont pris des mesures visant à restreindre l'adoption à l'étranger, ce qui laissait croire à tort que le pays était pauvre. L'adoption d'enfants coréens par des États riches avait longtemps été considérée comme une source de revenus non négligeable. Mais, en lui substituant l'exportation des automobiles, des ordinateurs et des navires, les Coréens ont voulu donner une autre image de leur patrie que celle, misérabiliste, prédominante en Occident.

Du fait de cette ancienneté, avec près de 8 000 enfants adoptés en France, les Coréens constituent toujours la première nationalité d'origine. La grande majorité des « petits » Coréens adoptés sont devenus des adultes et viennent de créer la première association d'adoptés par pays d'origine : *Racines Coréennes*.

Le Brésil

L'histoire de l'adoption au Brésil est assez proche de celle de la Corée du Sud. Ce géant du tiers-monde, par sa taille et sa population, a pris le relais de la Corée à la fin des années 80, pour diminuer à son tour de manière identique, au milieu des années 90. Le désir de modernisation et de normalisation a rendu l'adoption plus difficile dans ce pays et les parents postulants à l'adoption ont dû se tourner vers d'autres destinations. Le Brésil a occupé moins longtemps la « *pole position* » que son prédécesseur. Il n'a plus voulu donner une image de pays corrompu, où les enfants sont volés et négociés, d'autant que des histoires sordides avaient été révélées. Les adoptions y sont maintenant, et à juste titre, plus contrôlées, ce qui a pour effet de prolonger et compliquer les démarches.

Le Vietnam

En succédant au Brésil, il est devenu à son tour la destination privilégiée des familles françaises. Inexistante jusqu'en 1986, anecdotique jusqu'en 1991, il lui a ouvert ses portes toutes grandes au début des années 90. Le chiffre annuel de 1 000 enfants adoptés originaires du même pays, qui n'avait jamais été atteint auparavant, a été dépassé à quatre reprises par le Vietnam.

Le sévère et fameux coup d'arrêt a eu lieu au printemps 1999 lorsque, par décision du gouvernement français, l'adoption au Vietnam a été interdite. Après dix-huit mois d'interdiction, des accords bilatéraux ont pu être signés, et elle a été à nouveau autorisée à partir du début de l'année 2001. On pouvait penser que le nombre des petits Vietnamiens augmenterait encore, que ce pays allait donc, très rapidement, prendre à la Corée du Sud la première place du *hit-parade*. Il n'en est rien pour l'instant. Après un afflux de postulants, des excès et sans doute des abus, l'adoption est devenue particulièrement longue, compliquée et demande tellement de démarches que moins de cent enfants vietnamiens ont été adoptés en France entre 2001 et 2002.

Cette interdiction avait été prise par les autorités françaises qui, s'appuyant sur la convention de La Haye, ne trouvaient pas les conditions d'adoption au Vietnam satisfaisantes. Ce traité, qui organise l'adoption internationale, sera exposé dans ses grandes lignes et commenté plus loin.

Elles reprochaient au Vietnam une exploitation abusive de l'adoption internationale. Comme en Corée du Sud à une autre époque, celle-ci était favorisée par les autorités vietnamiennes, non pas seulement pour le bien des enfants, mais aussi pour accroître les rentrées de devises. En séjournant plusieurs mois au Vietnam, un couple de français désireux d'adopter pouvait, de manière directe ou indirecte, faire vivre plusieurs familles vietnamiennes, par les frais d'hôtellerie, de restauration, de traduction, les dons aux orphelinats, et le règlement des documents officiels. L'adoption internationale représentait ainsi l'une des plus importantes sources de revenu du pays.

Pour mémoire, un an plus tard et pour des raisons identiques, auxquelles s'ajoutait une corruption galopante, le gouvernement français a interdit l'adoption au Cambodge à ses ressortissants. Des menaces sérieuses pèsent sur l'adoption dans d'autres pays, tels le Guatemala ou Madagascar.

Si le Vietnam a succédé au Brésil, qui a lui-même pris la suite de la Corée du Sud, c'est probablement parce que l'information circule bien, qu'elle soit transmise par les services de l'État, par les associations de parents adoptifs, ou le bouche à oreille très efficace entre parents. Les couples recherchent des renseignements précis sur les conditions d'adoption pays par pays. Ainsi, quand une destination répond à leur attente (âge d'adoption, facilité des démarches, longueur des délais), la nouvelle se répand très vite et entraîne une convergence des demandes vers cette région.

De même, quand un pays propose moins d'enfants à adopter, du fait de l'amélioration des conditions économiques, le mouvement se déplace vers de nouvelles destinations. Peut-être qu'après la délicate période actuelle, le Vietnam redeviendra, pour quelque temps encore, une importante terre d'adoption pour les couples français. En effet il ne semble pas encore en mesure de subvenir aux besoins de tous ses enfants. Et les Vietnamiens proposés en adoption sont souvent des nourrissons, âge particulièrement recherché par les parents adoptifs.

La Colombie

Le quatrième géant de l'adoption est, statistiquement, différent des trois autres pays. S'il s'agissait d'une compétition, on pourrait dire, ironiquement, que la Colombie est le « Poulidor » de l'adoption internationale. Avant 2001, ce pays n'avait jamais été en tête des classements annuels. Même en 2000, lorsque la disparition conjointe du Vietnam et du Cambodge semblait lui promettre cette place, il s'est fait supplanter par la Roumanie. En 2001 et aussi en 2002, le maillot jaune est colombien. Auparavant, il se positionnait systématiquement à la deuxième ou à la troisième place, ce qui signifie que s'il n'a jamais été LA grande destination, il a toujours été l'une des destinations privilégiées, sans connaître les à-coups des autres pays.

Avant 2001, il n'y a jamais eu, par an, plus de 400 petits Colombiens arrivés en France, mais jamais non plus moins de 100. Cette grande stabilité a une conséquence bien visible en France dans les associations par pays d'origine, qui regroupent les parents ayant adopté dans un même pays : alors que les associations de parents d'enfants coréens ou brésiliens ne trouvent plus guère de relève du fait du faible nombre actuel d'adoptions, et que celle des petits Vietnamiens est encore toute jeune, l'association des parents adoptifs d'enfants colombiens (l'APAEC) occupe une place de choix dans ces mouvements. L'APAEC est la plus importante et la mieux structurée des associations de parents adoptifs par pays d'origine, sans doute parce que les fonctions se transmettent facilement de « génération en génération » de parents adoptifs et que le nombre de ses membres reste constamment élevé et régulier.

Les grands pays d'adoption

Huit pays représentent pour la France de grands pays d'adoption, avec un total de 1 000 à 3 000 enfants par pays. On peut répartir ces pays en deux catégories : d'une part, des pays souvent proches de la France par l'histoire, et une culture francophone ou francophile (Roumanie, Madagascar, Pologne, Haïti) ; d'autre part, des nations moins proches affectivement, mais ayant (ou ayant eu) de nombreux enfants à proposer à l'adoption internationale, du fait de conditions économiques particulièrement difficiles (Inde, Sri Lanka, Chili et Éthiopie).

Les pays d'adoption de taille moyenne

Vingt-trois pays ont un rôle non négligeable avec de 100 à 1 000 enfants adoptés en France, en vingt ans. Il s'agit de pays où des enfants sont adoptés, soit depuis une vingtaine d'années (Pérou, Philippines, par exemple), soit de manière plus récente (Bulgarie, Burkina-Faso, Cambodge, etc.) ; mais aussi de ceux comme le Rwanda qui, pour des raisons d'actualité bien connues, ont eu, pendant une courte période, beaucoup d'enfants sans parents à adopter.

Les petits pays d'adoption

Ce sont les 26 pays où le nombre total d'enfants adoptés pendant ces vingt dernières années est compris entre 11 et 100. Ils ne comptent que pour une toute petite part dans l'adoption en France. Il s'agit par exemple de la Chine, de certains pays d'Europe de l'Est (Arménie, Ukraine, Albanie) ou d'Afrique équatoriale (Cameroun, Niger), dans lesquels l'adoption par des Français est un phénomène récent. Ils sont en train de changer de catégorie.

Les pays d'Europe de l'Est s'ouvrent au reste du monde depuis la chute du rideau de fer. Leur situation économique ne leur permet pas de réaliser, à l'intérieur de leurs frontières, l'adoption de tous leurs enfants sans parents, et l'adoption internationale apparaît de plus en plus comme une alternative.

Il peut s'agir, aussi, de certains pays où l'adoption par des Français est plus ancienne, mais où elle ne représente, chaque année, qu'un très petit nombre d'enfants (Équateur, Honduras).

Enfin, il y a des pays où l'adoption s'est brutalement fermée après s'être développée rapidement. C'est, par exemple, le cas du Laos dans lequel l'adoption internationale a été interdite, en 1994, par décision du gouvernement,

Le cas de la Chine est particulier : elle a longtemps refusé que ses enfants ne soient adoptés par des Français, car l'adoption plénière telle qu'elle existe en France, avec coupure complète des liens biologiques, ne satisfaisait pas les autorités chinoises. Si elle se développe actuellement, elle reste marginale, en comparaison avec les pays d'Amérique du Nord où, chaque année, de nombreuses petites Chinoises sont adoptées et représentent plus de la moitié des adoptions totales. Ces pays ont su convaincre Pékin du bien-fondé de l'adoption. Cependant l'adoption en Chine devrait vite progresser en France et se rapprocher du peloton de tête.

On retrouve donc, dans ce groupe disparate, de « vieux » pays d'adoption du tiers-monde (Asie et Amérique latine) et de « nouveaux » pays en Europe de l'Est ou en Afrique sub-saharienne.

Les cas particuliers

Trente-sept pays ont un rôle très épisodique, puisqu'ils comptent moins de 10 enfants adoptés en France pendant cette période de 21 ans. On retrouve dans cette catégorie, pêle-mêle, des pays aussi différents que les États-Unis, Israël, le Vanuatu, l'Argentine, la Birmanie ou le Swaziland. Il s'agit souvent d'histoires personnelles de Français vivant à l'étranger, ou (surtout pour les pays riches comme les États-Unis) de l'adoption d'un proche (neveu, filleul) devenu orphelin dans un pays étranger. Ces nations ne représentent qu'une partie infime des 51 240 enfants étrangers adoptés, entre 1979 et 1999.

Les variations de l'adoption pays par pays au fil des années

La cause en est bien souvent économique.

Les pays décroissants

La hausse du niveau de vie s'accompagne toujours d'une baisse de la natalité, ce qui signifie moins de bébés en général, donc moins d'enfants à adopter, et encore moins d'enfants à adopter à l'étranger puisque plus de ressortissants du pays, du fait de l'augmentation de leurs revenus, peuvent adopter dans leur pays. L'exemple type est la Corée du Sud.

Les pays stables

Le modèle est la Colombie, dont la situation sociale et économique n'a pas suffisamment varié pour faire diminuer le nombre d'adoptions internationales. D'autres pays, comme l'Inde ou Haïti ont, à plus faible amplitude, une courbe identique.

Les pays émergents

Ce sont principalement l'Afrique et l'Europe de l'Est, avec une croissance régulière et exponentielle du nombre d'adoptés. Il existe, en ce qui concerne l'adoption en Afrique subsaharienne, une grande différence entre la France et d'autres grandes régions d'adoption, comme les États-Unis. Si en Europe de l'Est, en Asie, ou en Amérique latine, les Français désirant adopter se retrouvent en « concurrence » avec des couples d'autres pays occidentaux, ils sont pratiquement les seuls à adopter sur le continent africain. C'est le cas en Éthiopie, et plus encore dans les anciens territoires de l'Afrique Française (Madagascar, Mali, Burkina-Faso en particulier). Les liens historiques en sont sans doute la première raison. Mais peut être qu'en France, les enfants à la peau noire véhiculent-ils un capital de sympathie plus grand qu'ailleurs.

Les pays « à accident »

Deux exemples sont représentés par des pays qui ont vécu de grands drames : la Roumanie et le Rwanda. Un événement historique exceptionnel provoque brutalement un important afflux d'enfants à adopter. En Roumanie, c'est la chute du régime dictatorial de Ceaucescu qui a entraîné, dans les années qui ont suivi (1990-1991), l'adoption de nombreux enfants. Pour le Rwanda, ce sont les troubles politiques et des massacres qu'a connus ce pays au début des années 90.

Au Rwanda, l'adoption n'a existé que pendant cette période trouble. Quant à la Roumanie, après être devenue un pays émergeant, elle a vu son essor brutalement brisé en juin 2001, à la suite de l'interdiction de l'adoption internationale par le gouvernement roumain.

Les destinations de demain ?

Malgré sa diminution relative depuis trois ans, l'adoption internationale en France ne demande qu'à se développer.

Chaque année, un, voire deux pays, continuera probablement à occuper une position dominante. Après l'interruption de 1999-2000 et la période de transition actuelle, le Vietnam pourrait retrouver cette place. L'adaptation des parents postulants est rapide. Par exemple, quand le Vietnam s'est fermé en 1999, un plus grand nombre de parents se sont tournés vers les destinations numéro 2, la Colombie et la Roumanie, ou vers de nouveaux pays comme le Cambodge.

D'autres régions sont actuellement en plein développement et ce, sur tous les continents. La Chine en Asie, Madagascar et l'Éthiopie en Afrique, la Bulgarie, les États baltes, l'Ukraine et la Russie en Europe, le Guatemala en Amérique latine semblent être les grandes destinations de demain, en l'absence d'aléas comme une interdiction d'adopter.

Des modifications de régime politique peuvent favoriser de nouveaux circuits. La Birmanie, ou la Corée du Nord, par exemple, coupées du Monde par des dictatures totalitaires, sont potentiellement de grands pays d'adoption. Leurs voisins (Inde, Vietnam, Thaïlande d'une part et Corée du Sud d'autre part) le sont déjà. Leur démocratisation entraînerait probablement une ouverture aux étrangers pour le commerce, le tourisme, mais aussi pour l'adoption des enfants qui ne peuvent pas être élevés dans leur pays d'origine. On peut même imaginer un afflux massif d'enfants de ces régions dans les années qui suivront une éventuelle libéralisation.

La diversification va encore augmenter, de nouveaux pays apparaîtront dans cette liste déjà longue, tandis que d'autres ne proposeront plus d'enfants pour l'adoption internationale.

La convention de La Haye

Il est nécessaire d'évoquer, quand on parle d'adoption internationale, ce traité, signé sous l'égide des Nations Unies le 29 mai 1993, dans la ville néerlandaise de La Haye. Son objectif est de moraliser l'adoption internationale et d'organiser la coopération entre pays d'origine et pays d'accueil, sur la base d'une éthique commune.

L'article premier expose les principaux buts :

– établir des garanties pour que les adoptions internationales aient lieu dans l'intérêt supérieur de l'enfant et dans le respect des droits fondamentaux qui lui sont reconnus en droit international ;

– instaurer un système de coopération entre les États contractants pour assurer le respect de ces garanties et prévenir ainsi l'enlèvement, la vente ou la traite d'enfants ;

– assurer la reconnaissance, dans les États contractants, des adoptions réalisées selon la Convention.

Cette convention a le but tout à fait louable de réglementer l'adoption. Elle encourage, dans la mesure du possible, le maintien de l'enfant dans sa famille biologique et dans son pays de naissance. Elle veut offrir des garanties à l'adoption et interdire tout commerce.

Elle part de principes généreux, mais elle peut aussi avoir des effets contraires et pervers, par exemple en augmentant considérablement les délais d'adoption, ce qui laisse les enfants plus longtemps dans des orphelinats sordides et sans moyens, et les prive de parents pendant une période prolongée.

Il faut relever un autre effet nocif et ambigu de la mondialisation. Comme bien des législations internationales, cette convention est d'inspiration occidentale, comme si notre société était (ou devait être) seule sur la planète. Elle ne tient pas compte de certaines particularités ; aussi de nombreux pays ont-ils refusé de la ratifier. À ce jour, une cinquantaine de pays (d'origine ou d'accueil) l'ont signée, dont la France en 1998.

L'adoption selon la tradition polynésienne illustre ce malentendu. Lorsqu'elle est bien conduite, elle peut être considérée comme un modèle, mais elle est inapplicable dans le cadre de la convention de La Haye, puisque celle-ci interdit les décisions d'adoption et les contacts entre les deux familles avant la naissance.

Deuxième exemple paradoxal : certaines nations, très rigoureuses vis-à-vis de l'adoption, comme la Thaïlande, sont parfois montrées du doigt pour ne pas avoir adhéré à la convention. Alors qu'en Roumanie, où les problèmes sont nombreux, où la mafia locale a trouvé dans l'adoption une nouvelle source de profits, celle-ci n'a jamais été menacée, parce que cet État a signé la convention. À l'opposé de ce qui s'est passé au Vietnam ou au Cambodge (pays non signataires), où la France a interdit temporairement l'adoption à ses ressortissants, en Roumanie (pays signataire), c'est bien le gouvernement roumain, et non les pays d'accueil, qui a décidé d'interrompre l'adoption internationale, pour ne pas voir se multiplier les plaintes pour mensonges et tromperies dont ont été victimes certains postulants.

Tout se passe comme si des malfrats pouvaient commettre leurs crimes en toute impunité, sous le prétexte qu'une convention a été signée, stipulant qu'ils respecteraient la loi, alors que des honnêtes gens sont mis au ban de la société pour la seule raison qu'ils ont refusé de signer.

La convention de La Haye a le mérite d'exister, mais sa nécessaire amélioration passe par une meilleure prise en compte des points de vue des nations qui proposent les enfants à l'adoption internationale, et par un privilège accordé aux particularités culturelles.

Que pense-t-on de l'adoption internationale dans les pays d'origine des enfants ?

Adoption et sentiment national

Dans le chapitre consacré à l'aspect anthropologique, nous étudierons les différents comportements face à l'adoption en fonction de la civilisation. Mais, même si rien dans la culture d'un pays ne s'oppose à ce qu'un enfant soit élevé par d'autres parents que ceux qui lui ont donné la vie, l'adoption internationale peut se voir opposer le sentiment patriotique, puisqu'il en va de l'honneur du pays.

Certains pays, même si l'adoption y est bien acceptée, et même si la situation économique désastreuse ne permet pas de s'occuper convenablement des enfants sans parents, refusent (ou limitent) l'adoption internationale. Cette position peut sembler cruelle face aux tristes destins de ces enfants. Mais le déchirement des gouvernants est bien réel, qui, chaque année, voient partir une fraction importante de leur jeunesse, donc de l'avenir du pays. Que penserions-nous si, régulièrement en France, plusieurs milliers d'enfants étaient adoptés par des Américains, des Chinois ou des Africains aux portefeuilles « arrogants » et aux réflexions maladroites.

Au-delà de l'avenir des enfants, c'est la perspective de voir la société traditionnelle vaciller qui inquiète certains responsables. Ainsi, en Polynésie française, la principale religion, l'Église évangélique, qui joue un rôle social et politique important, déconseille l'adoption par des métropolitains. Même si elle pense que la plupart des enfants ont toutes les chances d'être plus heureux en France que dans leur famille d'origine défavorisée, elle voit dans ce geste une démission de certains Polynésiens, qui profitent de ce système pour ne pas prendre leurs responsabilités.

À l'intérieur d'un même pays, les parents adoptifs peuvent être confrontés à des réactions très différentes, d'hostilité ou de sympathie.

Même dans des pays où l'adoption est bien acceptée en général, elle est parfois mal ressentie quand elle est le fait d'étrangers. Certains en éprouvent de la honte, qu'ils transforment en colère contre le gouvernement jugé inefficace ou contre ceux qui abandonnent leur enfant et qui leur renvoient une image de pauvreté de leur pays. La colère peut aussi se retourner contre les parents adoptifs, accusés de pillage ou de néocolonialisme. Des gouvernements, en Amérique latine en particulier, ont parfois profité de cette vague de mécontentement pour relancer le sentiment national : en médiatisant des adoptions douteuses, ils ont fait porter, pas toujours à juste titre, la responsabilité sur les adoptants. Ceux-ci doivent s'attendre à de tels comportements, et ne pas les provoquer par un étalage trop important de leurs moyens. La pire des attitudes est de prendre ostensiblement celle de l'étranger généreux qui vient sauver un enfant de son pays de misère. La richesse n'est pas tout, il est essentiel de respecter la culture et les traditions du pays d'origine.

Inversement, même dans des régions moins favorables à l'adoption, beaucoup laissent de côté leur amour-propre et leur sentiment national et éprouvent de la reconnaissance pour les parents adoptifs à qui ils savent gré de s'occuper d'un jeune compatriote indigent.

Certains gouvernements peuvent avoir cette conduite. Devant leurs difficultés à résoudre tous les problèmes de leur pays, ils acceptent de donner une nouvelle chance à leurs enfants sans parents ; ils ont peut-être l'espoir que certains, devenus adultes et après avoir bénéficié d'une éducation de haut niveau, reviendront dans leur pays pour le faire profiter de leurs compétences. Si le cas est encore rare, il devient de plus en plus fréquent avec des retours et une coopération, au moins provisoire, avec le pays natal.

Adoption et planification familiale

D'autres pays se posent moins de questions et voient dans l'adoption internationale un moyen, parmi d'autres, de limiter leur démographie galopante. On peut craindre pour l'avenir des pays qui poussent ce raisonnement à l'extrême. Science-fiction ? Peut-être pas, car ils risquent de passer, en quelques générations, du statut de grand pays d'adoption à celui de grand pays adoptant.

Prenons l'exemple de la Chine, en plein boom économique, mais qui a encore un long chemin à parcourir avant de connaître l'abondance. Le gouvernement a pris des mesures draconiennes pour limiter la fécondité. La plupart des couples n'ont qu'un seul enfant, pour ne pas être écrasés d'impôts. En contre-partie, les familles peuvent indiquer leurs préférences. Le choix du sexe est très important dans cette société, un garçon étant beaucoup mieux considéré qu'une fille. Aussi les interruptions de grossesse, quand le fœtus est de sexe féminin, et l'abandon des petites filles dès la naissance, sont-ils tolérés, banalisés et même facilités. À ce rythme, dans une vingtaine d'années, la majorité des Chinois ne trouveront pas de Chinoises pour créer une famille et devront recourir à d'autres moyens pour avoir des enfants. La politique actuelle de planification familiale en Chine risque donc de provoquer un bouleversement sur plusieurs générations.

Bien différent est le cas particulier de la Polynésie Française, dont la population a une grande tradition du don d'enfants. Cette coutume sera étudiée au chapitre 4. Encouragés par leur culture et leur foi religieuse, beaucoup de Polynésiens voient dans l'adoption par des autochtones ou des Français de métropole, un moyen acceptable et individuel de réguler la surnatalité. *A contrario*, certaines autorités médicales, administratives ou sociales, composées de métropolitains ou de Polynésiens formés en métropole, voient dans l'adoption le stigmate d'une époque dépassée. Leur but est d'installer les mêmes moyens de planification familiale qu'en France. Entre ces deux conceptions, la démarche traditionnelle, qui correspond mieux aux mentalités, reste encore prédominante. Les votes de l'assemblée de Polynésie et les décisions de certains politiques polynésiens semblent d'ailleurs aller dans le sens du respect de cette coutume.

Le commerce de l'adoption

Certains pays ont tendance à encourager l'adoption internationale, en laquelle ils voient un moyen de s'enrichir. Dans des États défavorisés, très corrompus, cette position peut être celle du gouvernement lui-même, où l'on « se sucre » à tous les étages. L'adoption est aussi, pour un individu, une façon de faire fortune Dans des pays à très faibles revenus, l'adoption d'un enfant et les sommes d'argent versées par les parents adoptifs représentent l'équivalent de plusieurs années de salaire.

Dans cette démarche de l'adoption, les intermédiaires jouent un rôle central, presque toujours indispensable. Il en existe de toutes sortes.

D'un côté on trouve une religieuse, disciple de mère Teresa, qui a entièrement consacré sa vie au bien-être des plus petits et des plus faibles, et qui fait tout ce qui est en son pouvoir pour leur donner une nouvelle chance ; de l'autre, des spécimens particulièrement abjects. Il y a ceux qui profitent de leur connaissance des langues des parents, biologiques et adoptifs, pour abuser les deux parties : par exemple, en faisant signer aux parents biologiques analphabètes un acte d'abandon et en leur expliquant que cette autorisation permettra au gentil couple européen d'emmener leur nourrisson pendant quelques jours dans la grande ville, pour qu'il bénéficie de soins. Les parents adoptifs, qui ignorent la manœuvre, ne se doutent pas qu'ils viennent de voler un enfant à des parents qui ne souhaitaient pas s'en séparer. D'autres intermédiaires réclament des sommes considérables aux postulants, en prétextant qu'il s'agit d'une demande de la mère biologique, alors que celle-ci n'a rien exigé et qu'elle ne touchera rien. Dans la série des ignominies, signalons les rapts d'enfants ; même s'ils sont rares, ils alimentent les filières de l'adoption qui deviennent ainsi une source importante de revenus pour le crime organisé et les mafias locales. Il a même été démontré que, dans certains pays du tiers-monde, des souteneurs obligeaient les prostituées sous leur coupe à avoir des enfants : grâce à l'adoption internationale, ces femmes rapporteraient plus d'argent que par leurs activités habituelles.

Outre l'action néfaste que l'intermédiaire exerce sur les parents biologiques – dont on peut comprendre la détresse – mais aussi sur l'enfant et ses nouveaux parents, il jette le discrédit sur l'adoption en général. Ce sont des cas extrêmes, mais bien réels, qui font que l'adoption internationale sent le soufre dans certains pays. En Allemagne par exemple, l'amalgame est rapide : pour une grande partie de la population, tout enfant adopté à l'étranger a été volé, même si cela est rarement le cas. C'est une réaction bien humaine d'être plus frappé par une histoire crapuleuse que par mille adoptions exemplaires.

Cependant la grande majorité des professionnels, employés d'organismes sociaux ou d'orphelinats privés, effectuent leur travail de manière honnête et consciencieuse, même s'ils gagnent leur vie grâce à l'adoption.

Des orphelinats privés, spécialement destinés à l'adoption internationale, existent dans certains pays. Les services qu'ils proposent se paient souvent assez cher. À première vue, on peut trouver choquant que l'enfant apparaisse comme une marchandise. Certains responsables de ces orphelinats considèrent en effet les enfants comme des sources de revenus, et les postulants comme des pigeons à exploiter. Mais, dans d'autres régions, ces structures sont contrôlées, à défaut d'être dirigées, par l'État et elles remplissent un rôle qui satisfait beaucoup de monde. Les parents biologiques confient plus volontiers à ces centres les enfants dont ils ne pourront s'occuper, en sachant que ceux-ci auront la chance d'être élevés dans un milieu aisé. Les parents adoptifs ont la certitude que leurs enfants ont été bien traités et suivis sur le plan médical. Les employés de ces centres perçoivent une bonne rémunération et effectuent un métier agréable et valorisant, puisqu'ils s'occupent d'enfants. Ce n'est pas un pédiatre qui vous dira le contraire. Cependant, même si l'enfant a bénéficié de soins et d'affection pendant les mois qu'il a passés dans l'orphelinat, on peut s'inquiéter de la façon dont lui sera révélée son histoire. Il ne faut pas lui mentir et lui expliquer que ce n'est pas lui qui a coûté cher, mais les soins qui lui ont été apportés.

Commerce et Internet

Dans les pays d'accueil, une nouvelle catégorie d'intermédiaires est en train de se développer. Je les qualifierais de vautours de l'Internet. Sans parler des sites d'adoption par correspondance qui font fureur aux États-Unis et que nous évoquerons plus tard, je pense à ceux qui profitent de la fragilité des couples en mal d'enfant pour les gruger. Le phénomène de l'adoption n'a pas échappé à Internet, et il se crée de très nombreuses listes de discussion sur la toile. Générales ou par pays d'origine, ces listes partent d'un principe d'échanges, et permettent de créer une solidarité entre ceux qui ont déjà adopté et font profiter de leur expérience, et les postulants. Un de leurs défauts est, à mon avis, de privilégier les côtés pratiques et de négliger les aspects humains et relationnels. Ce sont surtout des échanges de recettes, de « combines », plus que des réflexions pondérées et raisonnables. Mais le problème majeur est que certains profitent de ces lieux virtuels de rencontre pour démarcher des couples qui désirent adopter, en leur proposant de bénéficier de leur savoir (souvent tout aussi virtuel) et de leurs services. Aussi, je conseille aux parents qui fréquentent ces sites de se méfier tout particulièrement de ceux qui, dans des messages privés (c'est-à-dire par des envois directs et non sur le forum de discussion), leur présentent un tableau idyllique de l'adoption et offrent leur entremise pour la rendre encore plus facile. Il vaut mieux ne rien attendre de telles listes, en dehors des échanges publiés au vu de tous. Les interlocuteurs qui décrivent un cheminement compliqué ont plus de chances d'être honnêtes. Ainsi qu'il est écrit dans la Bible, le chemin le plus difficile est souvent le seul qui permette d'atteindre le bonheur. Un parcours présenté comme facile a toutes les chances d'amener vers de grandes désillusions.

3

L'adoption au fil des siècles

Un miroir de nos mentalités

Même si nous croyons ignorer les grandes dates historiques et le déroulement des siècles passés, beaucoup de nos comportements sont marqués par le poids de l'Histoire. Nous ne sommes pas nés le jour de notre naissance. Notre éducation dépend du mode de fonctionnement de notre société, et celui-ci est totalement dépendant de l'Histoire.

Nos idées sur l'adoption le sont sans doute encore plus. Certains faits historiques ont fortement marqué, d'une connotation positive ou négative, l'adoption dans la pensée occidentale.

Les transferts d'enfants ont toujours existé. Il y a toujours eu, au fil des siècles, des enfants orphelins ou illégitimes. Il y a eu aussi, de tous temps, des couples stériles. À certaines époques, ces enfants sans parents et ces parents sans enfants ont pu se retrouver.

Aujourd'hui, la validité d'une parenté par les seuls liens biologiques domine encore notre culture européenne. Cette conviction est renforcée par les progrès de la génétique. La science montre de plus en plus l'importance des liens du sang. Puisqu'il est prouvé que tout se transmet des parents aux enfants, une filiation par greffe ne peut avoir sa place.

Pourtant, il n'en a pas toujours été ainsi, et certains déplacements d'enfants ont eu un grand rôle dans notre civilisation.

Les mythes fondateurs de l'enfant abandonné à l'aube de la civilisation occidentale

Aux racines de notre histoire, beaucoup d'événements importants ont mis en jeu des enfants sans parents. De grandes civilisations doivent même leur existence à un orphelin. Combien d'enfants abandonnés retrouve-t-on dans les racines de notre civilisation occidentale ? Que serait la mythologie gréco-romaine sans ces enfants abandonnés, fondateurs de royaumes ?

L'histoire de Pâris est sans doute l'une des plus anciennes histoires d'abandon de la société occidentale. Celui qui raconte sa légende, Homère, est le précurseur des grands écrivains de notre civilisation. Son premier livre, *l'Iliade,* commence par la naissance, sous de tristes auspices, de Pâris. L'oracle avait annoncé au roi Priam, souverain de la riche ville de Troie, que son fils à naître causerait la ruine de son royaume. N'ayant pas le courage de l'éliminer de ses propres mains, il décida d'abandonner Pâris dès sa naissance, en l'exposant en pleine campagne, sur le Mont Ida. Il pensait que celui-ci ne survivrait pas longtemps. Cependant l'enfant survécut et fut recueilli par des bergers.

Peu à peu, Pâris devint le symbole même du pâtre grec. Le pauvre nourrisson abandonné grandit en beauté et en sagesse. Celle-ci était telle que les trois principales déesses de l'Olympe, Athéna, Aphrodite et Héra, le choisirent comme arbitre lors de l'une de leurs nombreuses querelles. Pâris fit preuve de moins de circonspection, car il choisit la belle Aphrodite, la déesse de l'amour, après qu'elle lui eut proposé un marché. S'il s'attira sa bienveillance, il provoqua en même temps la haine farouche des deux autres déesses. La promesse d'Aphrodite lui permit de séduire la plus belle mortelle de son temps, Hélène. Mais Hélène était déjà mariée ; elle était la femme de Ménélas, le roi de Sparte, allié à tous les seigneurs achéens, qui dominaient la partie européenne de la Grèce antique. L'enlèvement d'Hélène déclencha une guerre qui déchira durant vingt ans les Achéens et les Troyens, puisque Pâris, son forfait accompli, ne trouva rien de mieux que de se réfugier dans sa famille biologique.

Après l'avoir rejeté à sa naissance, sa famille l'accueillit à bras ouverts. Il y avait une certaine fierté nationale à récupérer cet enfant prodigue, qui avait osé défier les Achéens et qui ramenait avec lui la plus belle femme de l'époque. Mais si Pâris avait su raviver temporairement la flamme des Troyens, Grecs d'Asie Mineure, en ridiculisant les Achéens, éternels ennemis de l'autre côté de la mer Égée, son retour au bercail ne provoqua pourtant que ruine et désolation sur la riche et puissante ville de Troie. Après la ruse d'Ulysse et l'entrée du fameux cheval dans Troie, la fière cité ne se releva jamais de la vengeance de Ménélas et de ses alliés.

Quelles conclusions en a-t-on tiré, pendant des siècles ? La première est que nul n'échappe à son destin. La deuxième est que le roi Priam avait eu bien raison de ne pas vouloir garder cet enfant, et que le geste généreux des bergers, en adoptant ce bébé, s'est soldé par des conséquences néfastes pour sa famille biologique. Nul ne sait ce qu'il advint de la famille adoptive de Pâris.

Pour montrer de façon plus marquée l'importance de la destinée et l'impossibilité de tout un chacun d'y échapper, une histoire fait référence. Elle se situe, elle aussi, dans la mythologie grecque. Il s'agit de l'histoire d'Œdipe qui, plus encore que celle de Pâris, condamne la filiation non naturelle. Les deux histoires, à leur commencement, sont assez semblables. Comme pour Pâris, la naissance d'Œdipe survient sous de biens tristes auspices. L'oracle annoncé aux malheureux parents est encore pire : Laïos et Jocaste, infortunés souverains de Thèbes, apprennent que cet enfant, qui n'est encore qu'un nouveau-né, tuera son père et épousera sa mère. Jocaste, sa mère, effrayée par cette sentence, abandonne son enfant sur le mont Cithéron, après lui avoir percé les chevilles avec une aiguille et les lui avoir liées avec une lanière. Des bergers recueillent l'enfant, qu'ils découvrent suspendu à un arbre, et l'appellent Œdipe (pied enflé). Il est alors confié aux souverains de la ville voisine, Corinthe. Ce couple stérile, Polybos et Mérope, réalise peut-être sans le savoir la première adoption internationale de l'Histoire.

Devenu adulte, Œdipe, qui ignore tout de sa condition d'adopté, apprend l'oracle funeste qui lui est attaché. Voulant épargner ses parents adoptifs qu'il croit être ses géniteurs, il quitte Corinthe, pour arriver à Thèbes, où il va, bien sûr, réaliser son destin. Un quidam lui cherchant querelle sur sa route, Œdipe le tue, sans savoir qu'il s'agit de Laïos, son propre père. Arrivé à Thèbes, il terrasse, grâce à sa ruse, le sphinx, monstre qui terrifie la ville. En guise de récompense, la ville en fête le marie à la reine Jocaste, devenue veuve depuis peu. Avec cette femme encore jeune, Œdipe a la chance d'avoir de nombreux enfants. Pour les anciens Grecs, tout homme, au cours de sa vie, avait autant de bonheur que de malheur ; la particularité d'Œdipe est qu'il a d'abord goûté au bonheur, avant de ne connaître que le malheur. Fin de la première partie de la vie d'Œdipe. La révélation survient, avec les temps difficiles. Jocaste, en apprenant son malheur, se suicide ; Œdipe se crève les yeux, et finit sa vie, pauvre, aveugle, errant sur les routes de Grèce.

Les auteurs grecs, Sophocle en particulier, voulaient prouver par cette légende que nul n'échappe à sa destinée. Ils nous ont aussi grandement prévenus contre les risques de l'adoption. Depuis Œdipe, la crainte de l'inceste est liée à l'enfant abandonné. Comment savoir si celle qu'il aime n'est pas sa sœur ?

Une autre leçon aurait pu être tirée de cette histoire : le secret dans l'adoption est dangereux. La révélation brutale est souvent une des pires catastrophes de l'adoption. Tout un monde de référence s'effondre. Le chaos et le doute s'installent dans l'esprit de l'adopté.

Mais au cours des siècles, cette évidence n'est pas apparue. Sans doute parce qu'il y avait beaucoup d'autres choses à dire sur cette triste histoire. Interprétée par Freud, elle est devenue une base importante de la psychanalyse.

D'autres enfants abandonnés de la mythologie gréco-romaine eurent toutefois des destinées plus heureuses. Tel Romulus, abandonné avec son frère Rémus, nourris tous deux au sein d'une louve, avant d'être recueillis, une fois encore, par des bergers. Il faut croire que dans l'Antiquité cette profession remplissait le rôle de l'assistance publique. Romulus fonda les bases d'un des plus grands empires de l'Histoire. Il ne faut pas oublier que certains dieux eux-mêmes, Zeus et ses frères en particulier, avaient été abandonnés et n'avaient dû leur salut qu'au lait d'une chèvre.

Avec la culture gréco-romaine, un autre pilier fondamental de notre société occidentale est la Bible. Ce livre des livres, pierre angulaire des trois grandes religions monothéistes, évoque un nombre inouï d'enfants rejetés par leur propre famille, ou recueillis par des étrangers.

Les exemples intéressants d'abandon-adoption sont nombreux. Un premier cas de mère porteuse apparaît dès la *Genèse*, le premier livre de la Bible. Sarah, désolée par sa stérilité, envoie son mari Abraham auprès de sa servante Hagar pour obtenir une descendance. Celle-ci enfantera alors Ismaël. Mais quand Sarah sera enfin exaucée par l'Éternel et qu'elle enfantera à son tour Isaac, Hagar et son fils seront rejetés. Ce fils aîné, Ismaël, sera le père de l'Islam, alors que c'est du fils légitime Isaac que naîtra le peuple juif.

Il est intéressant de voir que deux religions importantes se retrouvent dans un ancêtre commun, en la personne d'Abraham. L'Islam reconnaît comme ascendance le fils aîné, tandis que le Judaïsme choisit le fils cadet, à qui il accorde une plus grande légitimité.

Après ce premier exemple de mère porteuse, qui est aussi le premier cas de grossesse après une adoption, surviennent les précurseurs de l'adoption internationale : Joseph et Moïse. Tous deux eurent des destins bien différents dans la Bible, à l'origine et à la conclusion de l'exil en Égypte, période-clé pour le peuple hébreu.

L'histoire de Joseph montre une adoption réussie. Joseph, avant-dernier enfant d'une grande famille, qui compte douze fils, étonne par son intelligence, dès son plus jeune âge. Encore enfant, il est vendu par ses frères, jaloux que leur père affiche ouvertement sa préférence pour cet enfant, plus jeune qu'eux. Il quitte la terre d'Israël, et est emmené en esclavage en Égypte par ses nouveaux maîtres. Son intelligence est vite remarquée par le pharaon, dont il sait notamment interpréter les rêves. Après que le pharaon a rêvé de sept vaches grasses, suivies de sept vaches maigres, Joseph prévoit qu'à sept années d'abondance succéderont sept années de disette. Il conseille donc de faire des réserves. Sa clairvoyance le fait nommer ministre, il gère parfaitement le royaume d'Égypte. Le pharaon le prend en affection et le traite comme son propre fils. Joseph s'intègre tout à fait dans sa nouvelle famille et son nouveau pays, mais n'oublie pas pour autant sa famille biologique. Quand ses frères, poussés par la famine, viennent demander la charité à l'Égypte voisine, ils ne reconnaissent pas leur petit frère dans le puissant ministre qui les reçoit. Fort heureusement pour eux, celui-ci est peu rancunier. Après les avoir fait jeter quelques jours en prison, tout de même, il se fait reconnaître et leur pardonne leur cruauté. Il reçoit l'accord du pharaon, son père adoptif, et fait venir toute sa famille sur les bords du Nil.

C'est l'un des premiers cas décrits d'adopté « bien dans sa tête » avec ses deux familles. C'est aussi l'un des premiers cas de bonnes relations entre la famille biologique et la famille adoptive, qui vont vivre en harmonie, même si celle-ci ne se réalise que bien longtemps après l'adoption.

L'harmonie entre les peuples hébreu et égyptien ne durera que quelques siècles, ce qui n'est déjà pas si mal. Les dissensions apparaissent, et les Égyptiens réduisent les Hébreux en esclavage. Mais le pharaon craint que les Hébreux ne se reproduisent plus vite que son propre peuple (ce préjugé sur les immigrés n'a d'ailleurs pas pris une ride). Il décide de faire tuer tous les nouveau-nés juifs. La mère du jeune Moïse, qui vient de naître, ne l'accepte pas. Elle met son enfant dans un panier et l'envoie flotter, non pas au gré des eaux, mais dans la direction de la fille du pharaon qui s'ébat non loin de là. Celle-ci est émerveillée par la vue de ce si joli bébé et décide de le garder avec elle ; la mère de Moïse surgit alors de sa cachette et propose de l'allaiter. Elle servira de nourrice à son fils biologique, et pourra ainsi rester près de lui. Ce même stratagème sera souvent utilisé au cours des siècles par des mères contraintes d'abandonner leur enfant.

Moïse, quoiqu'élevé dans la famille du pharaon, suscite la révolte du peuple juif. Grâce à l'aide de Dieu, il peut faire gagner la Terre Promise à son peuple, non sans avoir auparavant jeté les sept plaies sur la terre d'Égypte et sur sa famille adoptive. Le séjour du peuple juif en Égypte, commencé par l'arrivée d'un enfant adopté, s'achève par l'avènement d'un autre adopté.

L'adoption transculturelle de Moïse est beaucoup moins réussie que celle de Joseph. Il est difficile de trouver un attachement aussi puissant à la loi du sang. Si Joseph reste proche et aimant envers sa famille adoptive, il pardonne sa cruauté à sa famille biologique. Tandis que Moïse, sa seule famille étant sa famille biologique, manifeste une ingratitude caractérisée envers ceux qui l'ont adopté.

Il s'agit sans doute de mythes, mais ces histoires ont traversé les siècles et marqué les esprits de nombreuses générations.

Pourtant l'Histoire, la vraie, la réelle, celle dont on est sûr, ou presque, n'a pas toujours réservé une place importante à l'adoption, même si celle-ci a joué un rôle privilégié aux tous débuts de l'Occident.

Rome

À Rome, mère de notre civilisation, l'adoption fut particulièrement importante ; de nombreux écrits en témoignent. Un des points essentiels de la religion de la Rome antique reposait sur le culte des ancêtres. Avoir une descendance mâle était indispensable pour l'assurer.

De ce fait, un homme sans descendance ne bénéficiait d'aucune considération et se voyait refuser les hautes fonctions politiques. Il était donc capital, pour les dignitaires romains, d'avoir des enfants, et plus particulièrement des garçons.

Ce besoin institutionnel de parenté quasi obligatoire a développé l'adoption. À Rome, la parenté n'était que légale. Lors de la naissance se déroulait la cérémonie de l'exposition. La sage-femme déposait le nouveau-né sur le sol. Le père le prenait dans ses bras s'il souhaitait l'avoir pour enfant. La reconnaissance paternelle, qu'elle soit biologique ou adoptive, était ainsi pleinement matérialisée. S'il ne le prenait pas, cet enfant pouvait être tué ou vendu comme esclave.

On comprend aisément que les adoptions aient été très fréquentes à Rome. De véritables généalogies de pouvoir se sont créées, entretenues par les chefs de famille. Il n'existait aucun secret vis-à-vis de l'adoption. Le fils adoptif rendait hommage à son père adoptif, célébrait le culte de ses ancêtres et en héritait le moment venu. L'adoption était plénière, sur le plan légal et social. Mais l'adopté connaissait tout à fait ses parents biologiques. C'étaient souvent eux qui l'avaient élevé, car la plupart des adoptés étaient de jeunes adultes.

À Rome, l'adoption était destinée plus à l'adoptant, qui pouvait ainsi asseoir son statut et assurer le culte de ses ancêtres, qu'à l'adopté, qui bénéficiait cependant d'une certaine promotion sociale. Si, sur le plan affectif, l'adoption romaine n'était pas encore idéale, elle atteignait un très haut niveau sur le plan social.

Et pourtant, elle nous apparaît souvent néfaste, car la petite histoire n'en a retenu, une fois encore, qu'un mauvais exemple. La cause principale en est une phrase maintes fois répétée dans nos cours d'histoire et de latin, mais aussi dans les aventures d'Astérix. « *Tu quoque, mi fili* », « Toi aussi, mon fils », seraient les derniers mots prononcés par César, apercevant son fils adoptif Brutus parmi ses assassins. Ils sont, depuis lors, devenus un symbole de l'ingratitude de la parenté non naturelle. Pour des générations d'élèves, la trahison de Brutus envers César est dans l'ordre des choses puisqu'il n'y avait pas de lien du sang entre eux.

Il est vrai que l'adoption romaine n'impliquait pas forcément de liens affectifs. Mais il est tout aussi vrai que de nombreux autres parricides, ou infanticides, ou encore des guerres opposant des membres d'une même famille biologique n'ont pas manqué dans l'Histoire. L'opinion, pourtant, s'en offusque moins. Qui se souvient que, quelques siècles après l'assassinat de César, les fils de Clovis se sont déchirés pour le royaume franc, à coup de guerres, assassinats et trahisons ; et que, bien plus tard, à une époque où les mœurs étaient plus feutrées, le comte de Provence, futur Louis XVIII, complota si bien contre son frère, le roi Louis XVI, qu'il déstabilisa encore un peu plus le régime royal et contribua à faire le lit de la Révolution ?

Pour noircir encore ce tableau de l'adoption romaine, il faut ajouter que les deux plus grands tyrans de l'Empire, ceux dont la notoriété dans le domaine de la cruauté a traversé les siècles, Néron et Caligula, étaient des enfants adoptifs.

Au Ve siècle, Rome s'effondre sous la poussée des Barbares, sa puissance disloquée à jamais, et l'adoption suit l'Empire dans sa chute.

La position de l'Église chrétienne du Moyen Âge à l'Ancien Régime

À la chute de Rome, de nombreux royaumes se créent, où la chrétienté s'implante peu à peu. Grâce à des souverains puissants tels que Charlemagne, elle va représenter, pendant plusieurs siècles, une autorité morale importante et incontestable. L'Église est alors le principal facteur d'unité spirituelle et imprègne de sa doctrine tous les niveaux de civilisation.

À ses débuts, elle refuse l'adoption pour diverses raisons.

Pour certains historiens, que l'on peut au choix qualifier de réalistes, de cyniques ou d'anticléricaux, c'est une manière de capter l'héritage des riches sans descendance. Pour d'autres, le but principal est de condamner l'illégitimité, car l'adoption est perçue comme une façon de reconnaître ses enfants illégitimes.

Pour les théologiens de l'Église, l'adoption est inutile. Dieu est le Père de tous les hommes. La parenté n'est donc que spirituelle. Les parrains et marraines, responsables devant Dieu par le sacrement du baptême, ont parfois un rôle plus important que les parents biologiques.

De plus, la parenté charnelle sous-entend le péché de la chair. L'Église considère la chasteté comme une vertu, qu'elle impose à son clergé. Pour la même raison, la stérilité doit être vécue comme une grâce. Il y a une certaine sanctification à renoncer à l'engendrement. C'est un moyen de se singulariser des Barbares, des païens (sous ce terme sont aussi compris les Romains), qui ont tous l'objectif impie de s'assurer une descendance dans ce bas monde.

Paradoxalement, dès les débuts de l'Église, saint Joseph, le « père adoptif » du Christ, est l'objet d'un culte fervent. Il devient l'exemple de la générosité, lui qui a accepté, élevé et aimé un enfant qui n'était pas le sien. Il a, de plus, le mérite d'être père sans avoir commis le péché de chair, puisqu'il est l'époux de la Sainte Vierge. C'est la deuxième fois que le prénom de Joseph est en rapport avec l'adoption. Le Joseph de l'*Ancien Testament* est le modèle de l'enfant adoptif, qui reste tout à la fois fidèle aux liens du sang et à sa famille adoptive. Le Joseph du *Nouveau Testament* est le modèle idéal de paternité pour l'Église.

Le Moyen Âge

Les seigneurs féodaux et l'Église se partagent le pouvoir en Europe pendant toute cette époque. Mais ces deux forces complémentaires s'opposent sur l'adoption.

Le régime féodal a pour base le fief. Or, il est très important de transmettre le fief à sa descendance, fût-elle illégitime.

L'adoption apparaît comme un bon moyen de légitimer les bâtards. L'Église, quant à elle, garde un poids politique majeur durant tout le Moyen Âge, et maintient sa ferme opposition à l'adoption, en particulier si celle-ci sert à légitimer des enfants nés hors mariage. Malgré cette stricte opposition du clergé, l'adoption subsiste quand même au Moyen Âge, sous certaines formes.

Dans la classe dominante, d'étroites relations de confiance ou de hiérarchie se créent entre suzerain et vassal. Si les seigneurs gardent auprès d'eux leur aîné, à qui ils comptent transmettre leur fief, d'autres enfants de sexe masculin sont confiés au suzerain comme gage de fidélité. Ce sont les « nourris chevaliers ». Les cadets sont donc éduqués auprès de leur suzerain, avec ses propres enfants. La cérémonie de l'adoubement, où le suzerain fait de son protégé un chevalier, peut d'ailleurs être assimilée à une matérialisation de l'adoption. Tout comme à Rome, cette forme d'adoption favorise plus l'adoptant, qui ainsi assure mieux son autorité sur ses vassaux, que l'adopté.

Un autre mode de circulation d'enfants existe à l'intérieur de la noblesse médiévale : l'oblation. Les oblats sont des enfants confiés dès leur plus jeune âge à un monastère. La raison en est vénale. Il s'agit, pour la famille noble, de ne pas perdre un monastère qui fait partie de son fief. Ils sont destinés, dès leur majorité, à en devenir les abbés. L'adoption, dans ce cas, a pour but de renforcer une domination familiale, plutôt que d'assurer un avenir à l'enfant à qui rien n'est demandé.

Comme à d'autres époques et en d'autres lieux ces mouvements d'enfants concernent essentiellement des garçons.

La paysannerie connaît aussi des transferts d'enfants. La cause en est, une fois encore, économique. Certaines parentés généalogiques sont remplacées par des parentés fonctionnelles. Dans une famille pauvre, qui vit difficilement, un nouvel enfant est souvent accueilli comme une bouche de plus à nourrir, alors que dans une famille voisine, plus aisée, et qui craint, avec l'âge, de manquer de bras pour le travail des champs, il sera espéré comme une chance. Les adoptions se font alors de manière simple.

Si l'adoption, telle que nous la connaissons, reste marginale, entre la fin du Moyen Âge et le début de la Renaissance, il existe quelques cas d'adoption d'orphelins qui ressemblent à notre actuelle adoption plénière. Un cas bien documenté s'est passé en Bourgogne ; il est raconté dans l'excellent livre de Jean-Pierre Guitton sur l'histoire de l'adoption. Il s'agit d'ailleurs d'une adoption internationale, puisque les parents biologiques sont suisses. Le père est l'un de ces fameux mercenaires suisses, réputés comme d'excellents soldats. Se rendant avec sa femme au siège de La Motte, en Lorraine, ils confient leur fille unique à un important magistrat de la ville de Beaune. Bien en a pris à ces parents biologiques, puisqu'ils décèdent bientôt tous les deux. Les parents adoptifs élèvent cette enfant comme si elle était la leur. Et ils parviennent à obtenir, juste avant son mariage, des lettres patentes royales d'adoption, comprenant le changement de nom et la naturalisation française. Ceci prouve bien que l'adoption et sa reconnaissance, quoique rares, étaient possibles. La progéniture de cette enfant adoptée est d'ailleurs exceptionnelle, puisque toutes les grandes familles beaunoises descendent de cette petite orpheline étrangère, tout particulièrement les propriétaires des plus grands crus de Bourgogne.

Un État a tenté, au XIIe siècle, de légaliser et même de favoriser l'adoption. Le royaume de Castille, qui venait à peine de se libérer du joug des colonisateurs arabes, avait besoin de stabilité. Le roi de Castille autorisa l'adoption d'enfants pour ses vassaux. Il voulait ainsi que chaque seigneur soit assuré d'une descendance, les fiefs vacants étant des sources de discorde avant qu'un successeur soit trouvé. Malgré cette réforme, l'adoption n'entra pas dans les mœurs, l'Église gardant sa position de fermeté.

Partout en Europe, l'adoption commence sa grande hibernation.

L'Ancien Régime

De la Renaissance à la Révolution, la situation de l'enfant sans parents ne s'améliore pas. L'enfant abandonné est toujours ressenti comme un enfant illégitime et cause une grande culpabilité morale. L'adoption ne serait qu'un moyen de légitimer l'enfant du péché ; elle est donc condamnée et interdite.

Diverses raisons expliquent le recours à l'abandon. Ce sont souvent des bâtards, fruits d'un adultère, pour lesquels il représente aux yeux de la mère la seule solution possible, compte tenu du jugement de la société. Il peut s'agir aussi de « petits poucets », qui sont abandonnés pour des raisons économiques. Dans ce cas, les parents laissent souvent auprès de leur enfant des signes de reconnaissance, non pas des cailloux, mais une médaille ou une lettre, avec l'espoir secret de le récupérer si leur situation s'améliore.

Leur sort est très inégal. Certains passent leur enfance et leur adolescence dans des orphelinats, où ils sont censés apprendre un métier. D'autres sont confiés à des familles nourricières où ils sont, indifféremment, exploités comme des bêtes de somme ou considérés comme les enfants de la famille.

La plupart sont maltraités, mal nourris et méprisés. Ils sont le reflet de la honte et des défauts de la société, qui leur fait payer leur condition. Plus prosaïquement, leur nombre est tel – un enfant sur trois est abandonné à la fin du XVIIIe siècle et plusieurs milliers chaque année pour la seule ville de Paris – que l'on ne dispose pas de moyens de les soigner et de les nourrir, et que la mort à court terme est l'issue la plus probable. Cependant, certains, comme saint Vincent de Paul, commencent à s'apitoyer sur le sort particulièrement dramatique des enfants abandonnés. Ils sont comparés aux Saints Innocents ou à l'Enfant Jésus lui-même. Leur sort émeut, mais peu d'actions efficaces sont entreprises. De beaux monuments se construisent, les hôpitaux de la Charité et les Hôtels-Dieu sont avant tout destinés à leur accueil. Mais l'architecture magnifique ne compense pas la carence de soins et le taux de mortalité effrayant, à la nuance près que celui-ci n'alarme guère les responsables. Les parents qui amènent leurs tout-petits dans ces hospices en méconnaissent totalement la tragique situation et pensent leur donner un meilleur avenir qu'en les gardant près d'eux. Ils imaginent que leur sort sera aussi somptueux que l'extérieur des bâtiments. Même Jean-Jacques Rousseau y dépose ses enfants, poussé par une grande foi en cette institution, car il ne s'estime pas suffisamment apte à assurer son rôle de père. Les regrets qu'il exprimera dans les *Confessions* ne s'adresseront qu'à lui, pauvre père qui n'a pas eu la chance de voir ses enfants grandir, persuadé du bien-être dont ses rejetons ont dû profiter. Beaucoup de jeunes femmes, qui n'ont pas les moyens financiers de garder leur enfant auprès d'elles et déchirées à l'idée de s'en séparer, utilisent la même méthode que la mère de Moïse. Elles le confient anonymement à l'institution, et se présentent quelques heures après comme nourrice, en espérant que leur enfant biologique leur sera confié et qu'elles seront rétribuées pour le nourrir.

Un seul cas d'adoption d'enfants illégitimes fut reconnu par les autorités de l'État, et cela au plus haut niveau, au début du XVIIIe siècle. Ces enfants adoptifs étaient exceptionnels, puisqu'ils n'étaient autres que les bâtards de Louis XIV. Le Roi-Soleil les adopta en les légitimant et les fit entrer dans la lignée de succession au trône, immédiatement après ses enfants légitimes. Cette décision scandalisa la cour, mais aucun courtisan n'osa s'opposer à la toute-puissance du monarque absolu. L'indignation était telle pourtant que Louis XV annula cette directive dès son arrivée au pouvoir.

La Révolution

L'adoption est acceptée comme un principe révolutionnaire. La déclaration des droits de l'Homme proclame l'égalité de tous les citoyens. Selon ce même principe, les révolutionnaires déclarent qu'il n'y a plus d'enfants naturels ou légitimes. Tous les enfants sont considérés comme des enfants de la Patrie, quelle que soit leur filiation.

Certains voient dans l'adoption un moyen de diviser les héritages et d'éliminer les grandes fortunes. Ils proposent même de la rendre obligatoire pour les célibataires. Mais en dehors de ce cas extrême, où elle peut être utilisée contre l'adoptant, l'adoption révolutionnaire est le premier système conçu pour le bien de l'adopté et non de l'adoptant.

Malgré ces grands principes, la législation ne suit pas. Plusieurs projets de loi sont proposés, en particulier par Cambacérès ; ils sont discutés, mais jamais appliqués du fait de l'instabilité des régimes et de l'inertie des différentes assemblées, paralysées par des siècles de condamnation de l'adoption.

En arrivant au pouvoir, Bonaparte sauve, mais aussi dénature l'adoption, et ce dans un but personnel. Le premier consul, devenu empereur, n'a pas de descendance lors de son mariage avec sa première épouse. Pour y remédier, il compte adopter le fils issu du premier mariage de Joséphine, Eugène de Beauharnais. Pour cela, il fait entrer l'adoption dans le Code civil. Mais l'adoption n'est plus la même, bien loin des principes révolutionnaires, puisqu'elle n'est possible qu'entre adultes consentants. Après son second mariage et la naissance du roi de Rome, Napoléon n'aura plus les mêmes motivations que Bonaparte. Il est important de remarquer que, bien souvent, les dirigeants n'ont vu dans l'adoption que leur intérêt propre et ne l'ont fait progresser que pour répondre à un besoin personnel.

Le XIXe siècle

Après l'intermède révolutionnaire, la situation de l'enfant abandonné redevient catastrophique. La naissance d'un enfant illégitime est toujours considérée comme une souillure ineffaçable. Il en découle une grande culpabilité vis-à-vis de l'abandon.

Pourtant, celui-ci ne cesse d'augmenter dans cette société en pleine mutation. C'est à cette époque que se développent les tours, dont le but est d'éviter l'infanticide, en permettant d'abandonner de manière anonyme. Le tour est une sorte de tourniquet dans lequel la mère dépose son enfant dans un hospice, sans être vue. Elle actionne une cloche avant de s'enfuir. À l'intérieur du bâtiment, une religieuse manœuvre l'appareil pour récupérer l'enfant. Parfois sur les murs de certains Hôtels-Dieu, on distingue encore l'emplacement de ce mécanisme.

Pourtant la condition de ces enfants sans famille commence à soulever beaucoup d'émotion. Dans la deuxième moitié du XIXe siècle, paraissent des romans familiaux dont les héros sont des enfants abandonnés. Toute la société est bouleversée par le sort de Rémy dans *Sans Famille* d'Hector Malot, d'Oliver Twist dans le roman de Charles Dickens, ou de Cosette dans *Les Misérables* de Victor Hugo. Rémy et Oliver Twist sont issus de familles aisées, trop peut-être, car c'est pour capter leur titre ou leur héritage que certains de leurs parents indignes, de méchants oncles le plus souvent, les enlèvent et les livrent à l'abandon. Fort heureusement, par d'étranges coïncidences et d'infimes indices, ils retrouvent leur famille biologique et sont rétablis dans leur rang. Ces deux livres nous renseignent sur la condition des enfants abandonnés à cette époque : l'orphelinat d'Oliver Twist, dans lequel les enfants meurent de faim, et l'exploitation des orphelins par des adultes malhonnêtes.

Sur l'origine de l'abandon, Victor Hugo semble plus réaliste. Son héroïne des *Misérables*, Cosette, est la fille de

Fantine, pauvre ouvrière séduite et abandonnée par un jeune homme plus aisé. Elle n'a d'autre moyen que de placer son enfant chez des aubergistes à la campagne. Le séjour de Cosette dans cette famille est sans doute assez significatif de la condition des enfants « adoptés » à cette époque. Si des pères adoptifs exemplaires, tel Jean Valjean, ont sans doute existé, ils devaient être fort peu nombreux par rapport aux Thénardier, dont le nom est devenu, dans l'imaginaire collectif, synonyme de mauvais parents.

Les adoptions restent possibles au XIXe siècle, mais elles ne concernent, conformément au code Napoléon, que des majeurs. La plupart sont intrafamiliales (par exemple, un oncle qui adopte un neveu) et permettent de relever un nom ou de transmettre un héritage. Mais beaucoup d'autres concernent des enfants qui, depuis leur plus jeune âge, étaient placés sous la tutelle de leurs adoptants et avaient été élevés par eux. En dehors de la tutelle, aucune filiation légale n'est autorisée avant la majorité. Il s'agit à ce moment-là, à la majorité, de légaliser des adoptions qui existent depuis plusieurs années.

C'est aussi l'époque où la société occidentale découvre le reste du monde à travers ses explorateurs et ses colons. L'Europe jauge les différents peuples d'un regard supérieur. Sans faire retour sur ses propres comportements, elle s'émeut de découvrir les transferts d'enfants dans ces contrées lointaines. Les intellectuels s'étonnent de voir le comportement de ces « sauvages » chez qui la coutume, prétendent-ils, va à l'encontre de l'amour maternel, puisque certaines mères confient dès la naissance, et sans raison apparente, leur progéniture à d'autres.

Le XXe siècle

De façon très progressive, on assiste à une véritable révolution de l'adoption.

Les guerres sont récurrentes dans l'Histoire. Celles du XXe siècle ont pour particularité d'être les plus destructrices, en particulier pour les populations civiles. Beaucoup de familles ont été décimées. De nombreux enfants se trouvent sans parents et des parents sans enfants. L'adoption semble, pour beaucoup, le moyen de remédier à cette situation. Dès la fin de la Grande Guerre, les législateurs décident de réformer l'adoption, qui devient possible, dès 1923, pour les mineurs. Il ne s'agit pas cependant d'une véritable adoption plénière : les parents biologiques gardent certains droits et les enfants adoptés ne sont pas sur le même plan que les enfants biologiques.

La culpabilité de l'abandon n'a pas beaucoup régressé ; la naissance d'un enfant adultérin est toujours un événement honteux, qu'il faut cacher. Des solutions plus humaines que le tour sont proposées pour permettre aux mères qui ne peuvent garder leur enfant d'accoucher anonymement. C'est le début de l'accouchement couramment appelé sous X. Cette idée, qui commençait à être discutée, a été légalisée par Vichy, gouvernement particulièrement conservateur et nataliste.

Tout comme l'abandon se veut discret, l'adoption est dissimulée au début du siècle. Elle est toujours considérée comme honteuse, même si, en cas de stérilité, elle est de plus en plus envisagée comme un moyen d'assurer sa descendance. La démarche la plus courante est pour les mères adoptives de se cacher pendant un an à l'étranger et de revenir avec un enfant qui aurait, comme par hasard, profité de ce voyage pour venir au monde. Personne n'est dupe, mais l'honneur est sauf.

La société évolue, la solidarité familiale se distend. L'exode rural disloque parentèle et fratrie. La famille élargie est remplacée par la famille nucléaire. La plupart des foyers se composent du père, de la mère et d'un ou deux enfants. La natalité diminue régulièrement pendant le XXe siècle, dans l'ensemble du monde occidental. À défaut de quantité, les parents veulent plus que jamais un enfant parfait. C'est le règne de l'enfant-roi, auquel il faut offrir ce qu'il y a de mieux. Les droits de l'enfant progressent ; on commence à s'occuper du bébé comme d'une personne à part entière.

Tous les couples souhaitent avoir leur enfant à eux pour assouvir d'abord un besoin affectif, mais souvent aussi par nécessité sociale : l'absence d'enfant dans un foyer est de plus en plus considérée comme une anomalie. Avoir des enfants qui réussissent leur vie sociale et professionnelle est essentiel pour beaucoup de parents ; ce peut être même l'aboutissement de leur vie. L'adoption est progressivement mieux vécue, le secret apparaît de moins en moins nécessaire, et de plus en plus d'enfants grandissent tout en sachant que les pères et mères qu'ils ont auprès d'eux ne sont pas leurs parents biologiques.

Pourtant, pour une grande partie de la population européenne, l'adoption reste encore, dans le meilleur des cas, un pis-aller. Elle est ressentie par certains comme une anomalie contre-nature, même si les mentalités ont évolué après des siècles de condamnation.

La législation de 1966 permet enfin de donner à la filiation adoptive la même valeur que la filiation biologique. Pour la première fois en France, les droits deviennent les mêmes pour tous les enfants, qu'ils soient liés à leurs parents par les liens du sang ou les seuls liens d'amour. Cette législation a été inspirée par plusieurs affaires douloureuses, où s'opposaient des parents biologiques qui « réapparaissaient » après plusieurs années d'absence et des parents nourriciers.

L'affaire Novak est la plus célèbre d'entre elles. Elle a occupé, à la fin des années 60, une place de choix dans les journaux français. C'est l'évolution du regard de la société sur la filiation adoptive qui lui a donné son retentissement. En 1960, un enfant avait été placé dans la famille Novak. Devenu plus grand, ses parents biologiques avaient souhaité le récupérer, ce à quoi ses parents nourriciers, et en particulier sa mère, s'étaient opposés violemment, allant même jusqu'à s'enfuir à l'étranger. Il s'agissait d'un des premiers faits divers retransmis et amplifiés par les médias. La société française découvrait combien des parents pouvaient s'attacher à un enfant qui n'était pas le leur, du moins par les liens du sang.

Un autre fait a sans doute servi d'accélérateur à ce processus. En 1966, Georges Pompidou est premier ministre et il est lui-même père adoptif. La concordance d'une évolution des mentalités et l'implication personnelle d'un haut personnage de l'État ont permis une réforme longtemps attendue. La cheville ouvrière en fut une juriste, Simone Veil, qui, plus tard, fit une grande carrière politique et se fit connaître du grand public grâce à la loi sur l'interruption volontaire de grossesse. Par ces deux textes, apparemment contradictoires, cette passionnée de politique familiale a contribué à diminuer grandement la population des orphelinats.

D'autres raisons, déjà évoquées, ont contribué au développement de l'adoption internationale : la planification des naissances, l'augmentation de la stérilité, et le changement de regard sur les pays défavorisés.

Entre 1966 et 1976, seuls les couples sans enfants, donc supposés stériles, avaient la possibilité d'adopter. L'émotion soulevée par des drames comme la guerre du Biafra ou l'exode des *boat people* vietnamiens déclenche des mouvements de solidarité. Ce sont les véritables débuts de l'adoption internationale, qui n'est plus seulement une solution à l'infertilité, mais pour certains parents, un acte humanitaire, de solidarité envers les enfants du tiers-monde. Depuis 1976, l'adoption est possible même si le foyer compte déjà des enfants biologiques.

Au début des années 80, des parents désespérés par de longues années d'infertilité, et ne se sentant pas capables d'attendre plus longtemps l'adoption d'un pupille de la nation, se dirigent à leur tour vers le tiers-monde, trop pauvre en ressources et trop riche d'enfants. L'adoption internationale apparaît comme la solution idéale. L'idée d'un enfant différent physiquement est de mieux en mieux acceptée.

Aujourd'hui, en France, l'adoption internationale représente presque les trois-quarts des adoptions. Elle est aussi bien acceptée dans d'autres pays occidentaux (États-Unis, Benelux, Scandinavie), alors que d'autres pays, comme l'Allemagne, ne semblent pas encore avoir franchi le pas. L'enfant différent ethniquement, qui suscitait gêne et malaise au début des années 1980, est fièrement montré au début du XXIe siècle. Un exemple en est donné par un fabricant de meubles scandinaves. La Suède est, avant la France, le premier pays adoptant d'enfants étrangers par nombre d'habitants. Une de ses sociétés vedettes, Ikea, exporte ses produits dans de nombreux pays, son catalogue est largement diffusé. Si l'on regarde les photos qui l'illustrent dans les années 80, il est rempli de petites filles blondes, aux yeux bleus et au teint pâle, type même de la Nordique, qui faisaient dire aux adolescents se pâmant devant une beauté nordique : « On dirait qu'elle sort d'un catalogue Ikea ! ». En 2003 on n'y voit que des enfants indiens ou indochinois.

Malgré cette évolution, il est évident que l'Histoire continue de peser beaucoup sur nos mentalités. Si l'adoption semble bien ou mieux acceptée, la filiation adoptive n'a pas encore la même valeur que la filiation naturelle. Le grand débat sur les origines, très médiatisé par la polémique sur l'accouchement sous X, en est la preuve. Il est totalement justifié, car chacun a le droit de connaître ses racines, mais il est centré sur les droits du sang, sans tenir compte des droits d'amour, comme si la recherche des origines biologiques devait occulter les liens sociaux créés depuis la naissance. La preuve en est l'écoute dont disposent, auprès des médias, les opposants à l'accouchement anonyme, alors qu'ils restent très minoritaires.

Il est enfin curieux de constater que, des siècles après Sophocle, des auteurs modernes associent encore, immanquablement, l'adoption à l'inceste. Les exemples sont nombreux dans notre littérature française de la fin du XXe siècle. Prenons deux romanciers à succès, académiciens de renom. Le jeune homme vert, héros du roman de Michel Déon, est un enfant « trouvé », élevé en partie par ses grands-parents. Ceux-ci connaissent le secret de sa naissance qu'il ignore totalement. Il grandit avec sa tante biologique ; devenu adolescent, c'est avec elle qu'il a ses premières relations amoureuses.

Le Vent du Soir est encore plus rocambolesque. Deux des héros de Jean d'Ormesson vivent une passion folle qui est, pour eux deux, leur seul grand amour, avant de découvrir qu'ils ont la même mère. L'aînée, la fille, enfant légitime, étant restée auprès de sa mère, alors que le garçon, fruit d'une liaison adultérine avec le compositeur Verdi, avait été déclaré mort à sa mère et enlevé dès sa naissance par le mari jaloux.

Ces deux histoires, pour romanesques qu'elles soient, témoignent des peurs et des fantasmes de notre société. Pourtant il naît en France bien plus d'enfants conçus avec des gamètes (ovules ou spermatozoïdes) qui ne sont pas ceux de leurs parents. Le risque incestueux réel qui découle de ces dons anonymes n'est jamais véritablement évoqué.

Combien de siècles faudra-t-il encore pour donner sa pleine place à l'adoption ?

Savoir ce qui se passe aux quatre coins de la planète et suivre certains modèles nous aideront peut-être à cheminer plus vite.

4

Dis-moi comment tu adoptes, je te dirai d'où tu viens

Tour du monde ethnologique de l'adoption

Pourquoi aller voir ce qui se passe ailleurs ?

Forte de sa puissance économique et militaire, l'Europe a longtemps dominé le Monde. Si la colonisation n'existe plus sous sa forme classique d'occupation des territoires, elle reste bien présente et parfois de manière plus néfaste sur le plan culturel ou économique.

Ce complexe de supériorité nous pousse souvent à l'ethnocentrisme. Nous apprécions les particularités propres à chaque culture par le petit bout de notre lorgnette d'Occidentaux bien pensants. Nous sommes persuadés de détenir la vérité, et tout comportement qui nous semble étrange est perçu comme anormal, puisqu'il échappe à nos propres normes. Pourtant, d'autres sociétés, très différentes de la nôtre par leur histoire et leurs traditions, ont beaucoup à nous apprendre. Le retard économique n'est pas synonyme de retard universel, et la réflexion et l'expérience dans d'autres domaines peuvent être supérieures aux nôtres. Il en est ainsi pour la filiation.

Dans certaines communautés, c'est le lien biologique, appelé aussi droit du sang et que l'on rattache à la nature ou la génétique, qui est prépondérant. Dans d'autres, il s'agit du lien social, appelé aussi droit d'amour, relié à la culture et à l'environnement. Dans d'autres encore, il n'y a pas de différence entre ces deux formes de filiation, ou bien ces deux modes coexistent.

En Occident, la force des liens du sang, sur lesquels se greffent les données scientifiques récentes de la génétique, donne une importance primordiale à la parenté biologique. Tous ceux qui sont confrontés à des enfants adoptés se doivent de connaître d'autres modèles culturels, où l'adoption se vit différemment. Savoir comment les musulmans, les Inuits, les Chinois de l'empire du milieu, ou certaines sociétés primitives envisagent l'adoption permet de faire évoluer nos idées sur la filiation.

Il existe autant de formes d'adoption que de sociétés. Il n'est pas question ici de passer en revue la parentalité adoptive dans toutes les régions du Monde, mais de décrire certaines sociétés, dont les pratiques d'adoption sont tout à fait différentes de celles du monde occidental.

L'islam : adoption interdite

La lecture de la trente-troisième sourate du Coran semble condamner sans appel toute forme d'adoption dans le monde musulman : « De vos enfants adoptifs, Allah n'a point fait vos fils. »

Pour les spécialistes de l'islam, cette sourate aurait pour origine un épisode de la vie du prophète. Mahomet avait adopté un de ses anciens esclaves, Zaïd, qu'il avait affranchi et qu'il aimait comme un fils. Mais Zaïd avait épousé Zineb, une femme dont la beauté ne laissait pas le prophète indifférent. En bon fils, entièrement dévoué à son père, Zaïd répudia Zineb pour permettre à Mahomet de l'épouser. Un cruel dilemme se posa alors, Zineb avait été la femme de Zaïd, qui était lui-même fils de Mahomet. En épousant Zineb, Mahomet ne risquait-il pas de commettre un inceste ? La révélation de la trente-troisième sourate donna la solution : Zaïd n'avait jamais été le fils de Mahomet, donc Zineb n'avait jamais été la fille (par alliance) de Mahomet, et elle pouvait convoler en justes noces avec le prophète.

Les non-musulmans peuvent conclure avec cynisme que le prophète a su accommoder le Coran pour son plaisir personnel. Pour les croyants, cet épisode de la vie de Mahomet a permis de connaître la position divine sur un fait social important, et doit être suivi à la lettre.

Plus concrètement, le célibat, mais aussi la stérilité, n'ont pas de place dans le monde musulman. Tout musulman se doit de trouver une épouse et de fonder une grande famille. L'infertilité est un moyen commode de répudier son épouse. Une famille nombreuse est une manière d'affirmer sa virilité et, par là même, sa place dans la société. Les parents ont le devoir d'élever et de s'occuper de leur progéniture.

Mais aucune obligation n'est faite de s'occuper des enfants des autres. Le sort des enfants sans parents peut donc être particulièrement dramatique, surtout s'ils sont illégitimes. Si un bon musulman doit venir en aide aux orphelins, la culture islamique voit plus, en l'enfant du péché, le péché à condamner que l'enfant à protéger.

Dans certains pays musulmans, au Proche-Orient notamment, ceux qui recueillent un orphelin sont considérés comme des gens d'une grande générosité. Mais les enfants qu'ils élèvent ne portent pas leur nom, n'héritent d'eux en aucune manière et ne sont jamais considérés comme leurs enfants. En 1974, l'Iran a autorisé l'adoption, mais la loi assure la protection des adultes vis-à-vis des enfants qu'ils recueillent, sans que ceux-ci aient droit à la moindre part d'héritage. Rappelons pour mémoire que Téhéran souhaitait avant tout, à l'époque, que l'Iran se rapproche de l'Occident.

Au Maghreb, la situation est, ou tout au moins était, bien plus inquiétante. Elle est différente selon les États. Sous l'impulsion de madame Bourguiba, femme du premier président de la République, la Tunisie, dès son indépendance, a pris des mesures législatives qui autorisaient des formes d'adoption, en maintenant certaines lois de l'ancien colonisateur français.

En Algérie, la situation a longtemps été désastreuse. Le nombre d'enfants illégitimes a augmenté parallèlement à l'évolution de la société. La morale est stricte pour les jeunes filles ; il est capital pour elles d'arriver « intactes » au mariage. Comme l'ont écrit certaines psychologues algériennes, il semble que l'éducation des jeunes filles se limite presque à la conservation de leur hymen. La perte de la virginité entraîne la fin de toute reconnaissance par la société. Le nom, comme la filiation, se transmettant par le père, et uniquement par lui, l'enfant sans père se retrouve sans famille, sans nom, donc sans existence. Sur l'état civil, il est déclaré né de sa seule mère, avec la mention : sans filiation. Parfois ces jeunes filles-mères ont même honte de salir le nom de leur propre père. Leurs bébés, particulièrement marqués par le déshonneur de leurs origines, sont placés en institution. Le taux de mortalité y dépassait souvent 50 % au milieu des années 80.

Cette situation dramatique évolue progressivement : les enfants sans parents sont mieux traités et certains peuvent être adoptés à l'intérieur du pays. Des médecins et des travailleurs sociaux luttent contre cet état de fait, en utilisant parfois des moyens illégaux, comme le changement d'identité de ces enfants, qu'ils confient à un couple stérile, qui simule une grossesse. Mais tous ceux qui pratiquent de telles manœuvres prennent de gros risques, car elles ne sont pas toujours acceptées par la population et des dénonciations sont possibles. Il faut citer le courage d'un grand Monsieur, Temi Tedafi qui, seul, a créé des orphelinats à visage humain, et se bat pour changer les mentalités et rendre des adoptions possibles.

L'accouchement sous X est l'un des autres moyens de donner une chance aux enfants illégitimes : des jeunes filles dissimulent leur grossesse, souvent avec la complicité de leur mère, et viennent accoucher en France. Cette solution se transforme ainsi en droit d'asile pour ces tout-petits. Il permet de sauver la vie, tout à la fois, de la mère et de l'enfant.

Si le Coran semble intransigeant vis-à-vis de l'adoption, il existe pourtant des moyens détournés pour la faire accepter. L'exemple le plus remarquable est celui de « l'enfant endormi ». Par souci d'humanité, un imam maghrébin a décrété que la grossesse pouvait durer de 6 mois à 5 ans. Ainsi, une femme veuve ou divorcée a la possibilité d'adopter un bébé, après avoir déclaré qu'elle en a accouché. Si l'enfant est

« né » plus de neuf mois après la séparation du couple, c'est qu'il s'agissait d'un enfant endormi dans le sein de sa mère. L'entourage n'est pas dupe, mais, en fermant les yeux, il donne une chance à l'enfant et sa mère.

Comme en Occident, l'enfant abandonné a une place de choix dans certaines légendes. Nous avons déjà parlé du fondateur Ismaël, fils aîné mais adultérin d'Abraham. Moins solennelles, très populaires de la Syrie à l'Égypte, les aventures picaresques de Baïbars content l'histoire d'un enfant abandonné qui deviendra l'un des plus grands monarques de l'islam. Mais, tout comme dans de nombreuses histoires occidentales, Baïbars est le fils biologique d'un roi, et avait été enlevé par ceux qui voulaient prendre sa place.

On peut s'interroger sur l'universalité de ce mythe de « l'abandonné triomphant » dans de nombreuses cultures. Est-il le fruit de l'imagination d'enfants abandonnés qui, ignorant les origines de leur parenté, se l'inventent la plus belle possible ? Ou s'agit-il de récits charitables qui ont pour but d'encourager à mieux considérer ces enfants démunis, puisque ce sont peut-être des princes malchanceux ?

Notons enfin la position surprenante de la France, qui apparaît plus royaliste que le roi. Alors que certains pays islamiques comme le Maroc préfèrent, pour le bien des enfants, fermer les yeux sur l'adoption par des étrangers, alors que les tribunaux religieux autorisent une *kafallah* (recueil traditionnel) par des non-musulmans, tout en sachant que celle-ci sera transformée en adoption plénière dans le nouveau pays, la France, par une loi de février 2001, a interdit l'adoption d'un enfant quand le pays d'origine interdit lui-même cette adoption.

Des Européens adoptent au Maroc, mais la France, dont la conception de la politique internationale répond sans doute à un complexe de culpabilité d'ancien colonisateur, refuse de tendre la main à des enfants en grande détresse.

Le judaïsme : l'adoption valorisée

La religion juive est discrète sur le sujet : contrairement aux autres religions, on trouve très peu de textes sur l'adoption écrits par des juifs. Il est donc difficile de l'analyser. Le Talmud la met en valeur, puisqu'il y est dit que les parents adoptifs sont plus méritants que les parents biologiques. L'adoption devrait donc être largement répandue. Mais, comme dans d'autres religions, l'intégrisme peut s'en mêler et des rabbins refusent la conversion en général, et en particulier celle des enfants adoptés en dehors de la communauté juive.

L'Afrique sub-saharienne : l'enfant, élément important du clan

La mobilité des enfants en Afrique Noire peut nous étonner, nous autres Européens. Pour mieux la comprendre, il faut connaître la sociologie africaine. La famille nucléaire (papa, maman, un ou deux enfants et c'est tout), prédominante dans la société occidentale, y est inconnue. La famille est étendue, plusieurs générations cohabitent dans la même unité d'habitation (village, quartier ou cour), affirmant une grande solidarité.

La richesse s'exprime plus par le nombre d'individus à l'intérieur de la même famille que par les biens matériels. L'Afrique a souvent manqué de bras pour travailler, d'autant que l'esclavage et le commerce triangulaire l'ont privée de ses forces vives. Le but principal des guerres entre tribus était, là aussi, de s'approprier des esclaves. L'enfant est considéré comme un bien qui doit circuler. Il s'agit d'une main-d'œuvre potentielle.

Les transferts d'enfants permettent aussi d'institutionnaliser une solidarité familiale. Les grands-parents aident les parents à élever une nombreuse progéniture. Et certains petits-enfants, « recueillis » par leurs aïeux, doivent les aider pendant leur vieillesse.

Certaines sociétés africaines ont même strictement défini la circulation des enfants. Il faut, par exemple, que le premier fils soit donné au père de la mère ou la première fille à la mère du père, ou bien au frère aîné de la mère. Cette grande circulation fait qu'il n'y a pas de dislocation familiale, tous les apparentés restant unis et solidaires.

L'autre avantage de cette grande mobilité est de recueillir, de façon simple et naturelle dans sa famille proche, tout enfant qui se retrouverait sans parents. Plutôt que d'appartenir à une famille, chacun a le sentiment d'appartenir à un clan. Les dimensions sont élargies, il y a toujours quelqu'un de disponible, prêt à venir en aide. La mère n'est considérée que comme le réceptacle de son enfant, qui appartient à la communauté. L'enfant à naître est attendu de tous, il n'est pas l'objet d'un amour exclusif de la part de ses parents.

Dans les sociétés polygames, les co-épouses doivent souvent pratiquer l'adoption entre elles pour favoriser leurs relations.

Parfois, l'adoption est aussi un moyen de protection de l'enfant lui-même. Après la mort d'un premier enfant, quand une nouvelle naissance se produit, pour détourner les mauvais esprits, les parents abandonnent symboliquement ce bébé. Comme s'ils se détournaient de lui, ils le confient à un proche, parfois même ils l'injurient ou font semblant de le rudoyer, pour prouver leur manque d'intérêt envers lui. Mais, parallèlement à ces manœuvres, ils remplissent complètement leur fonction parentale.

De même, la sorcellerie est supposée se transmettre de femme en femme. Si l'on veut éviter à une fille de sorcière de devenir sorcière à son tour, elle doit être adoptée.

Plus terre à terre, dans certaines ethnies, grâce à l'adoption, les petits enfants sont bien nourris sans que leurs parents soient gênés dans leur vie sexuelle. En effet, le sperme du père est censé empoisonner le lait de son enfant : l'interdit sexuel dure par conséquent pendant toute la période de l'allaitement. Le moyen de contourner ce tabou est d'échanger son enfant, au moins pendant le temps de l'allaitement, avec celui d'une voisine ou d'une amie, car les sécrétions d'un autre que le père ne sont pas reconnues comme nocives.

Si la loi du sang est bien moins privilégiée qu'en Europe, si l'enfant trouve presque toujours un membre de la famille pour l'accueillir, l'adoption et les transferts d'enfant ne sont pas toujours idylliques en Afrique. Des enfants de la campagne sont confiés à des parents de la ville pour bénéficier d'une bonne instruction. Mais dans bien des cas, ces enfants sont exploités et deviennent les petits esclaves de leurs tuteurs. La modernité, et certains de ses tristes aspects, font parfois exploser le système. Ainsi, l'épidémie de sida qui frappe de plein fouet le continent africain apparaît mythique, comme un châtiment, et les orphelins du sida peuvent être maltraités, rejetés, expulsés, car considérés comme porteurs de la maladie (ce qu'ils ne sont pas toujours) et témoins de la malédiction.

Les Inuits : l'abandon comme moyen de survie

Cette ethnie, plus connue en Europe sous le nom d'eskimos, vit dans des conditions particulièrement hostiles au nord du Canada. Le climat est froid, l'agriculture impossible, et la survie du groupe dépend, au jour le jour, des résultats de la chasse ou de la pêche. Ces conditions extrêmes ont conduit depuis longtemps à contrôler le nombre des naissances. Cette limitation était très cruelle puisqu'il s'agissait d'infanticide. Mais, plutôt que de s'offusquer de cette conduite, bien au chaud dans nos foyers, il convient de la situer dans le contexte particulier du Grand Nord. Dans cette région, la survie de l'ensemble de la communauté était constamment en danger et on préférait sacrifier, dès la naissance, certaines bouches jugées inutiles plutôt que de mettre en péril toute la maisonnée.

Ainsi, pour certains parents dont les ressources étaient faibles et la progéniture déjà nombreuse, l'arrivée d'un nouveau-né était problématique. S'ils pensaient ne pas pouvoir subvenir aux besoins de leur dernier-né sans déséquilibrer la survie de l'ensemble du groupe familial, dès sa naissance, ils l'installaient hors de l'igloo, où sa survie était, bien sûr, très courte. Celui qui, attiré par les cris de l'enfant, voulait le recueillir, pouvait le faire facilement. Il devenait le nouveau père de l'enfant, sans autre forme de cérémonie.

Les filles étaient particulièrement victimes des infanticides. Elles ne pêchaient pas et ne chassaient pas, et étaient donc considérées comme moins utiles. Au début du siècle, on comptait, dans la population infantile d'une communauté inuit, 34 % de filles pour 66 % de garçons. C'est dire le nombre de filles sacrifiées. De même, plus de 80 % des enfants adoptés étaient de sexe masculin. Un enfant abandonné avait donc beaucoup plus de chances d'être recueilli s'il était de sexe masculin. À l'heure actuelle, grâce aux aides sociales du gouvernement canadien, l'infanticide a disparu, et on trouve autant de filles que de garçons dans les villages inuits. Mais l'inégalité sexuelle demeure chez les enfants adoptés. Inversement aux statistiques du début du siècle, les enfants adoptés sont de sexe féminin dans la grande majorité des cas. Malgré une meilleure sécurité financière, il y a toujours des bouches jugées inutiles, et les filles sont, encore une fois, les premières à être classées dans cette catégorie. Elles sont donc proposées en adoption, ce qui reste rare pour les garçons qui sont gardés par leur famille biologique.

La Chine et l'Asie méridionale : entre nécessité des garçons et inutilité des filles

Une démarche assez semblable existait dans la Chine traditionnelle où les petites filles étaient victimes d'infanticides. La solution à ces meurtres tolérés était l'adoption des petites brus. Deux familles pouvaient s'arranger de la manière suivante : une petite fille, non désirée par sa famille, était confiée, dès son plus jeune âge, à une autre famille qui l'élevait et la destinait à épouser l'un de ses fils. Ceci évitait à cette deuxième famille de dépenser de grosses sommes pour marier ses fils.

Il reste des traces de cette mentalité dans la société chinoise actuelle. J'ai déjà évoqué le danger qui menace ce pays de devenir un pays sans femme. Pourtant le point positif est la nette progression du statut de la femme. Tout ce qui est rare est cher, beaucoup de jeunes femmes prennent conscience de leur valeur, progressent ainsi sur le plan social et changent les mentalités.

Au Vietnam, les mesures très sévères de planification familiale restent peu efficaces. Deux enfants sont autorisés, un impôt spécial est dû à partir du troisième ; pourtant, la nécessité d'avoir un fils est, là aussi, déterminante. L'adoption par des étrangers est un moyen de remédier à un excès de filles.

Comme en Extrême-Orient, on retrouve souvent une inégalité entre le nombre de petites filles et celui de petits garçons adoptés. Le sexe le plus souvent proposé en adoption est celui qui est jugé moins utile par la population. Dans la plupart des cas, ce sont les petites filles qui ne sont pas gardées.

En Inde, il est essentiel pour tout père d'avoir au moins un fils qui lui survivra ; ainsi, celui-ci assurera la crémation de son père après son décès, et sa réincarnation. Pour ce faire, il faut que le bûcher funéraire soit allumé par un fils du défunt. Au contraire, l'arrivée d'une petite fille fait entrevoir la nécessité d'une dot quand elle sera en âge de se marier, et cette pratique ancestrale est parfois une véritable malédiction, puisqu'elle endette la famille pour de nombreuses années.

À l'opposé et d'une manière beaucoup plus rare, dans quelques pays, les parents préfèrent garder les filles près d'eux et confier les garçons en adoption. Dans certaines sociétés matriarcales de la Thaïlande, par exemple, la terre est transmise par les femmes. Les fils, après avoir été nourris pendant la première partie de leur vie, sont considérés comme des bouches inutiles ; ils quittent leurs parents lors de leur mariage pour aller vivre et travailler dans leur belle-famille. Il est donc préférable de garder les filles auprès de soi pour assurer ses vieux jours en s'assurant une main-d'œuvre masculine.

Le Japon : une parenté « romaine » en Extrême-Orient

Dans la société japonaise l'individu en tant que tel n'a guère d'importance par rapport à sa lignée. Un de ses principaux objectifs, tout comme dans la Rome antique, est donc de transmettre son nom. La parenté sociale est plus importante que la parenté biologique. Quand il n'y a pas de descendance biologique, l'adoption est une solution envisageable pour transmettre le nom et le culte des ancêtres.

L'adoption en Amérique latine : entre rumeurs et réalités

Il n'y a pas, dans ce continent, de traditions anciennes de circulation d'enfant comme en Afrique ou dans le Pacifique, mais l'adoption est devenue la solution face à l'évolution sociale.

L'Amérique latine sent le soufre, elle évoque les révolutions, les républiques bananières, les parrains de la drogue, les guerres civiles, l'absence de démocratie, la corruption et la délinquance sous toutes ses formes. Des rumeurs, plus ou moins fondées, circulent sur le trafic d'enfants. On a même parlé, sans véritablement de preuves, d'enfants enlevés ou achetés à leurs parents pour être engraissés et servir de réservoirs d'organes. Le vol d'organes, destinés à être greffés sur de riches Occidentaux, est l'un des bruits les plus répandus et les plus infondés. Ce fantasme de l'enfant dépecé avant d'être monnayé est souvent agité par ceux qui ont décidé de s'opposer à l'adoption.

Des trafics d'enfants destinés à des réseaux de prostitution ou de pornographie à caractère pédophile ont bel et bien été mis à jour. Malheureusement pour les enfants, il est inutile d'aller en Amérique latine pour trouver des faits aussi abjects. De nombreuses affaires ont prouvé que la riche Europe occidentale n'avait pas beaucoup de leçons à donner sur ce sujet.

L'adoption est, elle aussi, l'objet de trafics. Mais, sur les 1 000 adoptions annuelles de petits Sud-Américains (par des Européens ou des Nord-Américains), l'immense majorité (95 % pour certaines études) se déroule en toute clarté. Même s'il est nécessaire de dénoncer les scandales, il est toujours plus facile de montrer du doigt ce qui se passe mal que ce qui se passe bien.

Des pays, comme le Brésil ou la Colombie, ont clarifié leurs modalités sur l'adoption, et tout particulièrement celles de l'adoption internationale. Ils n'hésitent pas à privilégier l'enfant en lui permettant de trouver une nouvelle famille, au détriment du sentiment national qui pousserait à garder les enfants au pays dans n'importe quelle condition, et du droit du sang, trop sacralisé dans nos sociétés.

Dans la plupart des pays d'Amérique latine, les enfants confiés à l'adoption internationale sont ceux qui n'ont pas pu trouver une famille adoptive sur place. Les tout-petits bébés et les enfants à la peau claire sont adoptés à l'intérieur du pays, par des familles favorisées, qui cachent l'adoption à leurs proches. Dans ce cas, elle se réalise souvent par arrangement entre les deux familles, en trichant sur le certificat d'accouchement, sans intervention des services de l'État. L'enfant est directement enregistré sous le nom de sa famille adoptive, comme si c'était sa mère adoptive qui avait accouché.

Mais quand il s'agit d'adoption internationale, l'État fait habituellement preuve d'une grande vigilance. La Colombie est, avec la Thaïlande, l'un des pays où l'adoption est la plus transparente, à l'abri de toute corruption. Ces deux nations, à la mauvaise réputation, cherchent ainsi à se donner une image sans tache sur ce problème sensible.

Cependant, là où l'État ne propose pas grand-chose et n'a pas mis l'adoption dans ses priorités, toutes sortes de trafics sont possibles. La situation est parfois floue et inquiétante. Prenons le cas du Paraguay. L'adoption par des Français est impossible, par décision des autorités françaises. Si l'on est très naïf, on peut découvrir que dans ce petit État, qui n'est pas réputé pour la qualité de sa médecine et le confort de ses installations sanitaires, un grand nombre de femmes occidentales ont choisi d'accoucher. Deuxième surprise : alors que ces femmes souffraient de stérilité depuis plusieurs années, il a suffi d'un court séjour au Paraguay pour qu'une grossesse se déclare. Et enfin, troisième surprise : cette grossesse est particulièrement rapide, puisqu'en quelques semaines, voire en quelques jours, un bel enfant naît, alors que la femme, qui vient d'arriver, a pu prendre l'avion sans déclarer une grossesse qui devait déjà être bien avancée. Tout cela, bien sûr, n'est que supercherie : avec la complicité de certains intermédiaires, de médecins accoucheurs et de certains fonctionnaires, une mère abandonne son enfant dès la naissance, et celui-ci est déclaré au nom de la femme occidentale qui l'adopte.

Procéder de la sorte comporte des risques immenses pour les adoptants. D'une part, en traitant avec des gens malhonnêtes, ils ont toutes les chances de se faire escroquer tôt ou tard. D'autre part, les autorités consulaires de leur pays d'origine ne sont ni aussi naïves, ni aussi tolérantes qu'ils peuvent le croire. L'enfant ne recevra pas forcément l'autorisation de rentrer en France. De même, malgré certaines complicités, les autorités du pays où se déroule ce trafic peuvent ne pas l'accepter, refuser la sortie de l'enfant et condamner les parents adoptifs. Enfin, et c'est là le plus grave, il faut réfléchir aux conséquences d'un tel geste à long terme. L'adoption part sur de mauvaises bases, puisque le mensonge sera obligatoire. Je ne crois pas que l'on puisse raconter sereinement à un enfant qu'il a été acheté et qu'il a été au centre d'un trafic.

La Polynésie : les deux modes de filiation sur le même plan

La Polynésie est un ensemble d'îles, situées sur un territoire immense qui occupe la plus grande partie du Pacifique Sud. Les limites du triangle polynésien sont Hawaii, l'île de Pâques et la Nouvelle-Zélande. Les habitants se reconnaissent, malgré la colonisation par diverses nations, comme une ethnie unique : les Maoris. Le centre historique et culturel de cette entité se situe en Polynésie française.

La société polynésienne a depuis longtemps pratiqué l'adoption. Cette ancienneté rend l'étude du mode d'adoption polynésien particulièrement intéressante. Il s'agit, en quelque sorte, d'un modèle de l'adoption.

À l'heure actuelle, la famille étendue garde son importance, même si la mondialisation entraîne le développement des familles nucléaires chez les jeunes Polynésiens. Beaucoup aspirent à quitter le domicile de leurs parents dès la création de leur couple. Mais même dans ce cas, l'avis des anciens compte beaucoup, et la solidarité familiale reste forte.

L'étude de la langue tahitienne est riche d'enseignements sur les structures familiales. Sur le plan linguistique, le même terme (*metua tane*) est utilisé pour désigner son père, mais aussi les frères de celui-ci ou encore les cousins du père. En revanche, il existe des termes précis pour désigner les parents biologiques : *fanau* (littéralement : donner la vie), et les parents adoptifs : *fa'a'amu* (littéralement : donner à manger).

Ces notions de vocabulaire montrent combien l'adoption est un phénomène culturel important dans cette région. En Polynésie française (et ce, malgré la vigilance de l'état civil français), entre 10 et 20 % des enfants changent de parents (le plus souvent à l'intérieur des groupes familiaux). Cette proportion peut atteindre la moitié d'une classe d'âge dans des sociétés plus traditionnelles (Samoa, Tonga).

Dans la mythologie tahitienne, les adoptions sont nombreuses entre les dieux, qui scellent ainsi des alliances. En échangeant des enfants, signe de confiance absolue, on devient membres d'une même famille.

Historiquement, à l'issue des guerres qui furent nombreuses entre les différentes îles, l'échange d'enfants entre les souverains était le meilleur moyen de conclure la paix. En Europe, les traités de paix s'accompagnaient de mariages entre les enfants de souverains : le dauphin de France, par exemple, épousait l'infante d'Espagne, et les deux royaumes alliés par le sang ne pouvaient, en théorie, devenir ennemis par les armes. En Polynésie cela pouvait aboutir à des situations surprenantes. Ainsi, après s'être fait la guerre, les souverains des îles de Tahaa et de Bora-Bora échangeaient chacun un fils pour marquer leur trêve. Le fils du roi de Tahaa était élevé par le roi de Bora-Bora ; il pouvait même lui succéder puisque, dès son adoption, il se trouvait l'égal des enfants biologiques de son père adoptif. Et, pour diverses raisons qui ne manquaient pas dans ces sociétés où l'on était fier d'être guerrier, il lui arrivait de déclarer la guerre à son propre frère biologique, souverain de l'île de Tahaa.

L'adoption reste encore très fréquente dans les familles polynésiennes. Plusieurs études ethnologiques ont cherché à en connaître les raisons traditionnelles.

Pour les parents qui donnent leur enfant (*fanau*), il s'agit souvent de remplir une obligation (pour service rendu) et ainsi d'honorer des parents ou amis. Ce peut être aussi le désir d'établir, ou de renforcer, une alliance ou, plus rarement, des difficultés économiques.

Pour les parents qui adoptent ces enfants (*fa'a'amu*), les raisons sont pratiquement identiques. Il importe de remplir une obligation et d'honorer des parents ou amis en acceptant leur enfant, d'établir ou de renforcer une alliance. C'est aussi le désir d'avoir des enfants à la maison, soit que l'on n'en ait pas, soit que l'on n'en ait plus (enfants devenus adultes) ; c'est, dans ce cas, une sorte d'assurance vieillesse.

Aujourd'hui, même si l'adoption reste un phénomène important, l'ouverture au monde et à la modernité ont créé de nouveaux besoins. Mais une chose n'a pas changé. Donner un enfant était, et reste, un signe de grande confiance. Il faut le savoir quand on adopte un enfant polynésien. Même si des raisons sociales ou économiques peuvent motiver le don d'enfant, il est rarement confié à la légère au premier venu.

Aujourd'hui, l'adoption de nourrissons répond à quatre situations principales.

Alternative à la planification familiale

Le poids de la religion est fort en Polynésie Française. Certaines religions (catholiques, adventistes, mormons et sanito, issu d'un schisme de l'Église mormone) imposent des directives strictes sur le contrôle des naissances. Il en résulte une quasi-interdiction de l'interruption volontaire de grossesse. Les autres méthodes contraceptives sont aussi marginalisées. Le don d'enfants est même parfois proposé comme un moyen de contrôler la taille des familles, conforme aux principes de la religion.

En cours de grossesse, les parents qui constatent qu'ils n'auront pas les moyens (financiers essentiellement) d'élever leur enfant cherchent un autre couple à qui le confier. Depuis une vingtaine d'années, ce sont souvent des couples métropolitains. L'adoption a lieu dès la naissance de l'enfant. Si les parents biologiques acceptent, dans la plupart des cas, de « donner » entièrement leurs enfants, le consentement à cette adoption implique aussi la création de liens avec une famille qui habite à l'autre bout du monde, et qui fera dorénavant partie de leur famille élargie. Cette situation peut surprendre des familles métropolitaines mal informées.

Coopération familiale

La famille polynésienne traditionnelle reste plus large et plus solidaire que la société occidentale. Il arrive qu'un couple ayant déjà plusieurs enfants donne son dernier-né à un proche ou un parent qui ne peut en avoir. Contrairement au cas précédent, ce don s'effectue souvent quand l'enfant est âgé de quelques mois. Là aussi, l'adoption est complète : l'enfant reconnaît comme parents ses parents adoptifs, mais il sait tout de ses origines et connaît souvent fort bien ses parents biologiques (qui habitent parfois dans la maison voisine).

Raison conjugale

C'est un phénomène relativement récent en Polynésie. Des mères célibataires désirent créer un nouveau foyer et leur premier enfant n'est pas accepté par leur compagnon. Il est alors confié à des proches (parents ou frères et sœurs de la mère). Même quand il ne s'agit pas d'un enfant désiré et attendu par la famille adoptive qui l'accueille, il est, malgré tout, bien traité, car l'enfant est roi en Polynésie.

Raison professionnelle

Cette situation est, elle aussi, récente. Il y a encore une génération, les femmes exerçaient toutes des activités traditionnelles (agriculture, artisanat, petit commerce), qui permettaient à la mère de garder son enfant auprès d'elle toute la journée, y compris pendant son travail. Il n'en est pas de même pour de nombreux métiers « modernes ». Beaucoup de jeunes polynésiennes sont instruites, lisent des magazines, regardent le monde à la télévision. Elles sont de plus en plus souvent attirées par des professions plus lucratives et qui leur semblent plus valorisantes (emploi dans des fermes perlières et des hôtels de tourisme). Il s'agit aussi de jeunes mères désireuses de poursuivre leurs études et qui seront logées en internat.

Cette raison professionnelle est actuellement la première cause de circulation d'enfants en Polynésie française. Ceux-ci sont confiés le plus souvent à des proches (grands-parents, oncles et tantes). Ce sont alors des adoptions transitoires, l'enfant revenant auprès de ses parents biologiques quand il a l'âge d'aller à l'école.

Ce tour du monde nous a montré que la place de l'enfant adopté n'est pas la même partout, mais qu'il y a toujours eu des moyens de contourner la loi quand elle est trop rigoureuse.

Il faut retenir que, dans plusieurs pays, depuis des siècles, des enfants s'épanouissent auprès de parents non biologiques. Pour un enfant, ce qui est primordial, c'est d'avoir des parents, que ceux-ci soient biologiques ou non. Ils n'en sont pas moins heureux et ils n'ont pas pour autant des problèmes d'identité. Des sociétés traditionnelles nous en donnent l'exemple. Il faut savoir rester humble et accepter que des civilisations moins brillantes que la nôtre nous servent de modèles. Voilà qui devrait rassurer les parents adoptifs. Le lien du sang n'a que l'importance que nous voulons lui donner.

En France, on trouve aussi de plus en plus souvent ce type de situation, mais il faudra encore quelques générations pour que les mentalités changent et assimilent une conception élargie de la filiation.

5

Qui a peur de l'adoption ?

Inquiétudes et *a priori* psychologiques

Sans nier les problèmes et les craintes qui entourent l'adoption, il importe de les dédramatiser, en commençant par le vocabulaire.

Petit cours de jardinage ou le mystère des origines expliqué

Quand on parle d'adoption, certains termes du vocabulaire du jardinage sont utilisés : par exemple, le déracinement ou la filiation par greffe. Je ne suis qu'un petit jardinier amateur, mais en travaillant dans mon potager, j'ai pu faire quelques constatations, dont j'aimerais faire profiter ceux que l'adoption intéresse.

Première constatation : pour faire de beaux légumes, il ne faut pas hésiter à les repiquer. C'est bien ce qui est écrit dans tous les manuels de jardinage. Repiquer, cela veut dire déraciner le jeune plant pour le replanter ailleurs, dans un endroit où il aura plus d'espace et une meilleure terre. Je ne veux pas dire que, comme les jeunes poireaux, tous les enfants devraient être repiqués ; la plupart poussent très bien dans leur « terreau » originel, mais le déracinement (mot qui fait peur) n'est pas toujours une mauvaise chose. Évoquons le repiquage des enfants adoptés, plutôt que leur déracinement, et l'adoption semblera moins cruelle.

Deuxième constatation : pour faire de beaux fruits, il ne faut pas hésiter à greffer les arbustes. Si vous plantez un pépin d'orange, même si cette orange était sucrée et délicieuse, même si vous apportez beaucoup d'attention à votre jeune arbre, celui-ci ne donnera que des oranges amères. Si, en revanche, vous êtes un expert en arbres fruitiers, que vous greffez sur un jeune tronc, solide mais donnant peu de fruits, une branche d'un arbre plus fragile, mais pourvu de très bons fruits, vous aurez d'excellents résultats. Là aussi, je ne conseille pas de greffer tous les enfants sur d'autres troncs que ceux de leur famille de naissance. La plupart des enfants sont très bien accrochés à leur arbre généalogique, mais je conseille à tous ceux qui veulent adopter de devenir des « experts en greffe ».

Pour que l'arbre-enfant résiste aux petites et aux grosses tempêtes de son existence, il a besoin d'avoir de bonnes racines. Que celles-ci soient d'origine ou greffées, qu'elles aient été repiquées ou non, cela n'a guère d'importance, l'essentiel est qu'elles soient solides.

L'enfant peut ne pas connaître ses origines biologiques. C'est le cas si sa mère a demandé le secret dans le cadre de l'accouchement sous X. Cela arrive parfois aussi dans les jardins, quand un jardinier découvre une belle fleur ou un vaillant petit arbre qu'il est certain de ne pas avoir planté. Mais, si cette plante plaît au jardinier, la question de son origine ne va pas le préoccuper, il souhaitera seulement aider sa plante à grandir et embellir. Ainsi, on peut pousser et embellir entouré d'amour, même si l'on ne sait pas d'où l'on vient.

Les mots et les comparaisons ont parfois une grande influence sur notre imaginaire. Il faut savoir les utiliser à bon escient pour donner un meilleur aspect au sujet.

Pourquoi l'adoption fait-elle si peur ?

De multiples ouvrages, de nombreux articles sont, chaque année, consacrés à ce sujet ; c'est sans doute excessif, mais facile à expliquer. On peut tout d'abord arguer du développement récent du phénomène de l'adoption : le débarquement d'un grand nombre d'enfants adoptés soulève bien des questions, et le manque d'expérience de notre société en ce domaine ne permet pas d'apporter beaucoup de réponses. D'autant plus que le poids de l'Histoire, comme nous l'avons vu, présente encore l'adoption sous un aspect négatif. Pour beaucoup, une filiation affective ne pourra jamais remplacer une filiation naturelle, et il semble impossible, pour l'enfant adoptif et ses parents, d'avoir une relation saine, et surtout simple.

En France, l'adoption fut longtemps taboue. La stérilité était vécue comme un châtiment, l'adoption comme une transgression. Malgré une certaine amélioration et un meilleur regard sur les enfants adoptés et leurs parents adoptifs, les mentalités restent encore marquées par cette conception.

En outre, de nombreux témoignages en donnent une image pessimiste. Plusieurs raisons peuvent expliquer cette réaction. Tout d'abord, les problèmes sont plus faciles à mettre en scène que les solutions et une meilleure assurance d'audimat pour les médias. Que deviendraient certains journaux d'information ou stations de radio si tout était pour le mieux dans le meilleur des mondes ?

Le récent débat sur l'accouchement sous X en est l'illustration. Même si, à un moment ou un autre, la plupart des personnes nées sous X se sont interrogées sur leur histoire et leurs origines, elles acceptent bien leur situation et ont pu se construire une personnalité stable, malgré le secret de leurs origines. Préférant rester discrètes, moins concernées par les problèmes décrits dans ce débat, elles ne « font pas le poids » et n'ont pas pour la presse le même intérêt que le petit noyau de celles qui vivent très mal leur situation et l'expriment douloureusement. Une telle détresse est un spectacle, qui nous émeut et nous rassure dans notre intimité, puisque nous avons la chance de connaître nos parents. Il n'est malheureusement pas rare de se sentir un étranger vis-à-vis de ses parents, mais quand on sait que ceux-ci ne sont que des parents adoptifs, il est tentant de chercher à savoir ce que valent les autres.

Des bienfaiteurs tristes et désespérés

Sans tomber dans le voyeurisme, certains spécialistes de l'adoption en donnent, eux aussi, un tableau négatif. Ce sont ceux qui, dans un objectif humanitaire, aident des enfants à trouver des parents, et des couples à former une famille. Très motivés, souvent bénévoles, ils sont confrontés à un grand nombre d'enfants adoptés. Ils rendent des services immenses, sans en avoir toujours conscience, mais parfois baissent les bras devant des situations particulièrement douloureuses. Comme souvent, ces cas, même rarissimes, font oublier tous les autres. De la même manière qu'un médecin qui, faisant le point sur sa carrière, se souvient plus de ses échecs et des patients qu'il n'a pu sauver que de ceux, bien plus nombreux, qu'il a soulagés et guéris ; un professionnel de l'adoption « oublie » toutes les adoptions qui, grâce à lui, ont réussi, pour ne plus se rappeler que certains drames dont il a été le témoin et l'acteur bien involontaire.

Je pense à l'interview d'un membre d'une œuvre d'adoption, personne généreuse qui, après avoir fait adopter de nombreux enfants, a décidé de jeter l'éponge et de témoigner, dans les médias, de son désarroi. Cette grande dame avait permis l'adoption d'une petite Coréenne, par une famille française qui lui semblait bien sous tous rapports. Cependant, pour ses nouveaux parents, cette petite fille, décrite comme attachante, ne correspondait pas à l'image caricaturale de la gentille et calme petite fille asiatique de leur rêve ; elle était trop brouillonne, trop désordonnée, ne travaillait pas bien en classe. Abandonnée une deuxième fois, cette enfant a vu sa vie brisée car, malgré une deuxième adoption par une famille qui l'a acceptée telle qu'elle était, elle voyait dans sa première famille adoptive sa seule et véritable famille. Le rejet ne lui semblait pas acceptable et le suicide est apparu comme la seule issue possible. En mettant fin à ses jours, elle laissait à celle qui l'avait fait adopter un remords immense, bien plus grand que toutes les reconnaissances que cette femme avait pu recevoir des nombreuses familles dont elle avait contribué au bonheur.

Des spécialistes peu spécialisés

Il faut aussi se méfier d'autres intervenants. Je pense en particulier à certains psychiatres, pédopsychiatres ou psychologues.

Plusieurs d'entre eux se sont spécialisés dans l'adoption ou possèdent une grande expérience sur ce sujet. Ils ont un avis posé et ne voient pas l'adoption comme un processus pathologique, mais comme un événement à accepter et à dépasser pour se développer sereinement. Ils savent que les enfants adoptés qu'ils reçoivent en consultation ne sont pas nécessairement représentatifs. Certains m'ont même avoué qu'ils enviaient la possibilité que j'avais, grâce à la consultation d'adoption outremer, de voir les enfants adoptés, parfois dès leur arrivée, pour des raisons tout autres que des soucis psychologiques. Je bénéficie ainsi d'un échantillon plus complet et plus diversifié.

Mais beaucoup d'autres professionnels n'ont que de vagues connaissances sur l'adoption. Ils n'y sont confrontés que quand elle se passe mal ; ce qui est logique, les parents adoptifs ne voyant pas, à juste titre, l'intérêt d'amener en consultation psychologique un enfant « bien dans sa peau ». Ainsi, sans toujours s'en rendre compte, certains « psys » ne sont en contact qu'avec un très faible échantillon d'adoptés. Il devient alors dangereux de généraliser : « Tous les enfants adoptés que je vois ont des problèmes, donc tous les enfants adoptés ont des problèmes ». Cet avis est sans doute conforté par le fait qu'un des piliers de la psychanalyse est l'histoire d'Œdipe, qui met en place le complexe du même nom. Or, ce récit, accumulant toutes les catastrophes de l'adoption, n'en est que plus exceptionnel. Pourtant il reste, pour certains, le modèle de ce qui se passe (ou peut se passer) dans l'adoption.

Des parents inquiets

L'adoption fait peur et c'est bien naturel, car elle implique à la fois ignorance et confiance. Il faut être fort pour accepter ces deux notions en même temps. Ignorance, car on ne sait rien, ou fort peu de choses, de la vie antérieure de son enfant, de ses risques propres et de son devenir. Confiance, car il faut l'accepter et surtout l'accueillir avec toute cette part d'inconnu. Lorsque les enfants biologiques posent des problèmes à des moments charnières comme l'adolescence, les parents considèrent que c'est difficile, voire douloureux, mais dans la nature des choses ; rien de tel dans l'adoption. Certains parlent avec fatalité d'adoption ratée, mais on n'évoque jamais une naissance ratée dans une filiation biologique. Les soucis que cause un enfant biologique sont vécus avec plus ou moins de fatalisme, alors que, pour un enfant adoptif, l'adoption est mise en avant pour tout expliquer. Une telle position ne peut qu'envenimer le débat et aggraver les problèmes. Il faut y prendre garde, car un échec de l'adoption signifie parfois un deuxième abandon, sans doute la pire chose qui puisse arriver à un enfant. Un abandon par des parents adoptifs reste, fort heureusement, très rare, mais, lorsque des problèmes apparaissent, il est bien plus fréquent que par des parents biologiques.

Même si les exemples d'adoption à travers le monde sont de nature à rassurer sur la possibilité d'établir une relation de filiation tout à fait satisfaisante, beaucoup de parents adoptifs s'interrogent sur les risques de déséquilibre psychologique de leur enfant.

Plus l'enfant adopté exprime de difficultés, plus la famille adoptive les relie à l'adoption. De ce fait, si les enfants adoptés ne présentent quasiment pas plus de troubles psychiatriques graves que les enfants biologiques, comme l'ont montré plusieurs études, ils sont surreprésentés dans les consultations de psychiatrie, en particulier au moment de l'adolescence. Ce n'est pas alarmant si les interlocuteurs sont bien formés (ce qui est de plus en plus le cas) aux problèmes de l'adoption, mais cela peut aggraver les choses dans le cas contraire, comme nous le montre l'histoire de Théo.

L'histoire de Théo

Les ennuis de Théo commencent à la pré-adolescence. Vers l'âge de 10 ans, il éprouve le besoin de se différencier, de se faire remarquer, ce qui se manifeste par une indiscipline grave en classe, la chute de ses résultats scolaires, jusqu'alors corrects, et l'impossibilité d'effectuer des activités de groupe avec d'autres enfants. Ses parents, très vigilants, s'en alarment. Ils consultent à différents endroits, Théo est suivi en pédopsychiatrie, ses deux parents rencontrent aussi les psychologues. Très vite, le diagnostic de dépression est envisagé chez la maman de Théo, causée par le deuil de l'enfant biologique qui n'aurait pas été fait. L'adoption n'aurait jamais été acceptée par cette mère, et les troubles relationnels de son petit garçon en seraient la conséquence. Mais, malgré cette belle conclusion, le suivi familial ne permet ni d'améliorer le comportement de Théo qui reste insupportable, ni sa maman qui reste déprimée. C'est lorsqu'une autre équipe prend en charge Théo, que les problèmes se démêlent. Celle-ci a une bien meilleure expérience de l'adoption. Elle interroge la famille sur son histoire personnelle. Il s'agit d'un parcours classique avec stérilité et procréation médicalement assistée, interrompu puisque ce couple encore jeune (ils ont moins de 30 ans lorsqu'ils adoptent Théo) opte très tôt pour l'adoption. Les rapports de l'agrément en vue d'adoption, réalisés avant l'arrivée de Théo, sont excellents et montrent un bon cheminement. Ils se tournent vers un pays du tiers-monde où, grâce un intermédiaire consciencieux, ils entrent en contact avec une jeune femme en fin de grossesse, qui ne souhaite pas garder son enfant. Des relations de confiance entre les deux mères de Théo se nouent, et se poursuivent puisqu'elles continuent à correspondre par courrier.

Dès sa naissance, Théo est confié à ses parents adoptifs, d'autant plus rapidement qu'il est porteur d'une malformation impressionnante à l'une de ses jambes. Après des soins sommaires dans son pays d'origine, il bénéficie d'une évacuation sanitaire en France ; sa malformation a permis d'accélérer les processus d'adoption auprès des autorités du pays de naissance, conscientes de meilleures chances de guérison en France. Théo bénéficie donc de soins de grande qualité et, après deux interventions chirurgicales et quelques semaines d'hospitalisation, il est considéré comme guéri et apte à mener une vie tout à fait normale. Il ne garde qu'une cicatrice discrète.

Mais c'est bien cette anomalie anatomique qui semble la cause des soucis actuels de Théo, beaucoup plus que l'adoption en elle-même. Quand elle raconte cette histoire, il est évident que la maman de Théo a beaucoup souffert lors de cette naissance et de l'annonce de ce handicap, finalement mineur mais frappant. L'acceptation d'un enfant issu d'une autre femme avait été faite et bien faite. La fin de la grossesse avait été en quelque sorte partagée entre ces deux femmes. Mais si la maman de Théo était prête à accueillir un enfant qui n'était pas issu de son sang, elle attendait, comme toute future maman, qu'il soit parfait. Comme souvent dans le tiers-monde, la grossesse avait été suivie avec les moyens du bord, sans échographie pour dépister un problème congénital et s'y préparer. Poussée par les soins urgents à réaliser, et sans doute effrayée à l'idée que l'on pense qu'elle puisse refuser cet enfant, cette femme n'a pas pu exprimer sa déception, qu'elle a gardée au fond d'elle-même, mais que son petit garçon a vite perçue et exprimée à son tour.

Cette histoire n'est pas exceptionnelle. Il est fréquent que des parents, les pères comme les mères, traversent de grands moments de doute lorsque l'enfant qu'ils attendent n'est pas tout à fait celui qu'ils espéraient. Une bonne prise en charge, surtout si elle est précoce, permet en général de passer rapidement ce cap. Mais une adoption peut tout occulter. La première équipe soignante s'était focalisée sur cette adoption et n'avait pas cherché plus loin. Or, si celle-ci posait problème, ce n'était pas en tant que telle, mais parce que l'enfant reçu en adoption n'était pas celui dont sa mère avait rêvé et qu'il était inconcevable de manifester une quelconque déception, justement parce qu'il s'agissait d'un enfant adopté. La preuve en est que Théo a deux petits frères qui n'ont jamais présenté la moindre perturbation.

Le risque est grand de tout attribuer à l'adoption, sans rechercher d'autres problèmes potentiels et sans faire raconter précisément l'histoire de cette adoption.

Adolescence et adoption : où est le problème ?

La plupart des troubles psychologiques des enfants adoptés apparaissent à l'adolescence, moment souvent délicat pour beaucoup de parents et d'enfants. Si un adolescent fait part de ses difficultés, son entourage se demande parfois pourquoi il se comporte de la sorte puisqu'il a tout pour être heureux. C'est justement parce qu'il a tout pour être heureux que la révolte et le refus de ce bien-être lui apparaissent comme un moyen de s'affirmer. Ce n'est pas facile à admettre, même si l'on est prévenu.

Qu'une situation particulière, comme l'adoption (ce peut être aussi une séparation parentale, un déménagement, le décès d'un proche), explique cette réaction, et voilà les médecins, les parents et l'adolescent lui-même rassurés. Pourtant, il n'est pas besoin d'être adopté pour se révolter à l'adolescence. Le véritable mystère, c'est l'adolescence et non l'adoption. Mais comme on ne comprend pas toujours l'adolescence, l'adoption est l'échappatoire commode pour justifier les troubles de personnalité.

Un exemple presque caricatural a été donné il y a quelques années, lors d'un débat télévisé. Parmi les participants, un jeune homme de 16 ans, né sous X et adopté dès son plus jeune âge, fut présenté comme l'exemple type des adolescents perturbés par leur adoption. Ce jeune homme avait effectivement pas mal de problèmes : il se révoltait, fuguait, séchait les cours. Son discours était édifiant : « Oui, c'est dur d'être adopté, c'est pour ça que chez moi ça va pas. Ma mère biologique, je ne lui en veux pas, je la remercie, elle ne pouvait pas me garder, c'était sa vie, mais je lui suis reconnaissant, elle m'a donné une chance en m'abandonnant. Non, mes parents biologiques je ne les cherche pas, je n'ai pas envie de les chercher. Ils ont leur vie, j'ai la mienne. Pour moi, mes parents, mes seuls parents, c'est ceux qui m'ont adopté, je les aime comme mes parents, je n'en veux pas d'autres. J'ai les nerfs, vous savez, c'est dur d'avoir été adopté ».

Cet adolescent était certes en pleine rébellion, mais, contrairement à ce que tout le monde croyait autour de lui et à ce qu'il pensait lui-même, ce qui ne posait pas problème, c'était bien son adoption. Ses paroles ne laissent aucun doute. Mais tout le monde, y compris lui-même, était rassuré de trouver une cause à ses ennuis.

Il n'en reste pas moins vrai que l'adoption peut amplifier les problèmes de l'adolescence, d'autant plus que les adolescents en révolte savent toucher leurs parents « là où ça fait mal ». Ici l'attaque est toute trouvée : « D'abord t'es pas mon père », « T'es pas ma vraie maman, je voudrais bien avoir l'autre », « Tu peux pas me comprendre, on n'est pas de la même famille »... Si les parents sont prêts à entendre de telles phrases dans des moments de colère ou de détresse, s'ils sont conscients qu'elles ne sont que de la provocation, qu'elles sont souvent regrettées aussitôt prononcées, il n'y aura pas trop de dégâts. Ils peuvent affronter le problème avec sérénité, rassurer et remettre chacun à sa place : « Oui, je ne t'ai pas donné la vie, mais tu es bien mon enfant, que j'aime depuis que tu es avec nous, et je resterai tout le temps ton père (ou ta mère), même quand tu es pénible comme cela ». Cela peut être aussi le moment de parler de l'adoption, de susciter des questions que l'enfant ou l'adolescent hésite à exprimer, ou de proposer un retour aux sources : écrire à sa famille biologique si des liens existent encore, ou même faire un voyage dans le pays d'origine.

Si, à l'inverse, les parents ne sont pas préparés à de telles remarques, leur violence risque de provoquer en retour une grande détresse. Les enfants ne pourront pas, bien souvent, s'empêcher de profiter de la situation, mais, une fois leur colère passée, ils en éprouveront du remords et n'oseront plus se dresser contre leurs parents : « Ils m'ont recueilli alors que je n'étais pas de leur sang, et voilà comment je me conduis avec eux ». Si la révolte d'un enfant est une épreuve douloureuse pour les parents, c'est elle qui lui permet de construire sa propre personnalité et lui évite de s'enfoncer dans la culpabilité.

L'histoire de Michel

Michel a 10 ans, lorsqu'il commence à se poser des questions sur son adoption. Adopté au Brésil, à l'âge de 2 ans, il était jusqu'alors très content de sa condition. Ses parents ne lui ont rien caché de son histoire, tout lui semblait naturel. Il se vantait d'être adopté, trouvant cette situation originale. Il était encore plus fier d'être Brésilien, n'hésitant pas à se comparer aux footballeurs de ce pays.

Vers l'âge de 10 ans, peut-être suite aux maladresses de certains camarades, peut-être parce que la pré-adolescence est un moment où on s'interroge sur tout, ou peut-être parce que les footballeurs brésiliens ont perdu en finale contre les Français, Michel a moins d'entrain que d'habitude. Lorsque sa maman l'interroge sur cette mélancolie inexpliquée, sa réponse est : « Je crois que mon autre maman me manque ». Tout en se rendant compte qu'elle ne réagit pas bien, elle ne peut s'empêcher de faire une grimace et d'afficher à son tour une grande tristesse sur son visage.

Plus personne n'ose aborder ce sujet et, à l'âge de 14 ans, Michel se transforme. Comme tout adolescent qui se respecte, il grandit, il a des boutons et devient un peu bête. Ce n'est pas un voyou, ses résultats scolaires sont toujours très bons, il est la plupart du temps charmant avec ses parents et son entourage, mais il ne peut s'empêcher de piquer de grosses colères, de traiter son entourage de « famille de cons », et d'autres noms d'oiseaux… tous les charmes de l'adolescence.

Plus inquiétant encore : quand ses parents cherchent à parler avec lui pour comprendre sa révolte, sa réponse lapidaire est loin de calmer leur angoisse : « Si je vous dis ce qui ne va pas, cela vous fera de la peine ».

On propose alors à Michel de rencontrer des adultes (son parrain, des amis proches des parents, qui eux aussi ont adopté, des médecins spécialistes de l'adoption). Ces nouvelles relations permettront de renouer le dialogue.

L'histoire de Valérie

Le cas de Valérie aurait pu être plus grave. Elle a été adoptée en Polynésie, dès sa naissance. Cette adoption s'est bien passée, des liens intenses se sont tissés entre les deux familles. Mais, au fil des ans, à la suite de réactions de proches, surpris par ce mode d'adoption, les relations se distendent et l'adoption n'est plus guère évoquée. Cependant, rien n'a été caché à Valérie, mais elle n'ose pas en parler, puisqu'on ne lui en parle jamais.

À 13 ans, au seuil de l'adolescence, Valérie sort de ses gonds : puisque rien ne va dans sa famille, elle se met à regretter l'autre férocement. Ses parents ont le bon réflexe de la prendre au mot. Ils lui parlent de ses parents de Polynésie, de ses frères et sœurs restés là-bas. Des contacts sont repris, Valérie écrit à sa famille biologique ; une sœur à peine plus âgée qu'elle lui répond. Un voyage est même organisé et Valérie, accompagnée de ses parents, passe 3 semaines près de sa famille biologique qu'elle voit tous les jours. Une grande complicité naît avec sa sœur, toutes deux comparent leur vie. Et, si chacune envie celle de l'autre, le charme des lagons, la douceur du climat pour Valérie, l'aisance matérielle, la possibilité de faire des études pour sa sœur, aucune ne souhaite véritablement perdre ce qu'elle a. Depuis les contacts se poursuivent par courrier ; de prochains voyages, dans l'un ou l'autre sens, sont prévus.

Parler de l'adoption, de la famille de naissance, et pouvoir, dans des cas exceptionnels comme celui de Valérie, la rencontrer, rend souvent les choses plus simples, plus concrètes. Le silence, le non-dialogue sont, dans tous les cas, à éviter.

Des milieux trop favorisés

Cette interprétation est, bien entendu, provocatrice, mais elle n'est pas complètement loufoque. L'histoire a donné une image défavorable de l'adoption, mais c'est surtout une raison économique qui explique pourquoi l'on rencontre autant d'enfants adoptés dans les consultations psychologiques. L'adoption, et singulièrement l'adoption internationale coûte cher, et même très cher. Un cadre supérieur a vingt fois plus de chances d'adopter qu'un ouvrier. Ainsi, les parents adoptifs sont, en moyenne, plus aisés que la population générale. Outre cet avantage financier, ils bénéficient d'une meilleure information et d'un meilleur accès à un suivi médical ou psychologique. Ils n'hésiteront pas à consulter à la moindre alerte. Pour avoir leur enfant ils n'ont pas craint de traverser le monde ; pour son bien-être une consultation spécialisée n'est qu'un petit détour. Voilà pourquoi, aussi, les consultations de pédopsychiatrie sont encombrées d'enfants et d'adolescents adoptés !

Des institutions parfois maltraitantes

Je le répète, car il s'agit de la grande particularité de l'adoption en France, ce phénomène est nouveau. De grands progrès ont été faits, les mentalités ont profondément évolué puisque, sans être banalisée, l'adoption n'est plus exceptionnelle, mais je crains qu'il ne soit nécessaire d'attendre encore quelques générations avant qu'elle soit bien connue de tous. Beaucoup d'idées fausses, de préjugés courent encore, même dans nos administrations. Celles-ci peuvent être véritablement maltraitantes avec les parents biologiques, les enfants biologiques, mais aussi les parents adoptifs, d'autant plus que les désirs de ces trois intervenants ne sont que rarement concordants. Ainsi, en cas de troubles relationnels familiaux graves, doit-on privilégier à tout prix le lien familial, ou faut-il le rompre pour proposer un nouvel environnement plus sûr, mais non relié par le sang ?

Il n'y a pas si longtemps (quelques décennies), les mères désirant accoucher sous X étaient parfois injuriées par le personnel de la maternité, leur acte étant assimilé à une sorte d'infanticide. Rien n'était fait pour atténuer, ni les douleurs physiques de l'accouchement, ni les douleurs morales de la séparation. Humiliées et mises à l'index devant les autres mères, elles étaient contraintes de s'occuper de leur enfant.

Encore récemment (et je crains que cela puisse encore se passer dans certaines maternités), l'abandon, conséquence d'un accouchement sous X, semblait tellement inhumain à certains membres du personnel qu'ils faisaient tout pour l'empêcher. Non par des agressions verbales ou physiques, mais par des gestes maladroits, involontairement cruels et insidieux, comme déposer le bébé sur le ventre de sa mère et le lui montrer après l'accouchement, alors que celle-ci avait bien précisé ne pas vouloir le voir. Cet excès de zèle ne tenait aucun compte du long et douloureux cheminement vécu par cette femme.

Aujourd'hui, dans la plupart des maternités, les femmes qui désirent accoucher anonymement sont accueillies avec humanité. Il existe souvent des structures, avec des professionnels (psychologues, assistantes sociales) bien formés et habitués à cet accueil tout à fait particulier. Mais certaines remarques montrent que ce mode d'accouchement n'est pas encore accepté. « Pauvre bébé », s'exclament de nombreuses personnes quand on annonce une naissance sous X. J'ai, à chaque fois, envie de dire « Pauvre maman », pauvre mère qui ne peut garder son bébé. Il y a sûrement une grande détresse dans ce geste. Mais le bébé, même s'il nous paraît abandonné, même si plus tard il est amené à s'interroger et à s'inquiéter sur ses origines, n'est-il pas, d'une certaine façon, un enfant qui a de la chance, puisqu'il sera aimé par deux mères : celle qui, contrairement au terme usité, ne l'a pas abandonné puisqu'elle lui a donné le jour et des atouts pour commencer sa vie sur de nouvelles bases ; et celle qui ne le connaît pas encore, mais qui l'espère et l'attend avec impatience. Je ne dis pas qu'il s'agit d'une situation idyllique, mais elle serait sans doute moins difficile à vivre si tout le monde en comprenait les différents aspects.

En tant que pédiatre, je n'ai été confronté à des accouchements sous X qu'après la naissance de l'enfant mais, même dans ce cas, certaines réactions m'ont choqué. J'ai été profondément marqué par l'histoire d'un bébé né de cette manière. Je n'étais, à l'époque, qu'un jeune interne débutant en pédiatrie. Je travaillais dans le service de réanimation pédiatrique et je ne m'étais jamais encore interrogé sur la filiation. Comme tout le monde, l'adoption me semblait un phénomène sympathique, l'accouchement sous X un choix généreux. Lors d'une de mes gardes, où j'assurais aussi les transports SAMU de nouveaux-nés, je fus appelé, en début de soirée, pour aller chercher un enfant dans une maternité de la ville. Je me retrouvai face à un bébé, né prématurément de quelques semaines, porteur d'une petite malformation digestive, qui aggravait chez lui une détresse respiratoire. Le pédiatre de la maternité me raconta l'histoire de cet enfant qu'il connaissait bien. Le père de ce bébé, ancien toxicomane, était en train de mourir du sida ; sa femme qui, par chance, n'était pas atteinte de cette maladie, avait répété à plusieurs reprises qu'elle se suiciderait dès le décès de son mari, car elle ne voulait pas lui survivre. C'est dans cet état d'esprit que le couple constata la grossesse ; celle-ci n'ayant été découverte qu'assez tardivement, les délais de l'IVG étaient dépassés. On leur proposa une interruption thérapeutique de grossesse, du fait de la pathologie du père et surtout de l'état psychologique de la mère qui restait ferme dans ses intentions suicidaires, malgré l'accouchement prochain. Après un temps de réflexion, ils refusèrent cette solution extrême et déclarèrent vouloir donner la vie à leur enfant et lui donner la chance et le bonheur qu'ils estimaient ne pas avoir eus. De plus, même s'il ne portait pas leur nom, l'existence de cet enfant après leur décès resterait pour eux le seul témoignage de leur amour.

Ce fut donc un enfant né sous X que je ramenai en réanimation pédiatrique. Quand je rapportai son histoire à mon « chef », le médecin qui assurait cette garde de nuit avec moi, il me demanda de ne pas en faire trop : « On ne va pas se battre pour lui, il n'a pas de parents, il a une malformation, il a sans doute le sida, il est prématuré ; s'il meurt, c'est sans doute le mieux qui puisse lui arriver ». Je refusai d'obéir. Toute la nuit, je m'occupai de ce bébé comme des autres qui étaient sous ma responsabilité, sans doute un peu plus que des autres, car il en avait plus besoin. Le lendemain matin, il allait beaucoup mieux, sa détresse respiratoire était améliorée, grâce à des gestes élémentaires. Je n'avais pas fait de miracles, je m'étais seulement occupé de lui, je lui avais apporté les soins de première nécessité. Dans les jours qui suivirent, il fut opéré de sa petite malformation, les suites furent simples. Il devint rapidement un beau bébé affamé, il n'était pas porteur du sida.

Je l'ai revu quelques mois après, dans un autre service. Il avait été adopté à l'âge de trois mois et demi par un couple stérile d'une trentaine d'années. Je les ai aperçus une dernière fois quand il était âgé de six mois : cet enfant et ses deux parents respiraient le bonheur, il y avait une complicité intense entre ces trois-là. Je n'ai plus eu de nouvelles d'eux, mais je ne m'en inquiète pas.

Je ne sais pas non plus ce qui est arrivé aux parents de naissance. J'espère seulement que, s'ils sont partis comme ils l'avaient annoncé, ils avaient au moins le cœur léger en pensant à leur petit garçon.

Cette histoire peut apparaître mélodramatique ou irréelle, mais je l'ai vécue. Si je n'avais pas connu l'adoption de cette façon, je ne m'y intéresserais pas comme aujourd'hui.

Quant à la réaction du collègue qui était alors de garde avec moi, elle me paraît très significative. C'était un médecin que j'admirais, sans doute un de ceux qui m'ont le plus appris ; il avait des connaissances encyclopédiques et un savoir clinique remarquable. Il savait donc que cet enfant ne risquait pas le sida, puisque sa mère n'en était pas porteuse. Il savait aussi que sa prématurité n'était que modérée, que sa malformation était minime. C'était quelqu'un d'une grande humanité, qui ne comptait ni son temps, ni sa fatigue, pour s'occuper de ses patients, qui vivait avec une grande détresse morale tout ce qui arrivait à chacun d'eux. J'ai toujours beaucoup d'admiration pour lui, et je crois que ses paroles sortaient de son cœur. Il était persuadé qu'en sauvant ce bébé nous ne ferions que rendre un enfant malheureux, puisque sans parents. Beaucoup, sans oser l'avouer avec la même franchise, auraient sans doute pensé comme lui.

L'accouchement secret montre bien comment l'institution, dans son ensemble, peut rester psychologiquement maltraitante. Même si des mesures ont été prises, depuis la loi de 1966, pour que l'adoption soit sur le même pied d'égalité que la filiation naturelle, l'adoption reste trop souvent, dans les faits, considérée comme un pis aller, un moyen de dernière extrémité.

Avant une interruption volontaire de grossesse, les femmes en détresse qui y ont recours doivent rencontrer médecin, psychologue et assistante sociale, pour être informées des risques de cette pratique et des autres solutions : entre autres, l'adoption par accouchement sous X, ou par consentement sans anonymat. Pourtant, la plupart des intervenants n'osent évoquer cette possibilité de poursuivre la grossesse. Il semble qu'en France il soit mieux admis que l'enfant (ou le fœtus) soit éliminé que donné à d'autres parents.

Cette remarque n'est, en aucun cas, une attaque contre l'IVG, ni contre ceux qui la pratiquent ou la préparent. La loi de 1975 correspond à une nécessité ; il n'est pas question de la remettre en cause. Mais, si pour la majorité des femmes qui subissent une telle intervention, elle est la seule solution possible, d'autres auraient peut-être souhaité entendre un discours différent. Certaines vivent douloureusement d'avoir subi une IVG et se le reprochent toute leur vie. Elles auraient peut-être mieux accepté de laisser naître leur enfant pour le confier à une autre, ou au contraire le remède se serait révélé pire que le mal. Ce ne sont que des suppositions, qui ont du moins le mérite d'alimenter le débat.

L'image négative de l'adoption fait parfois différer l'abandon et l'adoption, alors qu'ils pourraient être acceptés par les parents biologiques. Involontairement, on pose des bâtons dans les roues, on refuse l'accouchement sous X.

La France est un modèle de démocratie et de droits sociaux, mais elle me choque quand elle fait preuve de myopie. Cette politique nombriliste laisse croire que nous sommes les meilleurs en tout et que ce qui est bon pour nous est bon pour les autres. Ainsi, dans un but paternaliste, nous imposons ou cherchons à imposer à nos DOM-TOM, ou à certaines de nos anciennes colonies, des lois qui correspondent surtout à nos mentalités d'Occidentaux. Je pense en particulier à la loi sur l'IVG, à l'accouchement sous X, qui ont été en France des facteurs de progrès, qui correspondent bien aux mentalités françaises actuelles, mais qui sont complètement déplacées par rapport aux solutions proposées depuis des générations dans la prise en charge des enfants non désirés, en Afrique ou dans le Pacifique.

Adoption et assistance médicale à la procréation : deux poids, deux mesures

Sur un plan médical, ou plutôt médico-juridique, car les médecins ne peuvent que respecter ce que la loi leur impose, on reste particulièrement étonné par les inégalités entre l'adoption et la procréation médicalement assistée (PMA).

Pour adopter, comme nous le verrons dans le chapitre consacré aux aspects pratiques, il faut s'armer de patience et de courage, économiser et surtout faire ses preuves vis-à-vis des investigateurs. Pour la PMA, rien de tel. Il suffit d'en faire la demande et de prendre rendez-vous auprès d'un centre spécialisé. Dans ce cas, comme pour tout autre soin, les médecins sont dans l'obligation de tout mettre en œuvre pour répondre à la demande thérapeutique. Si l'immense majorité des demandes de procréation artificielle sont justifiées par des couples qui souhaitent créer une famille et ont été suffisamment réfléchies, certains abus ne sont ni contrôlés ni contrôlables.

Voici plusieurs exemples, qui m'ont été transmis par des médecins responsables de centre de PMA (je n'ai, pour ma part, jamais travaillé dans ce secteur).

Certains couples présentent des risques génétiques importants, se traduisant par la naissance systématique d'enfants gravement handicapés, qui n'auraient pu voir le jour sans l'aide de la médecine. La nature permet souvent une régulation en empêchant l'aboutissement de telles grossesses. Mais, comme parfois la science réussit là où la nature échoue, malgré les conseils des médecins, rien ne peut être opposé à des parents désireux d'avoir à tout prix des enfants qui, tout en étant leurs enfants biologiques, n'en seront pas moins handicapés.

Il existe aussi des cas, heureusement exceptionnels, de femmes souffrant de troubles de la fécondité qui se lancent dans des thérapeutiques lourdes, et qui, une fois enceintes et rassurées sur leur intégrité féminine, mais ne désirant pas être mères, choisissent l'interruption volontaire de grossesse.

Enfin, et c'est sans doute le plus grave, des couples, convaincus de maltraitance, ont vu tous leurs enfants retirés et placés en institution ou en familles d'accueil. S'ils désirent d'autres enfants, mais qu'ils souffrent alors de stérilité, les centres de PMA sont obligés de répondre à leur demande, de les aider à concevoir des enfants qui, dès leur naissance, leur seront retirés, et seront alors placés et non adoptables.

D'un côté, l'adoption est contrôlée, et c'est sans aucun doute une bonne chose. D'un autre, dans la PMA, aucune surveillance ne s'exerce, car, au nom du droit de tous aux soins et aux progrès de la médecine, on n'a osé ni interdire, ni poser des limites, si ce n'est d'âge. Les centres de PMA ne peuvent proposer que des entretiens psychologiques, qui seront acceptés ou non par leurs patients.

Enfin – c'est un détail par rapport au bonheur ou au malheur d'un enfant – l'adoption internationale et la PMA coûtent toutes deux très cher. La différence entre elles tient au fait que dans l'adoption tout ou presque est à la charge des parents, et que dans la PMA tout ou presque est pris en charge par la Sécurité sociale. Mon propos n'est pas d'interrompre le remboursement de la PMA, mais que des limites soient posées. On peut aussi s'interroger sur le bien-fondé d'une aide financière aux parents adoptifs. Bien d'autres exemples montrent que l'adoption n'est pas toujours acceptée par les autorités. Le cas le plus grotesque a été donné par un haut fonctionnaire du ministère de la Justice. Celui-ci, pour justifier la circulaire Guigou, a déclaré qu'il valait mieux, pour un enfant étranger, rester dans un orphelinat de son pays d'origine, que de venir dans une famille française. Il faudrait lui conseiller de visiter certains orphelinats roumains, ou d'estimer le confort psychologique des enfants qui passent toute leur enfance en institution, que cet orphelinat soit à visage humain, ou non. Le droit primordial d'un enfant est d'avoir des parents qui veillent sur lui.

La circulaire Guigou est, elle-même, un autre modèle d'excès. Elle a été adressée, par le ministère de la Justice, à tous les magistrats, en leur demandant de considérer avec vigilance la validation des adoptions d'enfants étrangers. Ce texte maladroit a contribué à jeter le doute et la suspicion sur toute l'adoption internationale. Les associations de parents adoptifs ont vivement répondu par des actions et des pétitions, qui portaient le titre tout à la fois humoristique et désabusé de « déclaration des quarante voleurs d'enfants ».

La circulaire Guigou a eu, en fin de compte, un effet contraire, puisque l'émotion qu'elle a suscitée a conduit au vote de la deuxième loi Mattéi, en février 2001. Adoptée à l'unanimité par l'assemblée nationale, elle permet à une adoption décrétée valide par les autorités du pays d'origine d'être immédiatement ratifiée par les tribunaux français. On peut d'ailleurs remarquer qu'Élisabeth Guigou qui avait signé, peut-être précipitamment, la circulaire qui porte son nom, a tout fait pour que cette loi soit acceptée.

C'est une bonne nouvelle de voir qu'une telle disposition a été votée par l'ensemble des députés, sans querelles partisanes. Jusqu'alors, pour forcer un peu le trait, les élus de gauche voyaient l'adoption internationale comme une forme de colonialisme, de commerce d'êtres humains, tandis que ceux de droite la considéraient comme une forme cachée d'immigration clandestine, sans parler de l'extrême-droite qui prévoyait, en cas d'arrivée au pouvoir, de la supprimer purement et simplement.

Une certaine forme de néocolonialisme existe bel et bien quand de l'argent entre en jeu ou que des intermédiaires utilisent l'adoption comme un commerce. Mais il convient de relativiser là aussi. Des pays exigent parfois beaucoup d'argent pour autoriser l'adoption. Ils justifient de telles sommes par différents frais administratifs. Dans d'autres États, des orphelinats, des juristes ou des œuvres ont pour seule source de revenus la contrepartie qu'ils demandent aux parents adoptifs. Ceci peut ressembler à un commerce inhumain, voire à un marché aux esclaves. Mais, comme nous l'avons déjà vu, tout dépend des motivations et de la conscience des intermédiaires.

Si l'adoption internationale est parfois comparée à une entrée massive d'étrangers, j'aime plutôt la voir comme une chance à l'échelle de la planète. Il s'agit d'une façon de créer des liens sociaux entre le monde riche et le monde en voie de développement. Avoir, parmi ses proches (parents ou amis), un petit enfant aux yeux bridés ou à la peau sombre, aide à porter un autre regard sur les différences ethniques, à lutter contre le racisme, mais aussi à s'intéresser et donc à mieux comprendre d'autres cultures.

Mais, bien plus que les partis politiques proprement dits, les véritables décideurs sont les hauts fonctionnaires, spécialistes d'un domaine particulier, qui restent en place dans les ministères quelle que soit la sensibilité des gouvernements. Ainsi, on note au ministère de la Justice une relative opposition, voire une suspicion, vis-à-vis de l'adoption à l'étranger, alors que le ministère des Affaires étrangères, et en particulier la Mission de l'adoption internationale – son administration spécialisée dans le domaine – a plutôt une attitude bienveillante, même si ses conseils semblent décourageants.

Dans la vie de tous les jours aussi, les institutions ou l'administration sont involontairement malveillantes. À tous les niveaux, un enfant adopté souffrira souvent de cette étiquette, ce qui amènera ses parents et lui-même à douter de sa « normalité ».

Ainsi, à l'hôpital, alors qu'il est soigné pour un problème banal, un enfant adopté est vite catalogué « à problèmes », lesquels sont bien entendu liés à son adoption, alors qu'il s'agit de manifestations (des pleurs ou des colères, par exemple). jugées normales pour d'autres enfants.

Il arrive de temps en temps à des parents d'aller chercher leurs adolescents au poste de police. S'il a été adopté, c'est sa filiation particulière ou plus encore ses origines étrangères qui sont mises en avant par les fonctionnaires pour expliquer son écart.

Même à l'école maternelle, lieu d'intégration et d'éveil à la tolérance, les enfants adoptés sont victimes de leur étiquette, s'ils se montrent trop turbulents ou remuants.

Pourtant, ces histoires mettent en scène des fonctionnaires le plus souvent dévoués et responsables. Qu'il s'agisse de médecins, de policiers ou d'institutrices, tous ont globalement des idées positives sur l'adoption. Mais quand les problèmes surgissent, elle devient pour tous une belle porte de sortie. C'est bien le regard et les *a priori* qu'il est nécessaire de changer pour mieux faire accepter l'adoption.

Les risques psychologiques de l'adoption

Après avoir expliqué pourquoi l'adoption est encore trop souvent et trop simplement considérée comme une source évidente de problèmes psychologiques, il faut se demander où se situent les vrais problèmes et comment essayer de les prévenir.

Plusieurs facteurs de risque psychologique peuvent être identifiés : certains sont dus aux enfants, mais d'autres aux parents adoptifs. Il s'agit bien de facteurs de risque, et non pas de conséquences obligées. Une famille peut accumuler tous ces facteurs de risque sans connaître de problème, même si, statistiquement, la probabilité est supérieure à celle d'une famille qui n'en présente aucun.

Risques relatifs aux enfants

Le principal danger est un âge avancé au moment de l'adoption. Je ne dirais pas, comme d'autres l'ont affirmé imprudemment, qu'il y a un âge limite : un enfant adopté dès sa naissance peut être plus mal dans sa peau qu'un enfant adopté à 10 ans. Beaucoup plus que l'âge, ce sont la vie antérieure de l'enfant et l'acceptation de son adoption qui comptent. Si l'enfant vivait dans un lieu où il était maltraité, il aura souffert deux fois plus longtemps s'il a été adopté à 8 ans au lieu de 4.

Il est nécessaire de bien connaître les antécédents de ces enfants, adoptés tardivement, et ne pas chercher à les couper brutalement de leur culture et de leur existence antérieure. Pour parler simplement, ils ont leur pays dans la peau. Il est difficile, du jour au lendemain, quand on est un petit Quechua des hauts plateaux de Bolivie, de se retrouver petit Européen nanti dans un milieu protégé. Avoir auprès de soi des marques de sa culture originelle (artisanat, jouets, disques de musique traditionnelle, etc.) rassure, ce qui ne veut pas dire que l'on refuse pour autant sa nouvelle famille et son nouveau pays.

Même si cela paraît acrobatique, mais nous verrons qu'il est préférable de pouvoir se raccrocher à deux cultures plutôt que de se sentir rejeté par les deux.

Si l'enfant est capable de comprendre qu'il va être adopté, il faut, avant l'adoption, s'assurer qu'il en a parfaitement saisi le sens. Certains veulent être adoptés, sans comprendre le caractère définitif de cet acte. Parfois ils la souhaitent uniquement parce qu'ils croient qu'ainsi ils pourront aider leur famille biologique. C'est le cas de ceux qui s'y sont résignés dans l'espoir d'apprendre un métier qui leur permettra de revenir au pays et de subvenir aux moyens de leur famille de naissance. Ils n'accepteront pas leur nouvelle famille en tant que telle, mais comme un instrument pour arriver à leurs fins. Une telle inadéquation entre les désirs de l'enfant et ceux des parents provoquera malaise et incompréhension.

Il est évident que, pour un enfant adopté après un certain âge, tout ce qui s'est passé avant son adoption est capital. Des sévices, ou des carences affectives, peuvent laisser des séquelles à vie. Certains ont été battus, abusés sexuellement. D'autres, sans avoir subi de maltraitance véritable, n'ont jamais eu quelqu'un qui les aime. Dans plusieurs pays, les orphelinats sont inhumains, les enfants nourris comme du bétail, sans un échange, sans un regard. Toute la journée, ils sont laissés sans soins ni attentions. Plus que d'autres, ils sont demandeurs d'adoption. Il ne faut pas se décourager, mais au contraire avoir une grande patience pour les apprivoiser, vaincre leur peur et leur réapprendre à avoir confiance.

L'abandon différé est une véritable catastrophe pour l'enfant. Certains abandons durent longtemps, soit parce que les enfants ne sont pas adoptables pour des raisons légales, soit parce que des liens de plus en plus minces sont maintenus avec les parents biologiques. Cet abandon différé se traduit souvent par une longue attente en foyer ou famille d'accueil, avec des contacts de plus en plus rares avec les parents biologiques et l'espoir, souvent déçu, de recommencer la vie familiale. Il faudra, là aussi, beaucoup de patience aux parents adoptifs, pour aider leurs enfants à réapprendre la confiance envers les adultes.

Connaître l'histoire de son enfant, et la respecter, est essentiel pour que le courant passe mieux, pour que parents et enfants apprennent à se découvrir, à s'estimer et à s'aimer. La vie d'un enfant commence au moment de sa naissance, voire parfois au moment de sa conception, jamais au moment de son adoption. On ne peut pas tirer un voile pudique sur la vie « avant », elle a existé et reste indissociable de la vie « après ».

Le récit de quelques relations tumultueuses aidera à clarifier cette affirmation, et à faire un tour d'horizon des principales difficultés.

L'histoire de Cassandre

Cassandre est une magnifique petite fille, adoptée à l'âge de 5 ans et demi aux Philippines. Il s'agit d'une adoption « humanitaire », ses parents adoptifs ont déjà trois enfants biologiques, ils désiraient un quatrième enfant, mais, plutôt que de le « fabriquer », ils ont souhaité accueillir un enfant défavorisé pour lui donner une nouvelle chance. Les grands frères et sœurs ont été bien mis au courant et ils ont pris une part importante dans l'accueil de leur petite sœur.

Dès l'arrivée de Cassandre, toute la famille est aux petits soins pour elle. Ses parents font preuve d'une grande patience et n'hésitent pas à passer une partie de la nuit auprès d'elle pour calmer ses angoisses et apaiser ses cauchemars. Ses frères et sœurs lui passent tous ses caprices. Pourtant, malgré toutes ces attentions, Cassandre fait parfois preuve d'une grande agressivité qui vise surtout sa mère. Le paroxysme est atteint à l'âge de sept ans. Elle profite d'une fête de famille : devant de nombreux témoins, elle arrive avec un petit papier à la main. Tout le monde s'interrompt, ému de voir cette petite fille qui va sans doute réciter un gentil poème. Le malaise n'en est que plus grand quand on l'entend déclarer à sa mère qu'elle n'est pas sa mère, qu'elle ne le sera jamais et qu'elle la déteste, laissant cette dernière toute désemparée.

Le récit de la vie « avant » de Cassandre permet d'expliquer son comportement. À l'âge de 6 mois, en raison d'une grave maladie, elle a été laissée à l'hôpital par sa mère biologique, qui ne reviendra la chercher que 6 mois plus tard. Quelques années plus tard, alors que Cassandre a 4 ans, sa mère qui désire refaire sa vie l'amène dans un orphelinat et donne son accord pour une adoption internationale.

Par deux fois, Cassandre a été abandonnée par sa mère ; elle s'en juge responsable. Il est possible qu'elle craigne que sa nouvelle maman ne l'abandonne à son tour. Pour ne pas être surprise, elle « prend les devants » pour pousser sa mère à bout. Une fois cette angoisse mise à nu, Cassandre a pu être rassurée par sa maman et l'équipe médico-psychologique qui l'entoure. Elle est repartie sur de nouvelles bases. Aujourd'hui, elle est très attachée à sa mère et lui confie tous ses petits soucis.

Certains enfants ont besoin de se venger de la souffrance qui leur a été infligée par les adultes, en exprimant de l'agressivité envers leurs parents. Ils ont pu aussi perdre totalement confiance dans le monde des grands. L'agressivité directe comme l'a exprimée Cassandre, ou plus insidieuse par des conduites dangereuses (fugues, drogue, petite délinquance), n'est pas nécessairement dirigée contre les parents adoptifs ; elle peut l'être contre les parents biologiques. Mais comme ceux-ci ne sont plus à portée de main pour régler les comptes, le transfert s'effectue sur les nouveaux parents qui ont parfois du mal à faire face. Ce n'est pas parce qu'elle était cruelle avec sa mère que Cassandre ne l'aimait pas. Bien au contraire.

L'histoire de Pedro

Elle est assez proche de l'histoire de Cassandre. Déjà parents de deux enfants d'une dizaine d'années, un couple décide d'adopter des enfants. Ce désir d'adoption est ancien et longuement réfléchi. Il n'est en rien motivé par des troubles de la fécondité.

Ils ont envoyé un dossier aux services sociaux colombiens et, après quelques mois d'attente, ils se rendent à Bogota pour accueillir Maria, 7 ans et son petit frère Pedro, 6 ans. Si Maria est une petite fille calme, Pedro est intenable. Les deux enfants ont déjà été adoptés par une famille d'un autre pays européen. Cette adoption n'a duré que dix jours, Pedro était par trop insupportable.

Les trois semaines passées en Colombie sont décrites ultérieurement par la famille adoptive comme un enfer. Le comportement de Pedro est terrible. Il tape sur ses nouveaux parents, menace de sauter par la fenêtre, fugue, casse tout ce qui lui passe entre les mains. Les rares moments de calme ont lieu quand il joue avec son nouveau grand frère de 11 ans.

Malgré des hésitations, des angoisses et de grands moments de détresse, les parents de Pedro ne craquent pas. Ils sont récompensés dès l'aéroport. Une fois dans l'avion, le comportement de Pedro change du tout au tout. Je le vois un mois après son arrivée : c'est un petit garçon plein de vie, plutôt turbulent, mais qui obéit bien à ses parents et qui a besoin de les câliner et de se faire câliner souvent.

Tout comme Cassandre, Pedro avait perdu confiance dans le monde des adultes : ses parents biologiques, qu'il n'avait presque pas connus, les familles d'accueil où il n'était pas apprécié... Ce n'est qu'au-dessus de l'océan Atlantique que Pedro s'est ouvert à sa nouvelle vie, qu'il a compris qu'on l'acceptait malgré son comportement et qu'on l'aimait pour lui.

J'ai appelé ce comportement le syndrome de l'aéroport de Bogotá. Il est inutile de le chercher dans un livre de médecine ou de psychiatrie : c'est un terme que j'ai inventé, tant de telles conduites m'ont été rapportées. Elles touchent principalement des enfants originaires d'Amérique latine, sans doute parce que ce sont eux qui ont le plus souffert de trahisons de la part des adultes. Ils sont terribles, dès la première rencontre, de vrais petits diables, mais ils se transforment, si ce n'est en anges, du moins en enfants normaux dès qu'ils sont certains de la solidité de leur adoption, l'aéroport et l'arrivée dans l'avion en matérialisant pour eux le caractère inéluctable.

L'histoire de Pierre et André

Pierre et André sont deux frères, nés au Burkina-Faso. Il s'agit d'orphelins du sida, adoptés à l'âge de 14 et 10 ans. Tous deux n'ont rien oublié de leur vie antérieure, ils ont été adoptés par un couple de Français sans enfant, qui n'avait pas de projets d'adoption. Mais, effectuant de fréquents voyages en Afrique pour des missions humanitaires, ils ont appris l'histoire de Pierre et André par des amis burkinabés et ont décidé de leur venir en aide. L'adoption s'est vite révélée la meilleure solution : il fallait faire sortir les enfants de leur pays, car, dans certaines régions d'Afrique, les orphelins du sida sont en danger. Pierre et André sont au courant de cette démarche, ils en sont très reconnaissants. Leur relation avec leur nouvelle famille ne fonctionne pas sur le mode classique parents-enfants, mais plutôt de parrainage, avec un grand respect mutuel. Pierre l'admet mieux qu'André qui, avec son jeune âge, a encore besoin de câlins.

Malgré cela, dès leur arrivée en France, tous deux vivent leur nouvelle vie avec boulimie. Ils donnent le meilleur d'eux-mêmes à l'école, pratiquent avec intensité le sport et découvrent avec joie leur nouvelle région.

Pierre manifeste cependant une certaine agressivité vis-à-vis de son frère quand il estime que celui-ci n'est pas dans le droit chemin et de certains camarades de classe. Suite à la plainte de plusieurs parents d'élèves pour des coups portés avec violence, son père et sa mère lui interdisent de se battre et lui font promettre de ne pas répondre en cas d'agression verbale ou physique.

Au début du deuxième trimestre scolaire, le niveau scolaire de Pierre baisse aussi soudainement que dangereusement. Il semble s'enfermer dans un mutisme. Une dépression est suspectée. Une conversation avec ses parents permettra de débloquer la situation. Entre le décès de leurs parents et leur adoption, Pierre et André ont vécu pendant un an livrés à eux-mêmes. Ils ont souffert d'ostracisme de la part des habitants de leur village. Leurs parents étaient morts du sida. Pierre et André, qui pourtant n'ont jamais été contaminés, étaient considérés comme porteurs de la maladie et, selon les croyances de cette région rurale, ils risquaient de la transmettre à toute la communauté par leur simple contact. Pierre, en tant qu'aîné, s'est retrouvé en première ligne ; il a dû faire face à la colère de tout un village, à des violences physiques et même à des menaces de mort.

En France, malgré une excellente adaptation puisqu'il a de nombreux amis, Pierre a subi des injures racistes. Du fait de la promesse qu'il a faite à ses parents adoptifs, personnes qu'il respecte infiniment, Pierre ne répond pas aux provocations, qui de ce fait vont crescendo. Il a donc l'impression de revivre, dans son nouveau pays, les menaces et la mise à l'écart dont il avait déjà souffert dans son pays d'origine.

De longues discussions avec ses parents vont l'aider à relativiser et à comprendre que les injures racistes sont plus des signes de bêtise que des menaces réelles. Pierre est « autorisé » à avoir une réponse adaptée aux agressions dont il est victime. Libéré de son interdit, Pierre peut, grâce à son gabarit impressionnant, faire cesser les moqueries, par de simples menaces « appuyées ». Pour beaucoup d'adolescents, il est tentant de se moquer d'un grand costaud que l'on sait faible psychologiquement. Mais quand celui-ci vous maintient à 20 cm au-dessus du sol à la force de ses bras, il n'a pas besoin d'en faire plus pour être laissé en paix.

S'il est souvent plus sage de passer outre et de traiter par le mépris l'ironie et les moqueries, ce n'est facile que si l'on n'en a jamais souffert soi-même, et que l'on est heureux et sûr de soi. Mais quand la méchanceté imbécile rappelle des moments autrement plus douloureux, il n'est pas toujours possible de rester de marbre.

L'histoire de Maria, José et Isabella

Ces trois frères et sœurs ont été adoptés ensemble au Guatemala, par un couple qui, après plusieurs années de tentatives de procréation médicale artificielle, a décidé de rattraper le temps perdu en formant rapidement une famille nombreuse.

À leur adoption, les enfants ont respectivement 9, 8 et 4 ans. Leurs parents adoptifs ne savent rien de leurs antécédents. Tous trois se trouvaient dans des familles d'accueil depuis un an, les deux aînés d'un côté, la plus jeune d'un autre.

Leurs parents se plaignent, surtout de la part des deux aînés, de comportements difficiles. En fait, Maria et José sont assez désordonnés, ils mentent très souvent, en particulier pour se disculper quand des reproches leur sont faits. Ils ont aussi tendance à se rebeller, parfois violemment, quand on veut leur imposer certaines choses. La situation empire : à la fermeté des parents s'oppose celle des enfants. Une consultation médicale permet de débloquer la situation. Maria évoque leur abandon, quand elle avait 5 ans, sans qu'elle en sache la raison. Elle a été ballottée d'orphelinats en familles d'accueil. Elle parle surtout de la dernière famille où, avec José, ils ont eu à souffrir de corrections physiques sévères et répétitives, à la moindre incartade. Les parents, la mère en particulier, évoquent de leur côté leur inquiétude de ne pas être à la hauteur, leur peur de se laisser déborder par les tâches ménagères et éducatives.

Grâce à un petit soutien psychologique aux parents et aux enfants, mais aussi à une aide-ménagère qui les décharge de quelques travaux quotidiens, la situation se débloque progressivement.

Le mensonge est un reproche assez fréquent des parents à leurs enfants adoptifs. Le mensonge, tout comme l'hypocrisie, est difficile à admettre pour celui qui les subit, car il est perçu comme une trahison. Mais, pour beaucoup d'enfants adoptés, il n'est qu'une défense. Avant d'être chouchouté par une gentille famille dans une maison cossue, certains ont passé du temps dans des foyers particulièrement violents. Les mensonges sont alors la seule défense possible face aux coups et aux punitions.

Connaître l'histoire de l'enfant est essentiel, mais elle tarde parfois à venir. Il faut tout d'abord que l'enfant se sente en confiance, mais aussi qu'il maîtrise bien la langue française. Cette histoire, qu'il racontera, sera la sienne, celle qu'il a vécue, celle qu'il a ressentie et qui sera parfois différente de l'histoire officielle transmise par les autorités de son pays d'adoption.

L'histoire de Joanna

Ainsi, Joanna, née en Éthiopie, a été déclarée orpheline dans ce pays. La version officielle dit que cette petite fille a été trouvée dans la rue à un âge estimé à 6 ans, et qu'elle a annoncé aux services de police que sa maman était morte. Elle est placée dans un orphelinat et adoptée par une famille française deux ans après. Son dossier, remis à ses parents par l'œuvre d'adoption, la décrit comme une enfant des rues, sans logement, ni famille.

En fait, après plusieurs mois avec ses nouveaux parents, Joanna raconte une histoire tout à fait différente. Elle n'était pas une petite fille défavorisée, elle vivait dans un appartement confortable avec sa maman, il y avait même un magnétoscope, objet rare en Éthiopie, signe d'une grande aisance financière. Un jour, sa mère lui aurait mis de vieux vêtements et lui aurait recommandé de raconter que ses parents étaient morts afin qu'elle puisse être adoptée par une famille riche. Il est possible que Joanna ait embelli son histoire : tous les enfants, adoptés ou non, ont besoin de s'inventer des origines princières, mais certains détails de son histoire prouvent qu'il y a bien une part de vérité, en particulier à propos de l'aisance financière de sa famille d'origine.

Les deux versions de cette aventure sont très différentes et permettent de mieux comprendre Joanna. Les problèmes que peut rencontrer, après l'adoption, une petite fille des rues, très défavorisée, ne sont pas comparables à ceux d'une petite fille issue d'un milieu plus aisé. Elle a été abandonnée sans savoir pourquoi, mais en comprenant bien que la raison n'en était pas économique. Pour elle, le risque est que cette histoire se répète : puisqu'une première fois, sa riche famille l'a laissée tomber, pourquoi sa deuxième famille ne recommencerait-elle pas ? C'est donc une petite fille qui, encore plus qu'une autre, a bien besoin d'être rassurée.

L'histoire de Marine

Lorsque je l'examine, Marine a 7 ans. Elle est arrivée depuis peu en France, après un an dans un orphelinat éthiopien. Peu de renseignements ont été fournis à ses parents. Elle semble en bonne santé, particulièrement gaie avec un magnifique sourire. Je constate une lésion au niveau de sa cuisse. Il s'agit d'une cicatrice en étoile avec, de l'autre côté une cicatrice circulaire. Ceci est très évocateur de la trace qu'aurait laissée une balle en traversant la jambe. J'en informe ses parents qui m'avouent y avoir pensé eux aussi, bien qu'il soit écrit dans son dossier médical (très succinct) qu'elle se serait blessée avec un bâton.

Quelques semaines plus tard, se débrouillant bien en français, Marine raconte spontanément son histoire à ses parents. Elle habitait dans la campagne éthiopienne, ses parents étaient agriculteurs. Une nuit, des pillards sont venus avec des armes à feu, ils ont tué ses parents et se sont enfuis avec le bétail ; puis elle se rappelle juste s'être retrouvée à l'orphelinat. Même si elle l'a oublié, ou qu'elle ne veut plus s'en souvenir, il est fort probable qu'elle a été atteinte par une balle perdue lors de cette attaque.

Il faut donc écouter les enfants. Ne pas les forcer à raconter leur histoire, mais être prêts et disponibles lorsqu'ils veulent le faire. Savoir être attentifs et toujours prêts à attraper les perches qu'ils tendent est capital, même si l'histoire qu'ils racontent n'est pas conforme à la réalité. Ils peuvent l'enjoliver ou faire disparaître des épisodes trop violents. Cette histoire leur appartient et il faut savoir la respecter pour les respecter.

Parfois, les enfants n'ont pas été maltraités, ils ont au contraire passé un temps plus ou moins long dans leur famille biologique ou une famille d'accueil auxquelles ils étaient attachés. Mais, pour des raisons sociales ou financières, celles-ci n'ont pu les garder et les ont donnés en adoption. Le déchirement est très concret, avec un passage des bras d'une mère à une autre. Il est souvent difficile à vivre, les parents adoptifs ayant parfois plus de mal à s'en remettre que les enfants. La force des enfants est de résister et de s'adapter.

Il faut toutefois se méfier d'un enfant qualifié de très sociable, qui va avec tout le monde. Cette aisance peut traduire des troubles de l'attachement : un enfant qui aime tout le monde ne s'attache parfois à personne. Ils sont généralement transitoires et, s'il faut donner du temps à l'enfant pour lui permettre de trouver sa place, il convient d'être vigilant pour l'aider à trouver le plus rapidement ses marques.

Risques psychologiques dus aux parents adoptifs

Parents adoptifs, ne craignez rien, ne vous reprochez rien, à quelques exceptions près, et sous réserve de quelques maladresses, vous êtes formidables ! Pourtant, et il est nécessaire de l'affirmer, la plupart des vrais problèmes psychologiques de l'enfant adopté sont provoqués par les parents et non par les enfants.

Dans la consultation d'adoption outremer de Dijon, qui draine des familles de Bourgogne, mais aussi du reste de la France, 80 % des parents sont des gens exceptionnels qui ont, par leur réflexion et leur disponibilité, mis en place des relations parents-enfants de grande qualité. Dans 15 % des cas, il s'agit de gens qui ont juste besoin de conseils et d'être rassurés pour arriver à de très bonnes relations avec leurs enfants. Mais pour les 5 % restants, leur avenir m'inquiète. Et si je me fais du souci, c'est à cause du comportement des parents.

Cette proportion n'est peut-être pas significative – je ne vois pas tous les enfants adoptés de France – mais elle a au moins le mérite d'être rassurante dix-neuf fois sur vingt, et nous laisse plus de temps pour nous occuper des cinq autres pour cent.

Pourquoi 19 parents adoptifs sur 20 sont-ils formidables ? Sans doute parce qu'adopter demande du courage, de la volonté, de l'abnégation et surtout beaucoup d'humilité et de tolérance. Il faut avoir des qualités ou savoir les acquérir. Ce ne sont pas non plus des « *supermen* » ou « *superwomen* », mais le cheminement qui les a conduits à adopter un enfant leur a permis de pousser leur réflexion sur la parenté. Le résultat en est que 95 % des parents adoptifs obtiennent des relations parents-enfants de qualité bien supérieure à la moyenne des parentés biologiques. En adoptant, on choisit d'accepter un enfant qui n'est pas le sien ; en adoptant à l'étranger, on choisit un enfant qui est d'ethnie et de culture différentes, on accepte donc l'enfant pour lui. Tout n'est pas rose, les difficultés existent dans ces familles-là, en raison soit de problèmes dus aux enfants, soit de petites maladresses des parents. Mais, même dans ce cas, leur qualité d'écoute est telle qu'ils acceptent de se remettre en cause et de corriger ce qui ne va pas.

Pour les 5 % restants, je m'inquiète car, après « l'adoption conte de fées », je crains « l'adoption film d'horreur ».

Ce risque parental est souvent moins facile à mettre en évidence que lorsque les problèmes viennent de l'enfant. On peut penser qu'il devrait ne pas exister, que de tels parents n'auraient pas dû pouvoir adopter. Mais il ne faut pas être intransigeant, ne pas désespérer, rien n'est jamais inéluctable. Un grand nombre de ces familles à problèmes évolueront avec le temps et un soutien approprié. C'est dans ce cas, lorsqu'un soutien psychologique est utile, qu'il importe de bien choisir les thérapeutes parmi des professionnels qui ont une vraie expérience de l'adoption, et non pas ceux qui ne la connaissent que par les écrits du docteur Freud sur Œdipe.

Souvent, il s'agit de parents désireux de créer une famille à tout prix, et qui dissimulent aux enquêteurs de l'agrément tout ce qui, à leur sens, pourrait être un obstacle à ce projet.

Par ailleurs, l'âge des parents mérite une vigilance particulière. Ce point sera étudié dans le chapitre suivant. Les postulants doivent se rendre compte qu'ils seront encore père et mère quand leur enfant aura 15 ou 20 ans et qu'à ce moment-là il aura encore besoin d'eux. Quel âge auront-ils alors ? Comment auront évolué leur santé et leur mentalité ? Ce sont des questions à se poser, même si on se sent en pleine forme alors qu'on a 68 ans et que l'on est prêt à accueillir un bébé.

La durée de leur vie de couple sans enfant compte plus encore que l'âge proprement dit. Un couple, un peu âgé, vivant seul depuis plusieurs années, risque d'être ancré dans un certain rythme, d'être habitué au calme. L'arrivée d'un nourrisson, voire de plusieurs enfants, va changer beaucoup de choses, que certains parents auront parfois du mal à supporter. Il n'est pas facile, après avoir connu vingt ans de soirées tranquilles, de passer à une vie mouvementée avec de mauvaises nuits dues à un nourrisson qui pleure. Cette situation se rencontre aussi avec la procréation médicale assistée qui permet de reculer les limites de la fécondité. Or, les couples se forment de plus en plus tard, et ce pour diverses raisons (professionnelles en particulier). En Occident, on devient parent à des âges où, dans les pays du tiers-monde, on est déjà grands-parents.

De même, certains « vieux » couples sans descendance, ancrés dans leurs habitudes, sont habitués à se gâter mutuellement, à ne penser qu'à l'autre. Je n'ai aucune critique à émettre sur cet amour conjugal, mais il n'est pas aisé d'arrêter de se contempler l'un l'autre pour porter un regard commun sur un petit bout de chou.

Cela revient à dire que l'adoption est une affaire de couple. Parfois, alors que l'un est très motivé par cette démarche, l'autre ne l'accepte que pour ne pas décevoir son conjoint. C'est ce que l'on voit dans certaines familles recomposées, en particulier quand un seul des deux membres du couple a déjà eu des enfants. On note aussi d'importantes différences d'âge à l'intérieur des couples adoptifs. Mais, si peu de familles adoptives sont composées d'un mari beaucoup plus âgé que sa femme, le contraire est relativement fréquent. D'une part, parce que les hommes sont physiologiquement féconds plus longtemps que les femmes (il est presque impossible à une femme de devenir mère après 45 ans, alors que certains hommes peuvent devenir pères après 75 ans). Une filiation biologique est donc possible avec un mari plus âgé que sa femme. D'autre part, il semble qu'une jeune épouse n'ose pas vraiment imposer d'enfant à un mari plus âgé, alors que certaines femmes d'âge mûr, déjà soucieuses de ne pouvoir donner un enfant biologique à leur jeune époux, n'oseront pas refuser une adoption, même si elles n'y tiennent pas. Là encore, gardons-nous de généraliser : j'ai rencontré beaucoup de couples de cette catégorie dont le désir d'adopter était pleinement accepté et surtout partagé, et qui composaient des familles en tous points remarquables.

Quels que soient l'âge et la différence d'âge des conjoints, dans un sens ou dans l'autre, adopter est un projet commun, un objectif mis en commun. On ne doit jamais adopter pour faire plaisir à l'autre. L'enfant le sentira, et, au premier souci, c'est tout le couple qui ne pourra plus faire face à la situation et risque de se séparer.

Nous avons vu que les parents doivent, dans la mesure du possible, connaître la vie « avant » de leur enfant, ne pas la nier, mais au contraire la respecter. Ce n'est pas parce qu'il a connu des expériences avant eux qu'il n'en est pas moins leur enfant. Ce n'est pas parce qu'il évoque cette vie qu'il la regrette et qu'il n'aime pas ses nouveaux parents. Je le répète, sa vie « avant » fait partie de son histoire ; elle a été nécessaire pour permettre sa vie « après ». Les conseils, qui ont été souvent donnés, de couper les ponts, de ne plus jamais évoquer l'adoption, sont dépassés et d'une autre génération, une génération où l'adoption n'existait pas.

L'histoire de Lucie

Lucie a été adoptée dès sa naissance en Polynésie. Ses parents adoptifs avaient des amis français métropolitains qui habitaient à Tahiti. Ce sont ces derniers qui les ont renseignés et qui, connaissant les parents biologiques de Lucie, ont permis son adoption. Les parents adoptifs de Lucie ne connaissent pas la Polynésie, son père n'a pas pu se libérer et, seule, sa mère a pu partir la chercher. De ce séjour, elle ne se souvient que de sa fille ; elle n'a rien vu, rien découvert de son environnement, toute heureuse de pouvoir enfin pouponner. Son séjour à Tahiti n'a duré que deux semaines, pendant lesquelles elle n'a pratiquement pas quitté la maternité et le domicile de ses amis.

Les parents de Lucie ont une idée fausse de la Polynésie et des modalités d'adoption dans ce pays. Après avoir donné quelques nouvelles aux parents biologiques de Lucie, toujours par l'intermédiaire de leurs amis, ils ont coupé les ponts, de manière définitive pensent-ils. « Tout le monde », en France, leur avait conseillé de le faire.

Mais, vers l'âge de 13 ans, Lucie s'interroge sur ses origines. Elle est pourtant très jolie, mais elle est complexée par sa couleur de peau, différente de celle de ses amies. Elle s'oppose de plus en plus à ses parents, se met à pleurer sans raison. Son mal-être est évident. Sur les conseils d'amis, ils prennent contact avec l'association des parents adoptifs d'enfants polynésiens (MAEVA Polynésie). Ils assistent au rassemblement annuel de cette association. Lucie y rencontre des amies de son âge, qui vivent beaucoup mieux qu'elle leurs différences. Son père et sa mère discutent avec d'autres personnes qui leur font part de leur expérience et de la richesse des contacts avec les parents biologiques de leurs enfants. Tous apprennent à connaître la Polynésie et l'adoption à la polynésienne.

Des contacts par courrier sont alors repris avec la famille biologique de Lucie. L'une de ses grandes sœurs lui répondra : ses parents ont été très heureux d'avoir de ses nouvelles, mais n'ont pas osé lui répondre, car ils ont eu trop peur de faire des fautes de français. Un voyage en Polynésie est décidé. Toute la famille métropolitaine découvre ce pays magnifique, elle est accueillie avec joie et effusion. Lucie est maintenant fière de ses origines, elle parle à ses amis de ses parents biologiques, de ses frères et sœurs de là-bas. Pourtant, elle ne s'est jamais sentie aussi proche de ses parents d'ici, avec lesquels elle a partagé ces moments.

Ce récit montre combien il est important de ne pas ignorer l'avant-adoption. L'enfant ne doit pas avoir honte de ses origines et les parents adoptifs craindre de la lui révéler : ce n'est pas parce qu'elle a découvert la Polynésie que Lucie est redevenue polynésienne ; en retrouvant sa mère biologique, elle n'en a pas pour autant renié son autre maman. Plus encore que l'oubli même, c'est le mépris de la vie « avant » qui est à proscrire. Voir ses parents dédaigner sa vie antérieure équivaut à être dénigré par eux de la manière la plus dure.

L'histoire de Renaud

Renaud a été adopté au Chili, à l'âge de 6 ans. Ses parents adoptifs, un peu âgés, ne voulaient pas d'un nourrisson, mais d'un enfant déjà grand et capable de comprendre les choses. Ce couple semble plein de bonne volonté, mais visiblement, le courant ne passe pas avec Renaud, qui a maintenant 12 ans. « Vous vous rendez compte, me dit son père, nous sommes allés le chercher au Chili. Nous savons d'où il vient, sa mère était une traînée, nous l'avons sorti d'un taudis. Et maintenant, il nous ment, pique dans le porte-monnaie ». Tout cela est déclaré devant Renaud, qui se tient tête baissée, yeux noirs, sourcils froncés. Il est nécessaire de recadrer très vite la situation. J'invite Renaud à aller faire un petit tour, lui promettant de le voir seul à son tour. Il s'agit d'expliquer aux parents que, même s'ils s'en tiennent à cette version des origines de leur garçon, celles-ci restent une partie intégrante de sa vie. Le mensonge, nous l'avons vu, est souvent une défense pour prévenir une agression de la part des adultes. Quant au fait de chiper un peu d'argent : Renaud a-t-il de l'argent de poche ? non, bien sûr ; or, à 12 ans, il a des petits besoins « secrets » ; il est normal qu'il se serve, puisqu'on ne lui donne rien.

Après cet entretien, les parents acceptent d'être moins rigides et exigeants. Je vois Renaud en tête à tête, essentiellement pour le rassurer sur l'amour de ses parents, amour bien réel, mais trop dissimulé.

Il est difficile, pour des parents, de ne pas être exigeants. Eux-mêmes parfois ont été élevés sévèrement et ont dû travailler dur pour apprendre leur métier. Ils sont déçus par leur enfant. Mais celui-ci n'est en rien responsable si sa vie n'a pas été rose et s'il n'est pas le petit garçon ou la petite fille parfaite dont ils rêvaient.

Si certains parents, comme ceux de Renaud, se montrent trop stricts, d'autres au contraire veulent préserver leur enfant, sous prétexte qu'il a souffert avant son adoption et en arrivent à tellement le surprotéger que les relations deviennent fusionnelles, l'enfant ne supportant plus l'absence de sa mère. On pourrait en conclure rapidement qu'il a peur d'être abandonné à nouveau, alors que, le plus souvent, c'est un petit tyran qui sait bien profiter de la situation. L'éducation est un équilibre difficile entre souplesse et fermeté.

L'histoire de Paul

Paul, né au Brésil, s'appelait Pablo à sa naissance. Abandonné par sa mère biologique à l'âge de 3 ans, il vit en orphelinat pendant 6 mois avant d'être placé dans une famille d'accueil. Il en est retiré au bout de 15 mois, car des violences (coups de ceinturon) auraient été constatées, et il retourne en orphelinat jusqu'à son adoption, 3 mois plus tard. Sa famille adoptive est au courant de toute l'histoire de Paul. Les services de l'adoption brésiliens ne lui ont rien caché.

Paul est considéré comme invivable par son entourage. Il ne tient pas en place, n'hésite pas à cracher sur son interlocuteur et refuse systématiquement d'obéir. Ses parents expliquent qu'après ce qu'il a vécu ils ne souhaitent pas le traumatiser. Pourtant, après 3 semaines de scolarité, l'institutrice de maternelle ne veut plus de Paul parce qu'il dérange tous ses camarades et rend impossible le bon déroulement de la classe.

Apprendre à Paul à respecter son prochain, lui montrer les limites à ne pas franchir est pourtant essentiel pour son développement et sa vie sociale. Ce n'est pas en fixant des interdits à un enfant qu'on le rend malheureux, si on n'oublie pas de le rassurer parallèlement sur notre affection.

Pas plus que l'enfant parfait, les parents parfaits n'existent pas. Mieux vaut faire preuve d'un peu de logique. Un enfant donne beaucoup, mais il prend aussi beaucoup. Les enfants adoptés sont malades comme les autres, parfois même un peu plus, et réclament beaucoup d'attention et de temps.

L'histoire de la famille Dupont

Madame Dupont a 43 ans, son mari, deux ans de plus. Leur réussite professionnelle est remarquable. Il est un dirigeant influent d'une société multinationale, elle a créé sa propre société d'informatique (une *start-up*). Obsédés par leur travail, ils n'ont pas pris le temps de créer une famille. La quarantaine passée, la nécessité de réussir cette partie de leur vie, négligée jusqu'alors devient une évidence. L'adoption est vite acceptée. Les démarches sont rondement menées, ce couple suscite l'admiration, voire la fascination partout où il passe. Rien ne semble leur résister. Les moyens financiers et les relations permettent d'ouvrir plus vite certaines portes. Après un séjour de deux semaines au Vietnam, avant l'interdiction de l'adoption, ils reviennent avec deux bébés de 6 et 11 mois. Comme toujours, ils ont mis les bouchées doubles :

autant créer une famille nombreuse rapidement. Monsieur reprend son travail dès le lendemain de son retour du Vietnam, rappelant qu'en 25 ans, c'est la première fois qu'il s'arrête 15 jours. Madame attend encore deux semaines, avant d'y retourner : les *start-up*, il faut que ça tourne, sinon on est vite dépassé, et tout cet investissement n'aurait servi à rien.

Monsieur et Madame Dupont sont extrêmement surpris de voir que leur petit garçon pleure de plus en plus souvent et que sa petite sœur mange moins bien. Sa courbe de poids commence d'ailleurs à s'en ressentir. Pourtant, ils adorent leurs enfants (ce qui est vrai), qui ne manquent de rien (ce qui est vrai sur le plan matériel), et ils leur accordent tout leur temps de loisirs (ce qui est tout aussi vrai, mais cela correspond à un bisou à 7 heures du matin avant de partir quand les petits se réveillent, un petit câlin à 21 heures au retour alors qu'ils dorment déjà, et quelques heures entre deux dossiers le week-end).

Les enfants ne poussent pas comme des *start-up*, l'adoption est un mode de filiation comme un autre, qui prend du temps et pas seulement de l'argent. L'adoption n'est pas le *fast-food* de la procréation.

Toujours au chapitre de mes regrets, une phrase réellement prononcée par un père adoptif, alors que son bébé, adopté dans le Sud-Est asiatique, était hospitalisé pour divers petits problèmes de santé qui compliquaient des démarches déjà difficiles : « Si on avait su, on aurait pris un chien ». Sans commentaires, si ce n'est l'espoir que ses paroles ont dépassé ses véritables sentiments.

On peut comprendre que des parents adoptifs n'aient pas le courage d'adopter un enfant porteur d'un handicap, mais d'autres particularités, inattendues avant la naissance, et qui entraînent le refus d'adoption par les parents adoptifs postulants, font s'interroger sur leur véritable désir d'enfant.

L'histoire des jumelles

Sur la petite île de Huahine, en Polynésie française, deux couples se rencontrent. L'un est venu dans l'espoir de trouver un enfant à adopter, qui serait leur premier enfant. L'autre attend son cinquième enfant, alors qu'il n'a qu'un petit revenu de pêcheur à se partager. Les Polynésiens pensent que le couple de métropolitains saura apporter de l'amour à leur bébé et acceptent de le leur donner dès la naissance. Les Français repartent, l'accouchement doit avoir lieu dans trois mois.

Il a finalement lieu dix semaines plus tard et, à la surprise de tous, il n'y a pas un, mais deux bébés, des magnifiques petites jumelles. De telles surprises existent encore lorsque les grossesses ne sont pas aussi bien suivies qu'en France métropolitaine. Le père biologique est tout heureux de l'annoncer aux futurs parents : eux qui avaient un tel désir d'enfant, en voilà deux d'un coup. Son enthousiasme ne semble pourtant pas partagé, on promet de le rappeler plus tard. Ce papa polynésien s'inquiète un peu, il espère qu'il s'est simplement trompé dans ses calculs et qu'il n'a pas respecté le décalage horaire. Pourtant, 24 heures après, ses craintes sont justifiées : les futurs parents lui téléphonent. Ils sont contents que la naissance se soit bien passée, mais deux enfants, cela les effraie. Ils vont bientôt venir, par le prochain avion, mais ils ne prendront qu'une des jumelles, et proposent à la famille biologique de garder la deuxième. Fort heureusement, le refus des parents de naissance est catégorique : on ne sépare pas des jumeaux. S'ils n'en veulent qu'une, ils n'en auront pas. Les jumelles resteront dans leur famille de naissance, on se serrera pour leur trouver une place à toutes les deux.

Cette histoire, comme toutes celles de ce livre, est vraie. Les échographies répétées ne rendent plus cette histoire possible dans notre pays, mais a-t-on déjà vu des parents biologiques, surpris par la naissance de jumeaux, en garder un et abandonner l'autre à la naissance ?

On peut s'interroger sur les conséquences d'une adoption qui s'effectuerait dans de telles conditions. Certes, ce n'est pas la même chose d'adopter que d'enfanter. Mais il s'agit d'enfants, pas de marchandises choisies dans un *self-service*. Un des travers de l'adoption est que, parfois, les parents demandent plus à l'enfant adopté qu'à l'enfant biologique.

Les erreurs d'aiguillage

Plusieurs études montrent que le quotient intellectuel d'un enfant adopté est très proche de celui de ses parents adoptifs, bien plus proche que de celui de ses parents biologiques. Ceci est rassurant, non seulement pour les enfants adoptés, mais aussi pour tous les enfants, puisque cela montre que rien n'est acquis et qu'une bonne prise en charge permet de progresser.

Mais parfois des enfants pas très doués pour les études arrivent dans des familles très intellectualisées. Comme si la cigogne s'était trompée. Et même si il y a beaucoup d'amour dans cette famille, même si les parents ne reprochent pas ses difficultés à leur enfant, ils ne peuvent s'empêcher de ressentir une déception que l'enfant percevra bien. Il en souffrira et aura du mal à s'adapter. Il faut beaucoup de tolérance de part et d'autre pour admettre ce décalage et accepter pour son enfant une scolarité et une formation moins prestigieuse que celles dont tout parent rêve.

De tels accidents de cigogne arrivent aussi dans la filiation biologique, mais elles sont souvent moins évidentes puisqu'elles n'ont pas d'explications toutes trouvées.

Qu'entend-on par le deuil de l'enfant biologique ?

Voila un terme qui effraie les postulants à l'adoption. C'est encore un grand débat. Faire le deuil d'un enfant biologique, c'est en quelque sorte accepter que son enfant ne nous ressemble pas.

Tous les couples ou presque, quand naît le désir de devenir parent, imaginent, fantasment un enfant qui va leur ressembler, qui tiendra un peu de son père et un peu de sa mère, à la fois dans son héritage culturel, mais surtout par le message génétique que vont lui transmettre ses parents.

Quand un couple, ou un individu, est confronté à la stérilité, le rêve de l'enfant biologique s'effondre. Certains savent qu'ils ne pourront pas accepter un enfant qui n'est pas de leur sang. D'autres s'en sentent capables. Cela ne se fait pas du jour au lendemain. Il est utile de prendre du temps, de réfléchir et de l'accepter petit à petit. Le désir d'avoir *un* enfant doit dominer celui d'avoir *son* enfant, c'est-à-dire d'avoir une transmission de son message génétique, de sa lignée, conforme au droit salique, où chaque héritier est classé selon son sexe et son rang de naissance. Peu à peu nous comprenons que l'enfant qui ne nous ressemblera pas sera tout de même le nôtre, que nous vivrons encore à travers lui et sa descendance après notre mort, que ce qui se transmet, c'est plus le souvenir que quelques brins d'ADN. C'est une des raisons pour lesquelles prendre son temps est indispensable pour ne pas décider d'adopter sur un coup de tête.

Toutes ces questions, que l'on garde souvent au fond de soi, sont normales. Bien des parents, au moment où l'adoption se concrétise, avouent s'être encore interrogés sur l'accueil qu'ils réserveront à leur enfant. Dans la majorité des cas, le bout de chou, avec toute la puissance de sa fragilité, désarmera les dernières défenses. Il balayera tous ces doutes qui sembleront ridicules quand on y repensera plus tard.

En revanche, il est plus inquiétant qu'après l'adoption ces doutes demeurent et que les parents continuent de regretter que leur enfant ne leur ressemble pas. C'est l'une des raisons pour lesquelles l'adoption ne doit pas être acceptée uniquement pour faire plaisir à son conjoint, ou parce que, socialement, avoir une famille est dans l'ordre des choses. Il importe que les parents ou futurs parents demandent encore du temps et de la réflexion avant de s'engager.

Conseils aux futurs et aux nouveaux parents adoptifs

Les parents adoptifs doivent savoir qu'adopter n'est pas simple. Une adoption réussie est une adoption complète, c'est-à-dire totalement acceptée, où il est oublié que « seuls » des liens adoptifs unissent à l'enfant. C'est ce qui se passe fort heureusement dans la plupart des cas : les parents choisissent aussi cette solution pour le bien de l'enfant.

Il importe que les parents s'identifient pleinement à leurs enfants non procréés, même si ceux-ci sont différents par la couleur de leur peau. La dissemblance physique n'est pas un obstacle à l'établissement d'un lien fort de parentalité-filiation. Si l'on craint de ne pas être perçu par ses enfants adoptifs comme ses véritables parents, alors on vivra de plus en plus l'adoption comme la preuve de son infécondité, et non comme sa réparation.

J'aime comparer l'adoption à un traitement chirurgical. Si l'enfant est ethniquement, donc physiquement, différent de ses nouveaux parents, le côté artificiel de la filiation sera évident. Avoir un enfant qui ne ressemble pas à ses parents est comme une cicatrice. Certains seront fiers de l'exhiber pour montrer leur guérison et glorifier le dur combat qu'ils ont mené. Tandis que d'autres feront tout pour dissimuler ce qu'ils considèrent comme une honteuse balafre, stigmate gênant de leur malheur.

Accepter le deuil de l'enfant biologique, la blessure de la stérilité et se défaire de l'*a priori* occidental vis-à-vis de l'adoption suppose une préparation des parents. L'adoption en elle-même ne doit pas se faire sur un rythme trop rapide, mais s'adapter aux parents et à l'enfant, comme le renard qu'apprivoise le Petit Prince de Saint-Exupéry. Chacun s'adopte, s'apprivoise. Ce terme peut paraître choquant si on pense à un petit animal, il est très beau si on le conçoit comme une relation réciproque. Un séjour des parents adoptifs dans le pays de l'enfant, avec une prise en charge progressive, des rencontres, des échanges de plus en plus fréquents, permet d'apprendre à se connaître et à découvrir les conditions d'existence de chacun.

Il est indispensable que les parents soient entourés par des personnes compétentes : œuvres d'adoption, associations de parents, consultations médicales spécialisées, mais aussi, personnel des conseils généraux, chargé des enquêtes d'agrément à l'adoption. La nécessité d'adopter pour le bien de l'enfant justifie pleinement l'enquête. Mais celle-ci aide aussi les parents à préparer au mieux leur future vie de famille. Si beaucoup de parents adoptifs se souviennent de l'agrément comme d'une épreuve douloureuse, nous verrons qu'en fin de compte cette formalité représente une vraie chance. Mais ils ne doivent pas limiter leur préparation à l'agrément. Il leur faut progresser de leur côté et utiliser tous les moyens à leur disposition pour savoir quel pays leur correspond le mieux, mais aussi connaître le pays lui-même, ainsi que le pourquoi et le comment des démarches en France et là-bas.

Ainsi seront évités des éclatements familiaux qui se traduisent par des divorces, directement en relation avec l'adoption, voire des abandons d'enfants. Ceux-ci sont particulièrement terribles parce que les enfants en sont victimes pour la deuxième fois.

6

Un enfant à tout prix ou des parents à tout prix

Éthique et morale dans l'adoption

L'adoption reste, dans de nombreux esprits, un phénomène contre nature, voire immoral. Pour certains une famille, c'est un homme, une femme et des enfants nés de ce couple. Il n'est pas normal de créer une fausse parenté, sans lien biologique. Pour d'autres un enfant appartient, dès sa naissance, à un système qui comprend sa famille, son environnement immédiat, son pays. Le transplanter pour toujours dans un autre milieu est une faute grave. Les questions éthiques et morales soulevées par l'adoption sont nombreuses. Je tenterai de répondre à celles qui reviennent le plus souvent.

La dualité de l'adoption

Mieux vaut avoir deux familles que pas du tout !

En évoquant la mythologie grecque, Aristophane proclamait : « Avoir deux pères, c'est ce qui arrive à tous les héros ». En effet, la plupart étaient des demi-dieux et ils avaient deux pères, un géniteur divin et un simple mortel qui était l'époux de leur mère. C'est aussi le cas du Christ, qui a eu deux pères, puisqu'il ne faut pas oublier le rôle joué par saint Joseph.

Pour les enfants adoptés, leurs deux pères, tout comme leurs deux mères, sont *a priori* de simples êtres humains de chair et de sang, dénués de toute essence divine. Avoir quatre parents peut cependant les aider à devenir des héros : ce n'est pas un obstacle à l'épanouissement. Comment l'enfant vivra-t-il cette dualité ? Comment s'attachera-t-il à sa nouvelle famille sans être obligé de renier son premier foyer ?

L'acceptation de cette concurrence par les parents adoptifs est impérative. En recueillant leur enfant, en l'aimant et en l'éduquant, ils sont vraiment devenus ses parents, mais ils n'ont pas l'exclusivité de ce rôle. Ils sont ce que l'on pourrait appeler des parents à part majoritaire, l'autre part étant représentée par les parents biologiques. Celle-ci n'est pas une menace, elle est même parfois d'une aide précieuse, comme nous le prouve l'histoire suivante.

L'histoire d'Audrey

Audrey a seize ans. Elle a été adoptée à sa naissance en Polynésie par un couple de Français. Comme dans bien des cas, les liens entre les deux couples se sont rapidement distendus. La famille tahitienne, ne parlant pas bien le français, était gênée pour communiquer, et la famille métropolitaine a eu peur qu'Audrey ait du mal à comprendre l'existence de cette deuxième famille. On lui en a parlé, mais pas trop, de loin ; sa vie est maintenant ici, en Europe.

Justement, à seize ans, sa vie ne lui semble pas très rose. Les tracas de l'adolescence sont assez pesants, et si Audrey est proche de sa maman, elle n'a pas d'autre personne à qui se confier. Elle est fille unique, ses parents ont divorcé il y a plusieurs années, et elle ne communique plus guère avec son père. Pour la guérir de son spleen, sa mère lui propose un voyage en Polynésie qu'Audrey accepte, en pensant surtout aux attraits touristiques de cette région.

Il est bien différent de ses attentes : elle ne découvre pas seulement Tahiti, mais sa « grande » famille. Elle est l'avant-dernière d'une famille de dix enfants, dont seuls les deux derniers ont été adoptés. Dès leur arrivée, Audrey et sa maman reprennent contact avec cette famille. Si les rapports avec le père et la mère biologiques sont affectueux, ils restent limités par la barrière de la langue ; en revanche, avec ses grandes sœurs de cinq à dix ans plus âgées qu'elle, Audrey est aux anges, elle découvre des complices, de grandes confidentes qui savent l'écouter, lui parler, la conseiller. Le mois se passe dans une excellente harmonie et, lorsqu'il touche à sa fin, Audrey annonce à sa maman adoptive son désir de rester. Celle-ci est un peu troublée, mais ne veut pas s'opposer à la décision de sa fille. Ce sont ses grandes sœurs et son père biologique qui, d'eux-mêmes, expliqueront à Audrey que sa vie est ailleurs : elle a son baccalauréat à préparer et elle est trop jeune pour envisager de s'installer en Polynésie. Ils sont prêts à l'accueillir à nouveau à tout moment, ils sont très fiers d'elle, mais ils lui demandent d'attendre d'être adulte pour prendre une telle décision.

Audrey est rentrée, elle se sent mieux « dans sa peau », elle écrit souvent à sa famille et téléphone parfois à ses grandes sœurs, elle fait même des petits boulots pour économiser et préparer un nouveau voyage.

Quand Audrey parle de ses deux parents, elle évoque sa mère adoptive et son père biologique. Celui-ci a récupéré la place laissée vacante par le père adoptif. Elle aime beaucoup sa maman de naissance, mais elle en a moins besoin du fait de la présence permanente de son autre maman.

Qu'on le désire ou non, les enfants adoptés ont deux familles, même si l'une des deux est floue, voire complètement oubliée. Il revient aux parents adoptifs de l'accepter et de comprendre que, parfois, leur enfant rêve de son autre famille.

À un moment ou à un autre, tous les enfants, quel que soit leur mode de filiation, ont besoin de s'inventer une autre famille. Certains, qui n'ont été ni abandonnés ni adoptés, s'inventent un roman familial : « On m'a trouvé, mais mes vrais parents sont une magnifique princesse ou un sportif célèbre ». D'autres imaginent qu'ils ont été adoptés et que ce secret leur a toujours été caché. La plupart du temps, il s'agit d'un fantasme, mais, dans certains cas rarissimes, on a véritablement caché son adoption à un enfant, et le jour où il l'apprend, c'est le drame pour lui.

Les parents adoptifs n'hésiteront pas à parler le plus naturellement de l'adoption, et à transmettre à leurs enfants tout (ou presque tout) ce qu'ils savent sur sa famille d'origine, en se gardant bien d'en donner une image péjorative. Une mère biologique bien réelle, par des photos ou un récit, est préférable à une mère fantasmée. Lors d'une adoption internationale par démarche individuelle, les parents adoptifs sont contents si tout va vite et simplement. Le contact avec la famille biologique peut leur sembler un moment difficile.

Pourtant, il est préférable que ces rencontres aient lieu, que le contact s'établisse, plutôt que l'enfant soit remis aux parents dans un hôtel par un intermédiaire, comme un produit livré par correspondance. Même si l'adoption se passe de cette manière, il faut interroger, chercher à en savoir plus, pour raconter à son enfant autre chose que la livraison d'un paquet.

Si l'on n'a rien appris des antécédents de l'enfant et de sa famille biologique, il reste à lui dire ce que l'on sait et expliquer ce que l'on suppose. Par exemple : « Nous t'avons trouvé dans un endroit ou il y avait beaucoup d'enfants qui n'avaient plus de papa ni de maman. C'était dans un pays très loin, ou certains parents sont très pauvres, et même s'ils aiment beaucoup leurs enfants, ils préfèrent les confier a d'autres papas et mamans qui auront plus la possibilité de s'en occuper ».

Il n'est certes pas utile de tomber dans l'excès inverse et d'en parler sans arrêt. L'enfant doit avoir, à sa disposition, des petits supports (livre parlant de l'adoption, album de photos de ses parents de naissance, de son histoire, de son pays de naissance). Il peut s'y plonger quand il veut et en discuter avec ses parents. On respecte ses silences et ses propres démarches. Parfois un relais adulte (parrain, marraine, ami membre d'une association de parents adoptifs) s'avère précieux pour que l'adolescent puisse exprimer certaines questions qu'il n'ose aborder avec ses parents, par crainte de les blesser.

Si j'insiste tant sur l'importance de connaître la vie « avant », c'est que le message principal de ce livre ne s'arrête pas quand l'enfant est inscrit sur le livret de famille de ses parents adoptifs. L'adoption continue à avoir des conséquences pendant toute la vie de l'adopté et de sa famille, et une part des origines de l'enfant se situe dans la vie « avant ». Ce livre se veut un guide pour toute la vie plus qu'un guide ou autre bible de l'adoption.

Changer de culture en changeant de parents ?

Si ce n'est pas un problème d'avoir deux couples de parents, qu'en est-il lorsque l'on a deux patries.

En étant adopté par des parents venus d'un autre pays, souvent éloigné, donc issus d'une autre culture, l'enfant subit une deuxième révolution. Après avoir changé de parents, il change de société, de culture. Les modes de vie autour de lui sont différents, et même si c'est un nourrisson, il le ressent : dans de nombreuses sociétés, les soins aux tout-petits (la manière de les nourrir, de les langer, de les coucher) sont bien codifiés, et ce qui peut choquer ici est tout a fait naturel là-bas.

Outre les modifications perçues par l'enfant lui-même, d'autres sont ressenties à travers le regard des autres. Il a beau avoir été élevé dès sa naissance par des Français, et avoir une culture « française » (nos ancêtres les Gaulois, la guerre de Cent ans, Molière, Napoléon, etc.), la couleur de sa peau, l'aspect de ses cheveux, la forme de ses yeux révèlent une origine étrangère.

Mieux vaut avoir deux cultures que pas du tout !

Pendant longtemps, l'adoption a été considérée plus comme une nouvelle naissance qu'une deuxième naissance. Une nouvelle naissance veut dire que la première n'a pas existé, qu'elle est niée, comme toute la période qui a précédé l'adoption. Une deuxième naissance signifie un nouveau départ, et c'est effectivement le défi de l'adoption.

Il serait aussi mal venu de vouloir tout préserver de la vie antérieure, par exemple en favorisant l'adoption simple par rapport à l'adoption plénière, ou en s'empêchant de changer le prénom d'origine. Par ces excès, on s'approche plus du parrainage que de l'adoption. Le parrainage est quelque chose de très beau, de très généreux et de très courageux, mais il est bien différent de l'adoption. Les enfants ont plus besoin d'avoir un père et une mère qu'un parrain et une marraine; même si l'acte d'adopter paraît plus égoïste que l'acte de parrainer, il est souvent plus essentiel.

Entre ces deux points de vue extrêmes, une solution est possible: avoir deux cultures.

Les ethnologues admettent ce principe, car ils pratiquent eux-mêmes l'attachement à deux cultures. L'une des premières choses que l'on explique aux étudiants dans leurs cours d'ethnologie générale est qu'ils risquent de se couper, au moins partiellement, de leurs racines, en s'immergeant dans d'autres sociétés. Les sociologues, quant à eux, s'en inquiètent. L'expérience qu'ils ont de la double culture est celle des jeunes immigrés de la deuxième génération. Malheureusement pour cette jeunesse déboussolée, il faut plutôt parler d'absence de repères culturels que de double culture. Coincés entre une société du pays dit « d'accueil » qui les rejette et des parents nostalgiques de ce qu'ils ont quitté, il n'est pas facile d'avoir des attaches. Enfin certains psychanalystes dogmatiques (pas tous, tant s'en faut) hurlent au risque de dédoublement de personnalité et de schizophrénie qui menacerait les enfants adoptés.

Pourtant, sans écarteler les enfants adoptifs, je crois que connaître, et surtout se reconnaître, dans deux cultures différentes est bénéfique. La culture principale, qui dominera l'autre, sera celle du pays d'adoption. Élevé dans une famille française, un petit Africain, un petit Vietnamien, ou un petit Colombien de naissance deviendra vite un petit Français par son instruction, ses jeux, sa tenue vestimentaire, son comportement. Mais il faut qu'il sache d'où il vient. Même si les liens d'amour sont plus importants que les liens du sang, l'enfant ne peut, par ses particularités physiques, nier ses origines ethniques. Il est plus facile d'accepter ces différences en sachant qu'elles sont reliées à une culture et un mode de vie qui, s'ils sont distincts, n'en sont pas moins respectables. L'inconnu effraie, on ne le comprend pas ; il est donc rejeté ou dénigré. Ce qui est connu est beaucoup mieux accepté.

En revanche, il ne faut pas élever un enfant péruvien, adopté en France, comme un petit Indien quechua des hauts plateaux andins ; il en sera perturbé et aura du mal à s'adapter. Mais s'il a accès à des livres, des photos, des objets d'artisanat de sa région d'origine, elle ne lui sera pas étrangère et, tout Français qu'il est, il sera fier de se proclamer descendant des Incas.

Ceci est important pour l'enfant, même s'il ne connaît pas son pays. L'idéal serait que les parents adoptifs s'y rendent et y retournent si le besoin s'en fait sentir. En racontant son pays à son enfant, sa civilisation, ses heures de gloire, ils l'aident à admettre sa différence, à intégrer ses origines. S'ils ne peuvent faire le voyage, interdit par certains pays d'origine pour ne pas favoriser des transactions, il leur reste à se documenter par des livres ou des vidéos.

Les associations de parents adoptifs par pays d'origine aident grandement à cette approche. Elles organisent des réunions avec des spectacles folkloriques et des expositions d'artisanat. Leur seul danger est l'inquiétude qu'elles peuvent causer : des enfants, récemment arrivés, qui se sentent au paradis dans leur nouvelle famille, se voyant rassemblés avec de nombreux petits congénères, s'imaginent que le but de ce regroupement est de les renvoyer au pays, ce qui provoque parfois des paniques collectives, qu'il faut prévenir en les informant bien à l'avance.

Le nom de famille, symbole de l'appartenance à une généalogie

Quand on parle d'adoption, il faut évoquer la parentalité, c'est-à-dire les liens qui unissent tous les membres d'une famille. Dans de nombreuses cultures, il s'agit d'une des bases essentielles de la personnalité. L'un des pires affronts envers quelqu'un n'est-il pas d'injurier ses parents, et plus encore sa mère ? Dès leur petite enfance, les garçons ne supportent pas de se faire traiter de « fils de p... ». Être considéré comme « enfant de personne », même si cela est moins insultant et inspire plutôt un sentiment de pitié, donne aussi un caractère inexorable à tous les malheurs qui accablent l'enfant sans famille.

L'importance du nom de famille est capitale dans beaucoup de sociétés : il permet de se différencier par rapport à autrui, de se rattacher à un clan, à une lignée. Certaines sociétés soulignent encore l'importance de la filiation dans la dénomination de chaque individu. C'est le cas des pays slaves où, entre le nom et le prénom, le prénom du père est rajouté : Alexis Nicolaievitch Romanov peut ainsi se traduire par Alexis Romanov, fils de Nicolas.

Dans d'autres pays, le fait d'avoir été abandonné apparaît dès l'énonciation du patronyme. Rath, par exemple, est le nom que portent tous les petits Cambodgiens qui ont été abandonnés. En Italie, s'appeler Esposito signifie qu'un ancêtre a été abandonné et exposé à la vue de tous pour favoriser une éventuelle adoption. Or, ce nom est largement répandu dans toute l'Italie et la plupart des gens, y compris ceux qui le portent, en ont oublié l'origine. Ailleurs, les patronymes attribués aux enfants abandonnés sont moins voyants. En France, bien souvent on donnait un prénom correspondant au saint fêté le jour du recueil du petit orphelin. Dans certains pays défavorisés, tous les enfants recueillis « héritent » du nom de famille du directeur de l'orphelinat ou d'un responsable administratif local.

Ce nom de famille n'a pas toujours une grande signification ni une relation étroite avec la vie antérieure à l'adoption. Sans faire table rase du passé, il est préférable de le changer pour permettre une meilleure intégration, ce qui est fait automatiquement en cas d'adoption plénière. Mais ce premier nom n'en continue pas moins de faire partie de l'histoire de l'enfant et je suis déçu quand les parents adoptifs l'ont oublié. Certes, des termes malgaches, indiens, thaïlandais ou polynésiens sont affreusement compliqués pour nos cordes vocales occidentales, mais en comprendre la signification donne de belles surprises. Je connais ainsi un petit polynésien dont la famille de naissance s'appelle Tetuamanuhiri. Lorsque ses nouveaux parents ont su que ce mot signifie « l'oiseau qui survole le large » et qu'il est le nom de la famille royale de la belle île de Raivavae, ils ont été encore plus fiers de leur petit garçon.

Avoir deux cultures, avoir deux prénoms ?

En proposant sa réforme de l'adoption, Ségolène Royal, alors ministre de la Famille, a critiqué le changement de prénom qui lui paraissait, à juste titre, une habitude courante en cas d'adoption internationale. Sans blâmer complètement cette pratique, elle la jugeait d'une autre époque. Cette position est compréhensible si l'on croit que, comme « à une autre époque », les parents adoptifs font abstraction de l'existence antérieure de leur enfant. De fait, le prénom est souvent un signe visible de la culture. En le changeant, on peut penser qu'on cherche à couper définitivement l'enfant de sa culture d'origine.

En pratique, la traduction du prénom signifie « malvenu », « maudit », ou d'autres qualificatifs qui montrent combien ces enfants n'étaient pas souhaités au moment de leur naissance. D'autres reçoivent des noms en fonction de leurs caractéristiques physiques. Il est inutile d'aller à l'autre bout du monde pour trouver cet usage : j'ai vu, dans une maternité française, une petite fille, découverte frigorifiée dans la rue, et qui était tellement pâle que les infirmières du service de néonatologie n'avaient rien trouvé de mieux que de la baptiser Blanche. On trouve aussi, avec encore moins de finesse, des bébés prénommés Raymond ou Laurent, parce que leur embonpoint ou leur implantation de cheveux leur donnaient un « air de famille » avec les premiers ministres français de l'époque. Aucune volonté de nuire dans tout cela, mais on peut s'interroger sur l'intérêt de privilégier un prénom qui est le résultat d'un jeu par rapport à celui choisi avec soin et amour par les parents adoptifs, et qui a une plus grande valeur symbolique. Enfin, certains enfants portent de très jolis prénoms dans leur pays d'origine, mais mal venus quand l'enfant traverse les frontières, soit parce qu'ils sont imprononçables pour des Européens, soit parce que leurs consonances prêtent aux moqueries. Par exemple, un petit Aboubacar, prénom assez commun en Afrique noire, a toutes les chances d'être surnommé « Caca Bouda » dans les cours de récréation des écoles primaires françaises.

Si les parents adoptifs souhaitent garder le prénom d'origine parce qu'il leur plaît et qu'il est chargé de significations pour eux, tant mieux, mais ils ne doivent pas le garder pour le principe. C'est probablement le mot que nous entendons le plus fréquemment pendant notre existence et la façon dont il est prononcé (avec tendresse, passion, moquerie ou mépris) est vite perçue. On ne peut donc pas conserver un dénominatif qui peut être préjudiciable dans le pays d'adoption et qui n'avait pas grand sens dans le pays de naissance.

Il me semble bon, en revanche, de choisir (ou de maintenir) en deuxième position un prénom du pays d'origine, pour ne pas nier ces racines. Certains d'ailleurs sont tellement beaux qu'ils sont de plus en plus donnés à des petits Français non adoptés. Ainsi, on voit des descendants de Gaulois s'appeler Maeva, Medhi ou Natacha.

La différence ethnique et le racisme

Tout enfant adopté risque de souffrir du racisme, même si l'accueil par l'entourage est excellent (comme s'il était un peu l'enfant de tout le monde), mais la bêtise existe, et les parents adoptifs ne pourront empêcher des réflexions idiotes sur la couleur de la peau ou l'aspect physique.

Il faut préparer les enfants à cette éventualité. Comme nous venons de le voir, ils deviennent par leur éducation des petits Français à part entière. Mais il est illusoire de croire qu'ils ne remarqueront pas leur différence ethnique (ou qu'on ne leur fera pas remarquer). D'où l'intérêt d'informer l'enfant sur sa culture de naissance. Chaque civilisation a ses particularités, ses forces et ses faiblesses. Certains parents adoptifs considèrent encore la région d'origine de leur enfant comme un « pays de sauvages », voire « un pays de merde » (ce terme peut sembler cru, mais je l'ai entendu plusieurs fois) où, heureusement, quelques Occidentaux héroïques et généreux, dont ils font partie, « sauvent » des enfants de la misère en les adoptant. Un tel sentiment n'est, hélas, pas rare. On comprend aisément que les enfants éduqués dans cet esprit puissent avoir honte de leur aspect physique et que les injures racistes soient durement ressenties.

Avant leur adoption, le sort des enfants n'est souvent pas enviable. Ils peuvent souffrir de faim, de misère, d'exploitation, voire de véritable esclavage. C'est ce que retiennent certains parents. Pourtant, nos pays riches n'ont pas que des leçons à leur donner ; si l'enfant y est théoriquement roi, les récentes affaires de pédophilie ou de maltraitance devraient conduire à nuancer le sentiment de supériorité.

Si, au contraire, les parents adoptifs ont appris les particularités et les charmes du pays d'origine, les enfants en seront fiers et n'auront pas à en rougir. Certains conseillent, pour « blinder » les enfants, de les appeler par un petit nom raciste en y mettant toute la tendresse d'un papa (ce genre de taquineries est souvent plus facile pour un père que pour une mère). Quand, dans des jeux, l'enfant a entendu son papa l'appeler « mon petit négro » ou « ma petite chinetoque », ces mots affreux sembleront moins cruels s'ils sont un jour prononcés avec haine par quelqu'un de mal intentionné.

D'autres formes, plus insidieuses, que le racisme brutal et caricatural, sont fréquentes : par exemple, les phrases qui commencent par « dans ces pays-là… », pour évoquer, pas forcément d'une manière péjorative, ce que l'on croit être une particularité d'un pays étranger. Maintes fois répétée, cette expression lapidaire permet d'agglomérer l'Asie, l'Afrique, les îles des trois océans et le Nouveau Monde. Sa puissance discriminative est équivalente au terme « Barbare », inventé par les Grecs pour désigner tout ce qui n'était pas grec.

L'annonce : quand et comment dire à un enfant qu'il a été adopté

L'annonce reste trop souvent un moment mythique dans l'imaginaire de l'adoption. Tout le monde connaît les histoires dramatiques de l'enfant ou du jeune adulte qui découvre brusquement son statut d'adopté. Fréquentes il y a encore quelques années, elles nous montrent l'aspect néfaste de l'Annonce avec un grand A. Quel que soit l'âge où il s'aperçoit, de manière fortuite, que ses parents ne sont pas ses parents biologiques, l'adopté éprouve une perte de confiance envers lui-même et envers ses parents. Vivre dans le mensonge, ne serait-ce que par omission, n'est pas le meilleur moyen de s'épanouir. Si l'on veut que l'adoption apparaisse comme un événement aussi naturel qu'une naissance biologique, il faut que les parents adoptifs en soient persuadés eux-mêmes et n'aient pas honte de l'exprimer.

On peut s'étonner par ailleurs que les parents qui ont bénéficié d'un don d'embryon éprouvent moins de crainte à propos de l'identité et de l'apparentement de leur enfant. Génétiquement parlant, l'enfant issu d'un don d'embryon est aussi différent de ses parents qu'un enfant adopté, mais, pour beaucoup, ce que l'on accepte sous la forme d'un embryon n'est pas un enfant mais quelques cellules, et le fait que l'enfant ait été porté par sa mère adoptive pendant neuf mois rend la parenté plus concrète, même si elle ne l'est pas sur le plan scientifique.

Beaucoup de parents adoptifs hésitent encore à parler à l'enfant et remettent les révélations au lendemain, sous prétexte que l'enfant n'a pas l'âge de comprendre. Malheureusement, quand il est jugé en âge de le faire, on n'ose plus rien lui dire.

En pratique, il ne faut pas hésiter, dès son arrivée, à lui raconter son histoire. Le bébé peut, dès ses premiers jours de vie, percevoir des émotions, et si les parents apprennent à en parler naturellement à un tout-petit, cela leur sera plus aisé de le faire quand il aura atteint un âge dit de raison.

Sans que l'adoption devienne une obsession, il est judicieux de tendre des passerelles. L'enfant peut ainsi avoir à sa disposition des albums de photos, y compris celles de ses parents biologiques. Des livres pour enfants, qui expliquent l'adoption, sont un support utile dans cette démarche. Peut-être ne voudra-t-il pas les regarder, mais, s'il le désire, il sait qu'ils existent et que ses parents sont là, pour les lui expliquer. Rien ne sert non plus de s'effrayer de certaines choses difficiles à révéler : si la mère biologique apparaît aux parents adoptifs comme une « traînée », il ne faut pas qu'il le ressente.

Être l'enfant d'une moins que rien signifie que l'on est soi-même pas grand-chose. Toute adoption a des aspects positifs. Si elle a lieu, cela veut dire que la grossesse a été menée à bien, que les parents biologiques ont voulu donner une chance à leur bébé, qu'ils l'ont donc aimé. Même si elle apparaît sous un jour sombre, la mère a aimé son enfant au-delà de tout égoïsme et a fait confiance à ceux qui l'adopteront. Ce message que l'on doit retenir et révéler à son enfant est beaucoup plus important que d'autres notions de moralité.

La meilleure façon de respecter son enfant est de lui assurer le droit à la vérité. Il doit connaître sa condition d'enfant adopté et la manière dont son adoption s'est déroulée. Si on décide d'avoir un enfant à tout prix et qu'on accepte des manœuvres malhonnêtes, pourra-t-on les justifier un jour ? Sinon, il percevra toujours qu'il y a un secret, qu'on lui cache quelque chose et il aura du mal à avoir confiance en ses parents.

Il est tout aussi important, comme je l'ai déjà dit, de se renseigner sur l'histoire antérieure de l'enfant, de se battre pour obtenir le maximum de renseignements et ne pas se contenter d'un bébé sans histoire qui tombe du ciel. Dans un reportage sur l'adoption au Vietnam, on voit une mère adoptive tout heureuse, car, après de longues semaines de patience, elle peut enfin se rendre à l'ambassade de France, à Hanoi, avec un dossier qu'elle pense complet. Elle se fait reprendre assez sèchement par une fonctionnaire française qui prétend ne pouvoir délivrer un visa pour sa petite fille que si elle lui fournit un document attestant les circonstances d'abandon de l'enfant. Lorsque j'avais vu le film la première fois, j'étais tombé dans le panneau, bien préparé par le réalisateur, et j'avais été rempli de pitié envers cette pauvre maman en pleurs et de mépris pour cette fonctionnaire qui, même sous les tropiques, à des milliers de kilomètres du territoire national, faisait triompher l'administration tatillonne et ses flots de paperasserie. Pourtant, en y réfléchissant, cet agent consulaire avait mille fois raison. Ce n'était pas un document insignifiant qu'elle exigeait, mais la réponse à une des questions essentielles de l'adoption : pourquoi les parents biologiques s'étaient-ils séparés de leur enfant ? La mère adoptive n'était au courant de rien, elle avait accepté ce bébé dans sa chambre d'hôtel, amené par une intermédiaire. Je le répète, adopter un bébé à tout prix sans chercher à en savoir plus peut avoir de graves conséquences, mais *a contrario* connaître les conditions de l'adoption sera sans nul doute bénéfique toute la vie.

Dès son plus jeune âge, les parents adoptifs ne craindront pas d'expliquer au bébé qu'une autre maman l'a porté. Il s'agit de le rassurer, en lui rappelant qu'ils sont là pour lui et qu'il restera avec eux. Il faut que l'adoption apparaisse comme ce qu'elle est : un mode de filiation différent, mais tout aussi honorable que le mode biologique, un événement naturel que l'on évoque de temps en temps, comme on parle à un enfant non adopté de sa naissance et de sa petite enfance. Cette information ne doit être ni intensive ni obsédante. L'enfant fait ce qu'il veut de cette information. Il peut ne jamais en parler, ou demander des précisions à ses parents. Le secret n'a pas de raison d'être et, quand ce secret est dévoilé (et il finit toujours par l'être), l'enfant perd confiance en lui et en ses parents. C'est dans ce but que j'ai écrit mon premier ouvrage sur l'adoption, *Les deux mamans de Petirou,* album illustré destiné aux tout-petits, de dix-huit mois à sept ans, pour expliquer simplement le pourquoi de l'adoption. Certains parents m'ont fait remarquer que, grâce à ce livre, ils avaient prononcé pour la première fois, devant leurs enfants, le mot adoption, qui jusque-là était resté coincé au fond de leur gorge. Il est d'ailleurs surprenant de voir que la plupart des livres pour enfants qui traitent ce sujet n'osent pas employer ce terme, qui est constamment sous-entendu.

Les secrets

Il existe un autre secret : celui des origines. Si les parents biologiques ont été rencontrés lors de l'adoption, et s'ils sont d'accord, il est bon de garder un lien avec eux, par du courrier, et éventuellement, plus tard, un nouveau voyage. J'ai parlé à plusieurs reprises de ce « retour », car il est important.

Si le secret est imposé par des dispositions légales, comme lors de l'accouchement sous X, on n'a d'autre choix que de le respecter. Mais il est loisible de faire des suppositions et présenter ce qui a dû se passer sous un bon côté. « Ta maman de naissance ne pouvait pas te garder, mais elle t'a beaucoup aimée et a voulu te donner la chance d'être aimé par un papa et une maman qui t'attendaient. » Les parents préviendront leur enfant que certains documents existent peut-être (sans oublier ce peut-être car la maman de naissance a pu ne rien laisser) et qu'il y aura accès à sa majorité.

Le secret entraîne l'exclusion. Il faut craindre le secret et non pas la possibilité que l'enfant, s'il apprend la vérité, soit perturbé et rejette son adoption.

Pourtant, certains secrets doivent être gardés. Il s'agit de choses particulièrement graves et difficiles à comprendre, à intégrer, pour se développer. Je pense, par exemple, aux enfants nées de mères prostituées et, surtout, à ceux nés de viol ou d'inceste. Si les parents en ont eu connaissance, ils s'en tiendront à un discours plus vague comme s'ils ignoraient cette partie de l'histoire. S'il a été victime de violences et qu'il l'a oublié, ce n'est pas la peine de les lui rappeler, mais, plus que tout autre enfant, il conviendra de le rassurer.

De telles situations sont, bien sûr, difficiles à vivre pour les parents adoptifs. Le secret est douloureux pour les enfants quand ils le subodorent, mais, lorsqu'ils l'ignorent, c'est pour les parents qu'il est lourd à porter. C'est alors qu'il est bon de faire appel à des interlocuteurs de confiance, professionnels de l'adoption ou proches, pour être aidés à porter ce fardeau.

Les cas particuliers de l'adoption

Tout le monde peut-il adopter ?

Dans certaines ethnies mélanésiennes de Nouvelle-Guinée, l'adoption est institutionnalisée, très fréquente, même obligatoire, mais elle est réservée à ceux qui ont déjà fait preuve de leur fécondité. Ces dons ou échanges d'enfants sont importants pour ritualiser les relations entre les individus et les clans. Ceux qui n'ont pas la chance d'avoir des enfants sont exclus de ces pratiques, d'une part parce qu'ils n'ont rien (pas d'enfants) à proposer en échange, d'autre part parce que leur stérilité est considérée comme la preuve de leur immaturité à participer aux phénomènes fondamentaux de la société.

En France, le raisonnement est inverse. La stérilité est considérée comme une malchance et l'adoption comme une solution possible. Il est donc admis que les couples ayant des troubles de la fécondité se tournent vers l'adoption considérée comme la guérison d'une maladie du système reproductif.

La situation est plus compliquée quand ce n'est pas une maladie au sens large qui empêche la fécondité, mais des circonstances sociales. A-t-on le droit de confier des enfants sans parents à des foyers « non physiologiques » qui, sans cette démarche, ne peuvent devenir parents ? « Physiologique » est à prendre au sens médical strict, sans connotation morale, c'est-à-dire un homme et une femme en âge de procréer. Le fait que ce couple souffre, ou non, de stérilité ne change pas le qualificatif.

L'adoption par des célibataires

Elle est possible pour tout célibataire, quel que soit son sexe, s'il est âgé de plus de 28 ans. Près de 10 % des enfants adoptés en France le sont par des foyers monoparentaux. Il s'agit, la plupart du temps, de femmes célibataires désireuses de donner de leur temps et du bonheur à un enfant. Ce besoin de materner est plus féminin que masculin.

L'idéal, pour un enfant, est d'avoir auprès de lui un père et une mère, ce qui est loin d'être le cas pour la totalité des enfants biologiques. Mais il n'est pas toujours possible d'avoir un père et une mère disponibles. La plupart des orphelins de père se débrouillent bien dans la vie, comme les enfants de divorcés qui voient peu leur père, même si, dans ces deux catégories, les problèmes sont plus fréquents que la moyenne. C'est souvent la même chose pour les enfants adoptés par des femmes célibataires. Ils bénéficient d'un accueil, de soins attentifs, voire excessifs. Il est souhaitable qu'un grand-père, un oncle ou un proche tienne par moments le rôle de père de substitution pour apporter une image masculine, surtout pour les petits garçons qui ont souvent envie de jouer à la bagarre, à Tarzan, Zorro et autres activités typiquement masculines, ... dont leurs mamans ne perçoivent pas toujours toutes les subtilités.

Dans la plupart des cas, il vaut mieux une mère seule, mais proche et disponible pour tous les besoins de l'enfant (les câlins en particulier) que de nombreuses mères de substitution, même très motivées par leur travail, mais qui changent toutes les huit heures, comme dans les institutions. L'immense majorité des enfants adoptés par des mères célibataires le vivent très bien, et certainement beaucoup mieux que les enfants en orphelinat ou foyers de l'enfance.

L'adoption par des homosexuels

Contrairement à d'autres pays européens, elle est, en principe, impossible en France. C'est l'une des principales revendications du mouvement gay. Certains couples homosexuels ont cependant adopté un enfant, l'un des partenaires ayant fait une démarche d'adoption en tant que célibataire, tout en cachant son homosexualité, qui devrait, en théorie, l'exclure de cette possibilité. D'autres ont bénéficié de la tolérance de certains enquêteurs ou de certaines commissions d'agrément.

En parlant des célibataires, j'ai dit que l'idéal pour un enfant était d'avoir un papa et une maman. Je pense qu'il est préférable qu'ils soient de sexes différents. Sans doute de nombreux couples homosexuels ont les capacités de rendre des enfants heureux, peut-être même très heureux.

Pourtant, plusieurs points me gênent dans cette revendication. Le lobby gay est actuellement en ordre de bataille, bien organisé pour obtenir des droits qu'il estime légitimes. Or, j'ai l'impression que beaucoup de ses dirigeants connaissent très mal les données de l'adoption. Quand ils affirment que l'autorisation de l'adoption par les homosexuels permettra à des enfants sans famille d'en avoir une, ils ignorent totalement que la demande est bien supérieure à l'offre. Je crains que cette revendication corresponde plus, pour la communauté homosexuelle, à la reconnaissance définitive de son statut et à l'affirmation de sa normalité qu'à un réel désir d'enfant. Or, dans l'adoption, c'est d'enfants qu'il s'agit, et non de militantisme. Mêler l'avenir incertain d'enfants à toute revendication, aussi légitime soit-elle, n'est jamais une bonne chose.

Plus grave, à mon avis, est l'existence des vrais-faux couples homosexuels. Il s'agit, par exemple, d'un homme et d'une femme, tous deux homosexuels qui, par des moyens de procréation artificielle « artisanaux » (la fourniture d'une seringue remplie de sperme), ont eu un enfant biologique. Celui-ci est partagé entre ses deux parents (ou entre deux couples), un peu comme dans un couple divorcé. Ce qui est inquiétant, ce n'est pas le va-et-vient de cet enfant entre deux parents, ou entre deux couples, car, cette situation est aussi très fréquente chez les enfants nés de couples hétérosexuels, lors des séparations et les divorces ; mais le fait que cet enfant est né d'un couple qui n'a jamais eu le moindre projet de vie commune, et qui a tout de même prévu de se le partager. Même si l'amour des deux parents pour leur enfant n'est pas à mettre en doute, il n'y a eu aucun moment d'affection entre eux. Or, sauf dans quelques situations exceptionnelles, comme le viol, tout enfantement vient d'un échange amoureux. Beaucoup d'adoptions, elles-mêmes, sont issues d'un geste de tendresse dans le couple adoptif. Même si certains couples de parents biologiques se séparent, ils se sont chéris lors de la fécondation ou de leur désir d'enfant. Et de la même manière, si certains couples de parents adoptifs se séparent, ils se sont aimés lors de leur désir d'enfant, assez pour être prêts à une longue démarche. Je suis inquiet pour l'avenir d'un enfant, conçu par artifices, né sans affection partagée : cela ressemble plus à l'acquisition d'un objet qu'à la conception d'un enfant, même si, répétons-le, l'amour de ces parents envers leur enfant n'est pas contestable.

D'autres affirmations sont aussi discutables. On met souvent en avant des études qui montreraient que les enfants adoptés par des couples homosexuels n'auraient pas plus de troubles psychologiques que ceux élevés dans des foyers hétérosexuels. Or, ces enquêtes, contrairement à ce que certains affirment, sont très rares, et la plupart n'ont guère de fiabilité puisqu'elles ont été effectuées sur des petits échantillons d'enfants, sans doute sélectionnés, puisque leurs parents étaient volontaires. Pour ma part, je n'ai rencontré que deux cas d'adoption par des homosexuels, lors d'études anthropologiques en Polynésie : ils se sont terminés par des drames. Pourtant, l'homosexualité est bien mieux acceptée en Polynésie qu'en France. Je n'insisterai pas, car deux faits isolés ne sont pas significatifs et ne sont peut-être qu'une coïncidence.

Dernière remarque à propos de ces études : il est constamment mis en avant que les enfants élevés par des homosexuels ne risquent pas d'être plus homosexuels que la moyenne. Je ne comprends pas cette logique : on ne peut pas prétendre, à la fois, à la normalité de l'homosexualité, et en même temps se défendre de la transmettre.

Le débat est loin d'être clos, mais il est bon de rappeler que le but principal de l'adoption est le bien-être de l'enfant, et non la satisfaction de quelque groupe social que ce soit.

L'adoption à l'âge mûr

Comme aux célibataires, aux homosexuels, et aux couples stériles, l'enfantement se refuse aux couples d'âge avancé. Même s'ils ont déjà été parents, l'âge rend les grossesses plus difficiles, voire impossibles quand les femmes approchent de la cinquantaine. Et, l'adoption parait souvent comme la solution.

Même si on trouve des « aigris » de 20 ans au tempérament de vieillard irascible et des jeunes gens pleins d'entrain et de dynamisme à 80 printemps, l'âge compte. Est-il raisonnable d'adopter un enfant qui, à l'adolescence, aura un père, une mère ou les deux, de plus de 70, voire 80 ans ? Beaucoup d'enfants, quel que soit leur mode de naissance, ont souvent une grande complicité avec leurs grands-parents. Elle peut même perdurer, alors que le courant ne passe plus avec les parents lors des périodes difficiles. Certains utilisent cet argument pour soutenir que la différence d'âge ne compte pas dans les relations entre générations. Mais les relations que les enfants ont avec leurs grands-parents sont différentes de celles qu'ils entretiennent avec leurs parents. Adopter est une lourde responsabilité, plus encore que procréer ; l'assumer est primordial, tout comme s'imaginer avec des années en plus, lorsque l'enfant que l'on désire adopter sera plus grand. Aura-t-on la santé et le dynamisme nécessaires, quand il sera adolescent ou jeune adulte, et qu'il aura encore besoin d'un père ou d'une mère ?

Il est non moins essentiel de s'interroger sur ses années avant l'adoption. Pourquoi a-t-on attendu un âge avancé pour adopter ? S'il s'agit d'un couple relativement âgé, mais jeune dans sa vie commune, l'adoption peut être un projet commun bien réfléchi. À l'opposé, on peut s'inquiéter pour l'enfant d'un couple qui, après vingt ans, voire plus, de stérilité, ne choisit l'adoption que comme une dernière chance. L'enfant adopté n'est pas un lot de consolation après l'échec d'une procréation naturelle, tous les enfants sont des « gros lots » et doivent être accueillis comme tels.

Le désir d'adoption doit être commun au couple et ce à tout âge. Mais le plus gros risque de désaccord se rencontre dans les couples qui présentent un grand écart d'âge. Un mari plus âgé que sa femme (ou une femme plus âgée que son mari) peut tout à fait partager le désir d'enfant de son conjoint. Mais parfois le désir n'est que le souhait de faire plaisir ou de ne pas décevoir l'autre. La vie de couple est faite d'accommodements, mais accueillir un garçon ou une fille ne peut être un sacrifice : l'enfant mal accueilli le ressentira. Mieux vaut perdre son conjoint que devenir parent d'un enfant non souhaité, d'autant plus si celui-ci a déjà perdu ses parents de naissance.

L'adoption par des handicapés

Parfois chez certains couples, à un handicap s'ajoute une stérilité. D'aucuns trouvent choquant de confier un nourrisson ou un enfant à un couple handicapé. Je ne partage pas cet avis : beaucoup de parents handicapés ayant des enfants biologiques ont fait la preuve de leurs capacités. J'en ai vu certains aveugles, sourds ou en fauteuil roulant s'occuper merveilleusement de leur enfant et leur donner de grandes joies. On leur prête à tort le désir d'avoir des enfants dans le seul souci de bénéficier d'auxiliaires, de s'approprier les yeux, les bras ou les jambes qui leur manquent. Comme si l'enfant était là pour remplacer des béquilles ou un chien d'aveugle. Il n'en est rien le plus souvent. Dans leur métier, ils étonnent par leur conscience professionnelle, leur volonté de faire aussi bien que les valides. Il en est de même avec leurs enfants, et la plupart de ces couples sont exemplaires. C'est pourquoi les postulants handicapés sont à considérer comme des postulants ordinaires, ce qui n'interdit pas de les interroger sur leur handicap et les aménagements qu'ils envisagent pour prendre en charge leurs enfants.

L'adoption humanitaire

La motivation principale dans ce cas est de venir en aide à un enfant du tiers-monde ou à un enfant malheureux, comme dans l'adoption d'un enfant handicapé.

L'adoption humanitaire proprement dite n'existe pratiquement pas. J'ai presque envie de rajouter : « tant mieux ». Pour un enfant, une des choses les plus importantes est d'être attendu, d'être désiré, d'être espéré. On n'adopte pas pour faire un geste, comme si on faisait un don à l'UNICEF.

Des couples, après avoir déjà eu plusieurs enfants de manière naturelle, et qui souhaitent en avoir encore, décident librement d'adopter. Plutôt que de donner à nouveau la vie, ils préfèrent donner une chance à un enfant qui n'en a pas beaucoup eu jusqu'alors. Mais ce qui prime et ce qui doit primer, c'est le désir d'avoir un enfant, d'agrandir sa famille. Comme me l'a dit un jour une maman qui, déjà à la tête d'une belle nichée, avait adopté d'autres enfants : « Nous ne trouvions pas très normal de « faire » encore trois ou quatre enfants, qui n'existaient pas encore, pendant qu'un grand nombre d'orphelins manquaient de tout et surtout de parents pour grandir et s'épanouir. »

Il existe beaucoup de moyens efficaces de venir en aide à l'enfance malheureuse. Plutôt qu'adopter, il vaut mieux, si tel est le désir, parrainer un enfant avec maintien dans son pays d'origine, ou proposer des accueils provisoires d'enfants pendant les vacances ou le temps de recevoir des soins dans notre pays. Il ne faut se tourner vers l'adoption que si le désir d'enfant est très fort.

D'aucuns reprochent aux familles fécondes d'avoir adopté un enfant qui aurait pu faire le bonheur d'un couple stérile. Cette critique est injustifiée : le but principal de l'adoption est de donner une famille à un enfant qui n'en a pas, et non l'inverse. Si cet enfant sans parents trouve le bonheur dans une famille qui ne souffre pas de stérilité, on ne peut que s'en réjouir. Si, outre le bonheur qu'il trouve dans sa nouvelle famille, il fait le bonheur d'un couple stérile, les chances de réussite n'en sont que plus grandes.

Certains enfants méritent-ils l'adoption plus que d'autres ?

L'adoption d'un enfant handicapé

Certains couples, souvent par conviction religieuse, ou parce qu'ils s'estiment comblés par leurs enfants biologiques, veulent donner une chance à un enfant qui, à cause de sa différence, n'a pu connaître la joie d'avoir des parents. Ils vont donc chercher à adopter un enfant handicapé.

Ce peut être des trisomiques : ces enfants, souvent appelés mongoliens, sont de moins en moins acceptés dans notre société d'enfant-roi, et surtout d'enfant sans défaut. La plupart des parents vivent la naissance d'un enfant trisomique comme un drame. Quand on s'attend à l'arrivée d'un enfant parfait, il est terrible de voir, dans l'aspect physique de son enfant, l'image du handicap qui, pour beaucoup, représente l'échec. Dans plus de la moitié des cas, les parents d'un enfant trisomique décident son abandon. Que ceux qui sont sûrs de pouvoir faire face à cette situation leur jettent la première pierre. Des associations humanitaires cherchent donc des parents pour cette catégorie d'enfants.

Certains penseurs en tout genre s'étonnent qu'un couple fasse cette démarche. Il est vrai que quelques cas paradoxaux, et par là même inquiétants ont été observés : tel ce couple qui, désirant adopter un enfant trisomique, a refusé celui qui lui était proposé, non pas à cause de son handicap, mais de ses origines étrangères. Il est tout aussi vrai que le profil moyen des adoptants d'enfants trisomiques ne correspond pas à un modèle de parents « branchés ». Ce sont, souvent, des familles un peu « rétro », bien « catho » et à cheval sur les traditions. Sans chercher à sanctifier ces familles, il faut savoir respecter leur choix.

Pour ma part, je ne cache pas mon admiration pour ces parents, et j'avoue ne pas avoir la force de les imiter. Lorsque j'ai commencé, il y a quelques années, mon internat en pédiatrie, j'ai découvert les enfants trisomiques, que je connaissais fort mal et qui m'effrayaient beaucoup. Ils sont nombreux dans les services de pédiatrie car, outre leur retard mental, ils ont une santé particulièrement fragile. Quand on est confronté à ces enfants, on comprend pourquoi la mère de l'un d'entre eux disait, proclamait même : « Oui, mon enfant est handicapé ; il est handicapé d'amour, il est incapable de ne pas aimer ! »

Je ne veux pas encourager l'adoption des enfants handicapés. C'est un chemin encore plus difficile que l'adoption d'un enfant sain, et qui est loin d'être à la portée de tous. Je ne cherche pas non plus à la blâmer, mais elle mérite, de la part de ceux qui l'envisagent, une réflexion encore plus approfondie que pour les autres adoptions.

Sur le plan pratique, l'adoption d'un enfant trisomique ou porteur d'un autre handicap est, en revanche, assez facile car peu trouvent une famille d'accueil.

Beaucoup d'enfants proposés à l'adoption internationale sont porteurs de handicaps ou de maladies. Certains gouvernements souhaitent les faire adopter pour leur permettre de bénéficier des soins coûteux, impossibles à réaliser dans le pays d'origine. Des maladies sont même parfois inventées pour faciliter les démarches.

Certaines de ces pathologies sont curables et notre « médecine de riches » permet une guérison quasiment sans séquelles, qui aurait été impossible dans le pays d'origine. D'autres ne le sont pas, mais des soins adaptés autorisent une vie plus confortable. Là aussi, sur le plan pratique, il est plus facile d'adopter ces enfants. Mais il faut être certain d'en avoir le courage, et se renseigner auprès d'un médecin sur les conséquences exactes de la maladie. En effet, quand des parents découvrent que leur enfant biologique est diabétique, épileptique ou séropositif, leur tristesse est grande, mais, le plus souvent, ils ne renient pas cet enfant. Alors que l'on peut être moins fataliste vis-à-vis d'un enfant adoptif et refuser de s'occuper d'une affection que l'on n'a pas transmise.

Parfois, on ne sait pas que l'enfant que l'on a adopté est handicapé. Cette mauvaise surprise suscite d'abord le découragement : cet enfant que l'on a tant attendu, souhaité, rêvé, espéré, imaginé, et sur lequel on a tant fantasmé est malade ; mais aussi la colère, avec le sentiment d'avoir été berné par certains intermédiaires, ce qui est parfois le cas. De la même façon que de plus en plus de plaintes sont déposées contre les médecins après la naissance d'un enfant handicapé, on voit, lors de la constatation d'un handicap chez l'enfant adoptif, de plus en plus de familles adoptives se retourner contre les organismes d'adoption. Ce qui est reproché, aux médecins comme aux associations, n'est pas d'avoir rendu l'enfant malade ou handicapé, mais de ne pas s'en être aperçu. Si la possibilité d'erreur est inévitable, le droit à l'erreur est de moins en moins reconnu.

Tout enfant mérite d'avoir une famille qui l'aime, l'enfant malade comme les autres. Je m'indigne de voir des confrères médecins décider, au nom des parents, parfois même sans leur avis, que seuls des enfants en bonne santé peuvent être adoptés. En revanche, je constate avec bonheur la maturité et la générosité de certaines associations de parents adoptifs, comme EFA (Enfance et famille d'adoption). Cette association incontournable a créé un sous-groupe : ERF (Enfants en recherche de famille) dans le but de favoriser l'adoption d'enfants difficilement adoptables : malades, trop âgés, fratrie, etc.

Si l'on décide d'adopter un enfant à particularités, il faut être sûr d'en être capable : un deuxième abandon, alors que l'enfant a appris à connaître sa nouvelle famille, est l'un des pires drames qui puisse arriver dans la vie d'un petit garçon ou d'une petite fille.

Les filles, c'est bien aussi !

Je voudrais enfin parler d'un phénomène moins grave, mais qui n'en est que plus choquant.

Certaines civilisations privilégient la naissance d'un héritier mâle par rapport à celle d'une petite fille. Cette tendance est reprise par des couples qui ne veulent adopter un enfant que d'un sexe déterminé, la plupart du temps, un garçon. Sans doute n'est-il pas anormal d'avoir une petite préférence pour un sexe ou l'autre, quand il s'agit de son enfant à venir ; tout le monde l'exprime naturellement, surtout si on a déjà des garçons et que l'on souhaite une petite fille, ou inversement. Mais quand ce désir est exclusif, il me semble que l'enfant est désiré plus pour ce qu'il représente que pour ce qu'il est, ce qui n'est pas rassurant pour son avenir.

En conclusion : respect et humilité

Le maître mot de ces deux chapitres consacrés à la psychologie de l'adoption est le respect envers l'enfant.

Un enfant a le droit d'avoir des parents à tout prix : ce devrait être, de manière permanente, l'une des principales préoccupations des Grands de ce monde. Mais en a-t-on déjà parlé, ne serait-ce qu'une fois, à l'assemblée des Nations unies ?

Tout enfant a droit à ses particularités, ethniques, physiques, et il ne peut rien au fait d'avoir une bonne santé ou non, mais il a le droit d'être respecté comme tel.

Tout enfant a droit au respect de son histoire et à un accueil adapté à ses particularités.

Sans vouloir nier leurs propres droits, ni les discréditer car, je le répète, ils sont pour la plupart remarquables, les parents adoptifs devraient toujours être humbles vis-à-vis de leur enfant, l'admettre tel qu'il est et l'élever avec amour, ce qui ne veut pas dire avec laxisme.

Même si c'est leur plus fort désir, aucun parent n'a droit à un enfant à tout prix. En revanche, il a le devoir d'aimer cet enfant. Le poète libanais Khalil Gibran, dans son livre *Le Prophète*, a écrit un des plus beaux textes sur l'amour parental : « Vos enfants ne sont pas vos enfants ! », proclame-t-il avant de les comparer à des flèches dont les parents seraient les arcs. Sans doute, plus que dans les familles biologiques, les parents adoptifs admettent-ils de n'être, avant tout, que les outils qui aident leurs enfants à aller plus loin.

7

Mon enfant a traversé des frontières, en est-il plus fragile pour autant ?

La santé des petits adoptés

Tous les parents s'inquiètent pour la santé et le bien-être de leurs enfants. Avant la naissance d'un enfant biologique, ils idéalisent leur futur bébé et l'imaginent parfait. Mais, en même temps, l'idée qu'il puisse être porteur d'un handicap ou d'une maladie pèse parfois comme une épée de Damoclès.

Pour un enfant adopté, l'angoisse est différente. En effet, les parents adoptifs sont plus inquiets en raison de l'ignorance, la plupart du temps, des antécédents médicaux de leur enfant. Mais ils savent qu'il est possible de refuser l'adoption d'un enfant si celui-ci présente une pathologie que l'on ne se sent pas capable d'assumer.

Cette décision est toujours difficile à prendre ; il semble cruel, voire inhumain, de refuser de donner une chance à un enfant. Mais on ne peut pas juger un tel comportement, si l'on n'en a pas fait l'expérience soi-même. Ceux-là mêmes, qui jettent l'opprobre sur des parents ayant refusé d'adopter un enfant du tiers-monde pour raison de santé, trouvent normale une interruption de grossesse pour une pathologie équivalente. Tout le monde n'a pas la vocation d'être un saint, et si l'on est en droit d'admirer les parents qui adoptent un enfant ayant un handicap, il est préférable que cela se fasse en toute connaissance de cause. L'adoption qui sous-estime un handicap peut avoir des conséquences plus graves que le refus pur et simple, tant pour l'enfant qui, dans les cas extrêmes, vivra un deuxième abandon, que pour les parents adoptifs (dépression, épuisement, éclatement familial).

Il est fondamental de préciser qu'il n'existe pas de contre-indication médicale à l'adoption, en raison ni de la santé des enfants, ni de celle des parents. Si ceux-ci se sentent capables d'adopter un enfant porteur d'un handicap, même lourd, personne n'a le droit de le leur interdire.

Le médecin joue le rôle de conseiller. Il explique aux parents, dans la mesure de ses connaissances et des renseignements qui lui sont fournis, tout problème de santé relatif à l'enfant. C'est à eux de décider ensuite ce qu'ils feront. Il ne s'agit pas de donner un avis moral, mais d'informer et de dépister les facteurs de risque médicaux.

Le caractère relativement récent de l'adoption internationale fait que de nombreux médecins ignorent encore les pathologies en relation avec l'adoption. Or, cette population tout à fait particulière d'enfants adoptés à l'étranger nécessite des examens et des soins adaptés, d'autant plus que la prise en charge dans le pays de naissance est souvent peu fiable, en raison d'une formation médicale différente et de l'insuffisance de moyens.

La santé des petits adoptés est globalement bonne et il ne faut pas prendre peur devant la longue liste de maladies qui va suivre (ils ont de grandes chances de n'avoir aucune des maladies décrites ci-après) ; de surcroît, elles sont pour la plupart tout à fait curables, et ce d'autant plus qu'elles sont dépistées rapidement.

Mais rien ne sert de se voiler la face : attendre pour voir si l'enfant a besoin ou non d'un bilan ou qu'une maladie se déclare expose à en augmenter les risques et la gravité. Ne rien faire reviendrait à ne plus surveiller les enfants par des visites systématiques, ou à arrêter tout examen et toute échographie lors d'une grossesse. Je conseille de réaliser assez rapidement un bilan complet. Il est également important, pour les professionnels, de connaître ces pathologies, souvent inhabituelles sous nos latitudes, ou oubliées, car devenues rarissimes.

Les risques médicaux de l'adoption peuvent se classer en quatre grandes catégories.

Le risque propre au tout-petit enfant

Il n'est pas du tout spécifique à l'enfant adopté à l'étranger. On le décèle par des examens et des soins apportés, de manière systématique en France, à tous les nouveaux-nés et nourrissons en bas âge. Ce côté systématique et automatique fait parfois oublier que des enfants arrivant du tiers-monde n'ont pu bénéficier de cette prévention.

Trois maladies graves dépistées en maternité

En France, lors de leur séjour en maternité, au quatrième jour de vie, tous les enfants bénéficient du dépistage de trois maladies (hypothyroïdie, phénylcétonurie et hyperplasie des surrénales). Elles sont relativement rares, mais particulièrement graves. Dans la plupart des cas, elles ne se manifestent pas par de signes évidents chez le tout-petit bébé. Elles peuvent entraîner rapidement un décès ou des séquelles lourdes, voire irréversibles, si elles ne sont pas décelées, mais un traitement approprié est efficace, s'il est administré à temps.

L'hypothyroïdie est un déficit de sécrétion des hormones thyroïdiennes. Celles-ci ont un rôle très important dans la croissance et le développement cérébral des enfants. Leur absence entraîne un retard mental et un retard de croissance majeurs. Ceux-ci s'installent si les enfants atteints ne sont pas soignés avant les deux premiers mois de vie. Le traitement est simple et consiste en l'administration de quelques gouttes d'hormones thyroïdiennes, tous les jours, pendant toute la vie. Il est facile à équilibrer et, grâce au dépistage précoce, les enfants atteints mènent une vie tout à fait normale. S'il débute trop tard, plusieurs mois après la naissance, il aura pour conséquence des séquelles neurologiques définitives.

En dehors de toute anomalie congénitale et d'insuffisance thyroïdienne vraie, on peut parfois constater, sur le bilan biologique de certains nourrissons adoptés à l'étranger, une petite insuffisance thyroïdienne, avec notamment une élévation de l'hormone TSH, due non pas à un défaut de la glande thyroïde, mais à une carence en iode (élément essentiel à la synthèse des hormones thyroïdiennes). Cette anomalie se normalisera rapidement avec une alimentation de bonne qualité. La TSH est l'hormone synthétisée par l'hypophyse (la tour de contrôle du système hormonal) qui stimule la thyroïde afin qu'elle synthétise les hormones thyroïdiennes. Quand la thyroïde a du mal à fonctionner, comme lors d'une carence en iode, le taux de TSH s'élève pour augmenter la stimulation.

La phénylcétonurie est un trouble de l'assimilation de certaines protéines. Le déficit en une enzyme particulière entraîne l'impossibilité, pour l'organisme, de fabriquer certaines protéines essentielles. En revanche, les protéines qui sont synthétisées avant l'action de cette enzyme (principalement celle qui porte le nom compliqué de phényl-alanine) seront présentes en excès et pourront créer des handicaps en s'accumulant. Un régime strict débute précocement; il doit être appauvri en ce qui concerne les protéines synthétisées avant le déficit (celles qui sont fabriquées en excès) et enrichi en protéines habituellement synthétisées après le déficit (celles qui ne peuvent être fabriquées par l'organisme). S'il est bien conduit, de manière précoce, un développement normal est possible. Dans le cas contraire, un retard mental important s'installera de façon irréversible.

Ce régime, essentiellement pauvre en aliments d'origine animale, est assez astreignant. Il sera maintenu pendant la durée de la croissance et, chez les jeunes femmes, recommencé en cas de grossesse (pour ne pas intoxiquer le fœtus).

L'hyperplasie des surrénales est une insuffisance de fonctionnement des glandes surrénales. Celles-ci, situées, comme leur nom l'indique, au-dessus des reins, ont un rôle primordial dans le maintien des équilibres en eau et en éléments essentiels. L'absence de sécrétion des hormones qu'elles produisent peut provoquer un décès brutal par une déshydratation grave et d'évolution rapide, dès les premières semaines de vie. Le diagnostic précoce de cette maladie permet une prise en charge adéquate par un traitement aisé à donner. Il s'agit, là aussi, d'hormones et de suppléments en sel que l'on prend par la bouche. Ce traitement est un peu plus compliqué que celui de l'hypothyroïdie, mais il n'est pas insurmontable. Il y a un intérêt à dépister cette maladie avant l'âge de quinze jours, car après cette date, la maladie se sera déclarée bruyamment d'elle-même, voire d'une manière fatale. Ce dépistage est donc rarement utile en cas d'adoption, peu d'enfants étant adoptés avant deux semaines de vie.

Chez un tout-petit nourrisson adopté avant l'âge de six mois, il faut réaliser ces dépistages systématiques, par de simples prises de sang. Au-delà de six mois, ils sont moins utiles, car les maladies qu'ils permettent de dépister sont alors plus prévisibles ; on ne les réalise, à ce moment-là, qu'en cas de signes évocateurs ou au moindre doute. Ces maladies n'ont rien de spécifique aux enfants adoptés, elles sont aussi fréquentes (ou plutôt aussi rares) chez les enfants nés en France ou à l'étranger. Du fait de leur gravité en l'absence de traitement et de la bonne efficacité de celui-ci, elles sont dépistées systématiquement chez tous les bébés nés dans les maternités françaises. Il serait dommage de passer à côté chez des enfants nés à l'étranger, et arrivés en France dans leurs premières semaines de vie.

Les maladies transmises pendant la grossesse

Chez les plus petits toujours, il est nécessaire de contrôler (par une prise de sang) si l'enfant n'est pas porteur d'une maladie transmise par la maman en cours de grossesse, et qui risque d'entraîner des malformations graves ou des maladies chroniques. En France, ces maladies sont dépistées par des analyses de sang pratiquées chez la future mère. Dans de nombreux pays du tiers-monde, les moyens financiers ne permettent pas ce dépistage systématique. Ces maladies sont la rubéole, la toxoplasmose, la syphilis, l'hépatite B et le sida ; ces trois dernières seront étudiées plus en détail par la suite. Là aussi, les maladies ou les malformations qui en découlent ne sont pas toujours apparentes au moment de la naissance, mais auront de graves conséquences si l'on passe à côté, d'autant plus que certaines peuvent bénéficier d'un traitement. La rubéole et la toxoplasmose, quand elles sont transmises au fœtus, risquent d'entraîner des lésions cérébrales (handicap mental) et sensorielles (surdité, troubles de la vision). Ces complications sont souvent présentes de manière irréversible après la naissance, mais il est toujours utile de débuter le plus tôt possible une prise en charge pour tenter de diminuer le handicap.

Les maladies exotiques

Même si l'enfant semble en pleine santé lors de son arrivée, il convient à tout âge de rechercher certaines maladies graves qui peuvent évoluer à bas bruit (sida, hépatites virales). Ces pathologies sont souvent plus fréquentes dans le pays d'origine qu'en France. Le risque de maladies sexuellement transmissibles (MST) est plus élevé dans les pays victimes de tourisme sexuel (Philippines, Thaïlande, etc.). Il existe aussi un risque dû au défaut d'hygiène et à la mauvaise couverture médicale. Il concerne aussi bien les pays du tiers-monde

(Afrique, Amérique latine et Asie) que ceux d'Europe de l'Est, dont la salubrité laisse à désirer.

Le sida

L'apparition récente de cette maladie grave, son importante médiatisation, et surtout la peur qu'a entraînée le début de l'épidémie mondiale font qu'elle est bien connue de tous et redoutée.

Il en résulte souvent la crainte que les enfants adoptés soient séropositifs, ce qui correspond à une sorte de fantasme de l'enfant abandonné sidéen, alors que, dans le même temps, d'autres maladies tout aussi graves sont sous-estimées.

Du fait de la médiatisation du sida, un dépistage quasi systématique est effectué dans tous les pays, à la demande soit des parents adoptifs, soit des autorités du pays d'origine lui-même, même lorsqu'il a des moyens limités. Très peu d'enfants adoptés à l'étranger sont donc séropositifs, même si certains d'entre eux sont des orphelins du sida. On peut l'être et ne pas être atteint par cette maladie : le risque de transmission de la mère à son bébé, pendant la grossesse, est loin d'être systématique ; il peut même être diminué par certains traitements. Des mères ont pu aussi se contaminer après la naissance de leur enfant, que ce soit par voie sexuelle ou sanguine.

Cette maladie se traduit par un affaiblissement des défenses naturelles de l'organisme. Malgré l'apparition de traitements qui semblent avoir une certaine efficacité, son pronostic reste très grave, et entraîne encore un grand nombre de décès parmi les personnes contaminées. Sa transmission n'est que sexuelle ou sanguine. Un enfant peut être contaminé, soit pendant la grossesse par sa mère atteinte, soit s'il a subi une transfusion dans un pays où le don du sang n'atteint pas la même sécurité qu'en Europe, soit enfin s'il a été contaminé avec du matériel médical souillé. Par exemple, dans certains pays où les moyens sont limités, une seringue peut être réutilisée, alors qu'en Europe, elles sont à usage unique et détruites après chaque patient.

Le sida se dépiste par une simple sérologie sanguine, c'est-à-dire un examen réalisé à partir d'une prise de sang. Il faut parfois s'en méfier chez les tout-petits enfants. Au moment de la naissance, une sérologie positive avec la présence d'anticorps (protéines de défense spécifiques) n'est peut-être que le témoin d'un passage des anticorps de la mère, sans qu'il y ait eu contamination par le virus lui-même. Ceux-ci disparaîtront au bout de plusieurs mois. Une analyse plus poussée permettra de rechercher la présence effective de virus chez l'enfant. Inversement, en cas de contamination de la mère en fin de grossesse par le virus du sida, celle-ci peut transmettre le virus à son enfant, sans qu'il y ait eu encore sécrétion d'anticorps, ni par la mère, ni par l'enfant. Or, c'est la présence des anticorps qui permet de faire le diagnostic. Si l'enfant vient d'une zone où le sida est très fréquent, même si sa sérologie est négative, il vaut mieux, par prudence, la recontrôler trois mois après.

L'hépatite B

Il s'agit, là aussi, d'une maladie grave : un certain nombre d'enfants contaminés présentent une forme chronique, pouvant elle-même évoluer vers une cirrhose ou un cancer du foie.

Contrairement à ce que l'on croyait il y a encore quelques années, il est plus facile d'être contaminé par l'hépatite B que par le sida. Celle-ci ne se transmet pas seulement par le sang et les contacts sexuels, mais aussi par des contacts étroits. Ainsi, à l'intérieur d'une famille, si un membre est atteint, tous les autres risquent d'être contaminés à moyen terme. De même, un enfant porteur de cette maladie peut contaminer tous ses amis proches. Ceci explique que l'hépatite B soit aussi très fréquente en cas de séjour prolongé en orphelinat. Dans ces lieux où l'hygiène est souvent médiocre et la promiscuité importante, un seul enfant atteint peut transmettre sa maladie à beaucoup de ses compagnons.

Cette maladie est particulièrement fréquente en Asie, Afrique et Europe de l'Est, plus qu'en Amérique du Nord ou en Europe de l'Ouest ; l'Amérique Latine occupe une position intermédiaire.

Si elle est transmise à l'enfant pendant la grossesse de la mère, le risque de passage à la chronicité sera assez important (environ un tiers des cas) avec un risque accru de cirrhose ou de cancer. Si elle a été transmise après la naissance, par les mêmes modes que le sida ou des contacts étroits, le risque d'évoluer vers une forme chronique est bien moindre.

Le dépistage de l'hépatite B doit être systématique (en France, il est effectué chez toutes les femmes enceintes) à l'arrivée des enfants adoptés, quel que soit leur âge. Il faut faire une sérologie complète qui permettra de voir si l'enfant a été en contact ou non avec le virus, si ce virus est toujours présent, mais aussi si l'enfant est protégé contre cette maladie, soit parce qu'il en a guéri spontanément, soit parce qu'il a été vacciné.

Si un enfant adopté est contaminé, une vaccination doit être proposée à sa famille d'accueil (parents et enfants) du fait du fort risque de contagion intra-familiale. En l'absence de renseignement sur une contamination éventuelle, il vaut mieux vacciner toute la famille adoptive. La fréquence des hépatites B est importante dans la population des enfants adoptés (presque 10 %). Je conseille systématiquement la vaccination à toutes les familles qui partent chercher leur enfant à l'étranger.

Si l'enfant adopté est indemne de cette maladie, il faut prévoir une vaccination, ce qui est proposé à tous les petits Français. Le vaccin de l'hépatite B a parfois été décrié sans preuves véritables ; c'est une excellente protection, la seule qui existe, contre cette maladie grave.

L'hépatite C

Cette maladie est encore assez méconnue, mais elle semble beaucoup moins grave que l'hépatite B, en particulier en cas de contamination materno-fœtale. Elle est aussi plus rare. Elle se transmet comme l'hépatite B. Il n'existe pas, à l'heure actuelle, de vaccination.

L'hépatite Delta

Elle est proche de l'hépatite B, dans sa transmission et sa gravité. Elle est fréquente en Asie du Sud-Est, et comme elle est toujours associée à l'hépatite B, on ne la recherche qu'en cas d'hépatite B chronique.

L'hépatite A

Dans la plupart des cas, l'évolution de cette maladie, connue sous le nom de jaunisse, est souvent simple. Dans de très rares cas, elle peut détruire le foie de manière aiguë et irréversible. Elle entraîne une fatigue prolongée, pendant plusieurs semaines, avec une perte de l'appétit qui provoque une dénutrition ou une déshydratation. Mais, contrairement aux hépatites B, il n'existe pas de forme chronique avec dégénérescence progressive des fonctions hépatiques. Devenue rare et bénigne en Occident, elle reste fréquente dans le tiers-monde, en particulier quand l'eau est de mauvaise qualité. Tout comme pour l'hépatite B, les familles d'accueil risquent d'être contaminées par l'hépatite A, soit directement par leur enfant adoptif, soit (le plus souvent) lors de leur séjour dans le pays d'origine. Une vaccination efficace existe ; elle peut, là aussi, être proposée avant le départ à tous les membres de la famille qui effectuent le voyage.

La syphilis

Elle reste relativement rare chez les enfants adoptés, mais est toutefois plus fréquente que chez les bébés nés en France, ces derniers bénéficiant, de plus, d'un dépistage systématique pendant la grossesse. Cette maladie n'a pas la même charge symbolique que le sida, sans doute parce qu'elle est facilement curable grâce à un traitement antibiotique, administré le plus souvent sous forme d'une injection intramusculaire toutes les trois semaines. Sa forme congénitale, transmise par la mère, peut avoir des conséquences neurologiques, ostéo-articulaires ou sensorielles (surdité et troubles de la vision en particulier). Elle se dépiste aussi par des sérologies (prises de sang).

La tuberculose

En France, malgré une recrudescence depuis une dizaine d'années, cette maladie reste rare, grâce à des traitements efficaces et à la vaccination par le BCG. Mais la couverture vaccinale n'est pas satisfaisante dans la plupart des pays d'origine, et les traitements antituberculeux ne sont pas toujours disponibles du fait de leur prix élevé. Ceci explique une fréquence relativement importante de cette maladie chez les enfants adoptés ; elle augmente avec l'âge des enfants. Cette maladie peut prendre plusieurs formes : pulmonaire (la plus connue), urinaire, méningée, osseuse, ganglionnaire, etc. Elle se manifeste aussi sous des formes plus discrètes, se traduisant par une grande fatigue.

De ce fait, la réalisation d'une Intra-dermo-réaction (IDR) à la tuberculine doit être pratiquée chez tous les enfants à leur arrivée. Il s'agit d'une injection qui sera plus fiable qu'une « bague » ou qu'un « timbre ». En cas de positivité de cet examen (rougeur et induration locale de plus de 15 mm, surtout en l'absence de vaccination antérieure) ou de signes pulmonaires, une radiographie du thorax et une recherche active du bacille de Koch (l'agent responsable) s'imposent. Parfois, les enfants auront guéri spontanément de cette maladie, et se seront immunisés, c'est-à-dire qu'ils n'auront plus besoin de vaccination.

Le traitement est efficace, mais il est long, nécessitant l'association de plusieurs antibiotiques spécifiques.

Infections bactériennes et parasitaires intestinales

Beaucoup moins graves et plus faciles à traiter, leur fréquence est parfois impressionnante, et presque tous les enfants adoptés en sont porteurs. Les conséquences en sont des douleurs abdominales et une dénutrition.

Ces infections sont le plus souvent provoquées par de petits parasites microscopiques (amibes) ou des vers, parfois de grande taille et effrayants lorsqu'on les retrouve dans la couche; mais le traitement est facile: prise par la bouche d'un ou plusieurs antibiotiques. La promiscuité et la durée du séjour en orphelinat sont, ici encore, d'importants facteurs de risque.

Il vaut mieux rechercher les infections dès l'arrivée, mais il convient d'y penser aussi devant des épisodes de diarrhée ou de constipation. Ces parasites sont très rares en France, et il n'est pas toujours aisé pour les laboratoires de les dépister. Il ne faut pas hésiter à faire trois analyses de selles de manière systématique, et refaire ces examens si les signes persistent ou récidivent. Les parasites les plus fréquemment retrouvés s'appellent amibes ou giardia (pour les microscopiques), ascaris, ankylostome, anguillule, tricocéphale (pour les vers).

On peut aussi chercher la présence de sang dans les urines, qui orientera vers un autre ver (la bilharzie) qui parasite les voies urinaires.

Localisée dans les appareils rénal ou digestif, la présence de parasites peut être suspectée par l'augmentation d'une certaine catégorie de globules blancs: les polynucléaires éosinophiles, qui s'élèvent en cas de parasitose ou d'allergie.

La gale, les teignes, les poux

Si on trouve encore des petites épidémies de poux, ces pathologies sont devenues presque inexistantes en Europe occidentale. Toutes ces maladies de la peau ou des cheveux restent fréquentes (presque constantes) dans les pays défavorisés sur le plan de l'hygiène. Elles nécessitent d'être vigilant quant à l'examen de la peau et des cheveux. Courantes autrefois, elles sont de moins en moins reconnues par les médecins ou… les grands-mères.

La gale est une atteinte de la peau : de tout-petits parasites vivent et se déplacent sous la peau. Ils provoquent des démangeaisons intenses, surtout au moment du coucher, et des petites lésions sur la peau. Les teignes sont dues à des champignons microscopiques qui parasitent les racines de cheveux et provoquent des plaques circulaires dépourvues de cheveux. Les poux sont de minuscules insectes accrochés aux cheveux et entraînant, là aussi, des démangeaisons intenses.

Le traitement de ces pathologies n'est pas très compliqué, local pour la gale et les poux, par voie orale pour les teignes, mais cela nécessite souvent de traiter toute la famille.

Hernie ombilicale

Certains enfants, en particulier les petits Africains, présentent une faiblesse de leur musculature abdominale qui se traduit par un ombilic saillant. Il s'agit d'une particularité ethnique. Cela peut être impressionnant, mais c'est rarement grave. Les grands-mères conseillaient de remédier à cela en faisant un bandage avec une pièce de cinq francs (quand celles-ci existaient encore) positionnée sur le nombril. Cette méthode n'a aucun intérêt, elle n'a jamais permis de faire « rentrer » un nombril, mais, en revanche elle risque d'irriter localement.

Une bonne alimentation permet au ventre d'être moins ballonné et d'avoir une meilleure musculature ; la hernie ombilicale disparaît ou diminue. Sinon, surtout si elle est disgracieuse, on propose une petite chirurgie. L'indication ayant un but essentiellement esthétique, il faut attendre que l'enfant grandisse et qu'il en éprouve le besoin.

Les taches mongoloïdes

C'est une autre particularité ethnique, assez fréquente, surtout chez les enfants originaires d'Extrême-Orient et du pourtour méditerranéen. Il s'agit de taches noires bleutées présentes à la base du dos, au-dessus des fesses, et parfois étendues sur toute la surface du dos et sur les membres. Elles peuvent être confondues avec des hématomes (bleus). Le terme mongoloïdes n'a rien à voir avec les enfants mongoliens (trisomiques 21) ; il vient de mongol, car ces taches sont fréquentes dans cette population d'Asie centrale.

Le paludisme

Transmise par la piqûre d'un moustique, cette maladie peut être grave dans un certain nombre de cas. Elle est fréquente, essentiellement en Afrique Noire et en Asie du Sud-Est. Elle se traduit par de fortes fièvres, rarement dangereuses lorsque le diagnostic est posé, mais pouvant entraîner le décès si on ne traite pas la maladie. Des traitements tout à fait efficaces existent. Si le paludisme reste rare chez les enfants adoptés, il est toutefois indispensable de l'évoquer devant toute fièvre qui survient dans les six mois suivant l'arrivée en France.

Les hémoglobinopathies

On regroupe sous ce terme compliqué des maladies que l'on peut relier au paludisme. Il s'agit de malformations des globules rouges. Elles n'ont de conséquences graves (anémie, crises douloureuses très intenses) que si l'enfant a hérité de cette anomalie à la fois par son père et sa mère, auquel cas il est dit homozygote. Dans la plupart des cas, les enfants sont hétérozygotes, c'est-à-dire qu'ils ne sont porteurs que d'un gène (la maladie n'a été transmise que par le père ou la mère). La maladie n'aura alors que peu de conséquences pour l'enfant lui-même, mais pourra en avoir chez ses propres enfants si son conjoint est, lui aussi, hétérozygote. Lorsque les deux parents sont hétérozygotes, le risque d'avoir un enfant homozygote est d'un sur quatre.

Ces maladies s'appellent la drépanocytose, les thalassémies, l'hémoglobinose E, etc. L'anomalie la plus grave, la drépanocytose, entraîne, dans sa forme hétérozygote, une meilleure résistance au paludisme ; elle est donc fréquente, par sélection naturelle, dans les populations originaires de zones où sévit le paludisme.

Les vaccinations

L'arrivée de l'enfant dans sa nouvelle famille est le moment de s'assurer de l'existence d'une vaccination adéquate. Et, dans le cas contraire, il faut pratiquer les différents vaccins réalisés en France chez tout nourrisson, pour permettre de rattraper le calendrier vaccinal français.

Il s'agit :

– du BCG, qui protège contre les formes graves de tuberculose. Il est parfois réalisé dès la naissance ou au cours de la première année, et il est obligatoire en cas de séjour en collectivité (crèche, garderie).

– du vaccin qui regroupe les vaccinations contre la diphtérie, la poliomyélite (deux maladies gravissimes qui ont disparu d'Europe occidentale depuis la généralisation des vaccinations), le tétanos, la coqueluche, et la méningite à Hæmophilus ; ces trois dernières maladies restent présentes et graves sous toutes les latitudes. Ce vaccin est commencé dès l'âge de deux mois.

– du vaccin contre l'hépatite B, que nous avons déjà évoqué. Il sera bientôt proposé en même temps que le précédent au cours d'une même injection.

– du vaccin qui regroupe la prévention contre la rougeole, la rubéole et les oreillons. Il est effectué à l'âge d'un an.

– d'autres vaccins (contre les méningites à pneumocoques et à méningocoques C) commencent à être proposés en France. Ils ne seront peut-être à faire que secondairement, du fait du nombre de vaccinations déjà effectués.

Nourriture et croissance

Avant d'être adoptés, beaucoup d'enfants ont souffert d'une carence alimentaire. Celle-ci a pu être quantitative, c'est-à-dire un manque total de calories, qui est facile à diagnostiquer par la maigreur et la petite taille de l'enfant ; ou qualitative, c'est-à-dire que l'enfant a bénéficié d'un apport suffisant en quantité, mais d'un manque important de certaines catégories d'aliments, protéines et vitamines en particulier.

Le retard de croissance

Il est fréquent, mais souvent difficile à estimer. Les différences ethniques font qu'un enfant d'origine vietnamienne, qui aurait une taille tout à fait normale au Vietnam, peut sembler petit en France. Mais enfant adopté n'est pas synonyme d'enfant de petite taille. Les enfants originaires de Polynésie ou de certaines régions d'Afrique ont parfois des gabarits imposants, supérieurs à la moyenne française. Même en Asie du Sud-Est, certaines ethnies sont de grande taille : c'est le cas par exemple de populations du Laos, assez répandues en Thaïlande, et qui tranchent par rapport à la population autochtone de ce pays.

En dehors de ces différences de mensuration d'origine géographique, de véritables retards de poids et de taille existent, provoqués par la malnutrition. Le séjour prolongé en orphelinat est, là aussi, un facteur de mauvais pronostic. Les principales raisons en sont le déficit d'apport alimentaire et la carence affective. Des enfants privés de soins, élevés sans attention ni amour peuvent, malgré une alimentation adéquate, souffrir d'important retard de poids et de taille : c'est ce qui est appelé le nanisme psychosocial.

La croissance est modifiable par l'environnement. Dans de nombreux cas, un rattrapage satisfaisant est obtenu, d'autant plus que l'adoption a été précoce. Les plus impressionnants ont lieu en cas de nanisme psychosocial. Mis dans un environnement favorable, les enfants se développent harmonieusement et rattrapent une grande partie de leur déficit. J'en reparlerai plus loin.

La mesure du périmètre crânien est peut-être plus importante que celle du poids et de la taille. Un retard majeur peut traduire une dénutrition majeure, avec un risque de séquelles neurologiques ; cela doit entraîner une renutrition intensive. Il faut toutefois se méfier de la différence des normes en fonction des pays. En Asie du Sud-Est par exemple, le périmètre crânien des enfants est bien inférieur, de manière physiologique, à celui des petits Européens ou Nord-Américains ; ceci n'est pas dû à une carence, mais à une variation ethnique.

Le rachitisme

Il s'agit d'une carence en vitamine D. Cette vitamine est fournie à la fois par l'alimentation et par une synthèse interne de l'organisme, grâce à l'exposition au soleil. Elle a un rôle essentiel dans la minéralisation osseuse, donc la solidité des os. Le rachitisme se traduit non pas, comme on le croit trop souvent, par une maigreur (on peut, en théorie, être à la fois obèse et rachitique), mais par des déformations osseuses qui ne sont pas toujours visibles au début. Il est devenu exceptionnel en France, où les enfants bénéficient de supplémentation en vitamine D. Il est relativement fréquent chez les enfants adoptés dénutris, surtout s'ils sont originaires d'un pays peu ensoleillé (Europe de l'Est). Un rachitisme guérit bien grâce à l'apport de vitamine D et de calcium.

Les anémies

Il s'agit d'un manque de globules rouges, qui peut notamment entraîner une pâleur, et un essoufflement au moindre effort. Les anémies sont fréquentes chez les enfants adoptés. Les raisons principales sont, d'une part la dénutrition et la carence en fer, et d'autre part la présence de nombreux parasites dans l'intestin. Elles sont aussi provoquées par une anomalie des globules rouges (voir le paragraphe sur les hémoglobinopathies). Une alimentation saine, et parfois un petit traitement martial (médicaments à base de fer), permet de les corriger dans la plupart des cas.

La puberté précoce

La puberté est le phénomène qui se traduit par la transformation de l'enfant en adulte : elle commence à la fin de l'enfance et dure toute l'adolescence. Outre des modifications du corps, elle se manifeste par une accélération de la croissance, dont la conséquence sera un gain de taille. Après cette poussée de croissance de la puberté, la taille adulte est obtenue et la croissance s'arrête.

La puberté précoce, chez la petite fille, se définit comme une puberté débutant avant l'âge de 8 ans, ce qui est particulièrement tôt. Depuis l'augmentation des adoptions internationales, les médecins ont constaté un nombre non négligeable de pubertés précoces chez les petites filles adoptées à l'étranger : presque la moitié des petites filles adoptées entre les âges de 4 et 10 ans souffrent de cette pathologie. De 8 à 10 ans, il ne s'agit pas de puberté précoce proprement dite, mais d'une puberté qui se déroule, non pas trop tôt, mais trop rapidement. Le risque de faire une puberté précoce est, d'après certaines études, de cinquante à quatre-vingt fois plus fréquent chez un enfant adopté à l'étranger que chez un enfant né en France.

Il s'agit d'un phénomène qui a été créé par le processus de l'adoption. S'il est diagnostiqué à temps et qu'un traitement approprié est entrepris, il n'aura pas de conséquence fâcheuse. Alors que si on laisse cette puberté se développer, sans chercher à la freiner, l'évolution en est grave. Tout d'abord, sur le plan psychologique : il n'est pas facile, pour une petite fille en classe de CE1, de voir sa poitrine gonfler ou d'avoir des règles lorsqu'elle commence son CM1. Plus encore, en l'absence de surveillance appropriée, le risque principal est d'obtenir une très petite taille adulte (parfois inférieure à 1,40 m). Si une puberté débute, par exemple à 6 ans, au lieu de 10 ans, la croissance s'accélère. L'enfant grandit plus vite que ses camarades du même âge. Mais une fois sa puberté terminée, elle ne grandit plus et voit toutes ses amies la rattraper et surtout la dépasser en taille. En effectuant sa poussée de croissance avec quatre ans d'avance, elle a perdu quatre ans de croissance régulière (ce qui représente plus de 20 cm). Pour simplifier, une petite fille qui a souffert de puberté précoce risque d'être la plus grande de sa classe en 6e, mais la plus petite (et de loin) en terminale.

Ce risque, très important, concerne les enfants venant de pays en voie de développement. Ce sont principalement les petites filles qui sont touchées, la puberté précoce étant, en règle générale, rare chez le garçon. Le risque existe surtout chez les enfants adoptés entre 4 et 10 ans. Avant 4 ans, les petites filles sont trop éloignées de la puberté, après 10 ans le processus est déjà bien engagé de manière naturelle.

La cause de la puberté précoce serait un changement nutritionnel important, le passage d'une alimentation très déficitaire (voire d'une alimentation de famine) à une alimentation surabondante. Cette carence est quantitative mais aussi qualitative : des enfants ne présentant pas de retard de taille ou de poids ont pu avoir des carences en protéines ou en vitamines.

Chez la petite fille, la puberté dépend beaucoup de la nutrition et du poids. Ce qui n'est pas le cas chez le garçon. Si, en Europe occidentale, l'âge moyen des premières règles a considérablement diminué en 150 ans, passant de 17 à 13 ans, le poids moyen des jeunes filles au moment de leurs premières règles n'a pas varié pendant cette même période. Les jeunes filles de 17 ans en 1850 pèsent le même poids, en moyenne, que les jeunes filles de 13 ans de l'an 2000. On peut penser que des variations trop rapides du poids et de l'alimentation déséquilibrent ce système.

Il est important de tordre le cou à une croyance complètement fausse et largement répandue : on ne commence pas sa puberté plus précocement dans les pays tropicaux. Au contraire, les petites filles qui vivent dans le tiers-monde (et qui sont souvent sous-alimentées) débutent leur puberté, en moyenne, bien plus tard que celles qui habitent dans les pays favorisés.

Ce risque de puberté précoce a été identifié de façon récente, et il est malheureusement encore trop méconnu, y compris par les médecins. Quand une petite fille arrive dénutrie de son pays d'origine, elle est heureuse de manger à sa faim, souvent pour la première fois de sa vie. Ses parents et son médecin traitant sont ravis de la voir grandir et grossir, pensant qu'elle rattrape son retard. Mais, en fait, elle grandit très vite, car elle est en train de commencer une puberté précoce. Celle-ci est particulièrement traître, elle présente souvent peu de signes évidents (apparition de poils ou développement des seins). Les seuls symptômes sont un accroissement trop rapide de la taille et une maturation trop rapide des os.

C'est pourquoi il est important de contrôler, dès leur arrivée, « l'âge osseux » des petites filles, ce qui se fait très facilement par une simple radiographie de la main et du poignet. Cet examen servira de référence. Il faut aussi, lors des deux premières années en France, surveiller scrupuleusement la croissance, en mesurant et en pesant les enfants tous les deux mois. En cas d'accélération, il faut recontrôler l'âge osseux, afin de vérifier qu'il n'augmente pas plus vite que l'âge réel.

L'âge osseux réalisé à l'arrivée de l'enfant ne correspond pas forcément à l'âge réel. Beaucoup de parents espèrent que cet examen leur donnera, à coup sûr, l'âge véritable de leur enfant. Il ne faut pas s'y fier si on a un doute sur l'âge de l'enfant. Il est notamment fréquent d'avoir un retard de maturation osseuse en cas de malnutrition. Un enfant dénutri, qui a réellement sept ans, peut avoir un âge osseux de cinq ans. Cet examen réalisé à l'arrivée servira de référence pour mesurer l'évolution du phénomène. Si l'âge osseux évolue plus vite que la croissance, cela prouve la réalité de la puberté précoce.

Le traitement consiste alors à freiner la puberté par une injection intramusculaire mensuelle. Le produit injecté (le Decapeptyl ou l'Enantone) prend, au niveau du récepteur hormonal, la place de l'hormone qui déclenche la puberté et l'empêche ainsi d'agir.

Les pubertés avancées sont plus fréquentes, mais sont moins graves que les pubertés précoces ; il ne s'agit pas d'un phénomène pathologique, mais normal qui se déroule juste un peu trop tôt. Nous avons déjà vu que la puberté intervenait plus tardivement dans les pays du tiers-monde qu'en Occident. En même temps, on sait que le poids qui déclenche le début de la puberté chez une petite Indienne est inférieur à celui qui est nécessaire chez une petite Française ; mais, comme les premières sont, de manière générale, moins bien nourries que les secondes, elles débutent leur puberté bien plus tard ! Les petites filles adoptées à l'étranger dès leur naissance ne souffrent pas de ce changement nutritionnel brutal et, du fait d'une bonne alimentation, elles atteignent le poids « starter » de puberté avant celles qui sont restées dans le pays d'origine. Elles commencent une puberté assez tôt, mais une puberté normale, où croissance en centimètres et maturation osseuse vont de pair. Contrairement au cas précédent, il n'y a pas d'inquiétude à avoir pour la taille finale de ces enfants. Le traitement ne peut être proposé que dans un but psychologique.

De fausses pubertés précoces sont parfois évoquées, du fait d'une erreur dans l'âge annoncé. Ainsi, un début de développement des seins surprend chez une petite fille âgée de 8 ans, mais il est en fait normal si le véritable âge de cette enfant est de 11 ans.

Il est certain que, dans des pays en voie de développement, la mise à jour de l'état civil laisse à désirer. Ainsi, l'âge réel de beaucoup d'adoptés venant de ces régions est douteux. Ce risque d'erreur est parfois majoré par des intermédiaires indélicats qui, voulant adapter l'offre à la demande, « proposent » des enfants les plus jeunes possibles à des parents désireux d'adopter. Quand une erreur d'âge est évidente, il est possible d'intenter une action en justice pour modifier la date de naissance, mais en tenant bien compte des avantages et des conséquences que cela pourrait avoir sur le psychisme de l'enfant.

Un exemple de puberté précoce : Estelle

Estelle est adoptée à l'âge de 7 ans à Madagascar ; son âge exact n'est pas connu, car elle a passé les dernières années dans les rues de Tananarive, où elle vivait de petits boulots. Elle a été recueillie par des religieuses et, peu de temps après, elle est adoptée par une famille française. À son arrivée en France, sa taille et son poids sont normaux ; elle ne semble pas dénutrie. Sa radiographie de la main et du poignet montre un âge osseux de 6 ans et demi. En dehors de quelques cauchemars qui passent vite, grâce à l'attention de ses parents et de ses frères et sœurs, Estelle s'adapte bien à sa nouvelle vie. Trois mois après son arrivée, une nouvelle consultation montre un tout-petit développement des seins. En trois mois, Estelle a pris 6 centimètres, ce que, normalement, elle aurait dû prendre en un an. Sa nouvelle radiographie d'âge osseux est estimée à 8 ans et demi. Sa croissance en taille est allée quatre fois plus vite que la normale, et sa maturation osseuse huit fois plus vite (puisque son âge osseux a pris 2 ans en 3 mois). Cette accélération de la maturation osseuse, qui va plus vite que le temps, mais surtout plus vite que la croissance, signe une puberté précoce, qui sera confirmée par des dosages hormonaux. Grâce à un traitement efficace, la croissance d'Estelle sera stabilisée et sa taille à l'âge adulte tout à fait correcte.

Trop souvent, dans des cas identiques, on croit qu'il ne s'agit que d'un « rattrapage », et les âges osseux ne sont pas réalisés. Tout le monde (parents et médecins) s'enthousiasme devant cette magnifique croissance et quand l'enfant, à 10-11 ans, s'arrête de grandir, il est trop tard.

Un exemple de puberté avancée : Mathilde

Mathilde est née au Vietnam, elle a été adoptée à l'âge de deux mois. Son développement a été harmonieux avec des courbes de poids et de taille régulières, très légèrement inférieures aux moyennes françaises. À l'âge de 6 ans, en raison d'une fracture accidentelle d'un doigt, une radiographie de la main et du poignet est réalisée, elle permet d'estimer l'âge osseux aux alentours de 6 ans ; il concorde donc avec son âge réel. Un an plus tard, Mathilde a sept ans ; elle a beaucoup grandi, puisqu'elle a pris 11 cm, ce qu'elle aurait dû prendre en deux ans. De ce fait, et parce qu'une pilosité pubienne commence à apparaître, une radiographie d'âge osseux est demandée. Celui-ci est estimé à 8 ans. Si la croissance en taille et la vitesse de maturation osseuse sont allées plus vite que l'âge réel, elles sont allées toutes deux de concert, ce qui est rassurant pour la taille finale de cette petite fille.

Cependant, après des explications aux parents, et en prenant l'avis de Mathilde, le médecin décide de débuter un traitement freinateur pour permettre à cette petite fille de le rester encore, et de ne pas rentrer trop vite dans le monde des adultes. Ainsi, on stoppe la progression de la puberté, c'est-à-dire la croissance, les changements corporels qui vont trop vite, on retarde l'apparition des règles, mais on freine aussi les modifications du caractère et le début de l'appétit sexuel. Ce n'est pas seulement la taille que la puberté modifie, mais la mentalité.

Un exemple d'erreur d'âge : Rosalia

Rosalia est adoptée à l'âge de six ans dans un pays d'Amérique centrale. Sa taille correspond bien à la taille moyenne d'une petite Française de six ans, mais on sait que les descendants des Mayas sont de petite taille. À l'école, son institutrice est surprise par sa maturité, ce qu'avait déjà constaté sa maman. Une radiographie de la main et du poignet est donc réalisée et retrouve un âge osseux de 8 ans, ce qui est probablement son âge réel. Rosalia aura ses premières règles à 10 ans et demi, ce qui est en avance, mais probablement à 12 ans et demi d'âge véritable, ce qui est bien plus proche de la normalité. Sa taille définitive de 1 mètre 55 est une taille tout à fait habituelle pour une femme du Guatemala.

Le nanisme psychosocial

Ce phénomène concerne de manière plus fréquente les enfants adoptés que les petits Français de souche. On le confond aisément avec la puberté précoce, car, de la même façon, il y a un emballement de la croissance lors de l'année qui suit l'adoption. Cette maladie touche les enfants malheureux :

malheureux parce qu'ils ont subi des mauvais traitements ou parce que, même sans être maltraités, ils ne sont pas aimés. Ils ont été nourris, vêtus, soignés convenablement, mais tout cela sans amour, ni affection. Cette carence affective peut avoir de lourdes conséquences sur la croissance, puisque l'enfant refuse de grandir. Il n'en a pas conscience, mais son mal-être provoque un blocage hormonal ; c'est l'hormone de croissance en particulier qui n'est plus sécrétée, ce qui risque d'entraîner un arrêt complet de la croissance. Une fois ces conditions défavorables changées, par exemple par l'adoption et l'arrivée dans une famille attentionnée, l'enfant se met à pousser à toute allure, et à rattraper son retard.

Cette croissance est aussi rapide que celle que l'on peut voir dans la puberté précoce. La cause en est tout autre : c'est l'hormone de croissance, qui n'était plus excrétée, qui se libère tout à coup. Il existe un moyen simple de faire la différence, car, contrairement à la puberté précoce, en cas de nanisme psychosocial, le gain de croissance va aussi vite que la maturation osseuse.

Un exemple de nanisme psychosocial, l'histoire de Soledad

Soledad est péruvienne. Son père est mort et les services sociaux de son pays l'ont retirée de la garde de sa mère, car celle-ci est jugée incapable de s'occuper d'enfants. Elle est donc placée dans une famille d'accueil. Deux ans plus tard, alors qu'elle a six ans et demi, une décision de justice autorise son adoption par des étrangers. De ce fait, une visite médicale est organisée, qui constate un retard majeur de taille. Des dosages de l'hormone de croissance sont réalisés, objectivant un déficit important. Cette anomalie accélère le processus d'adoption, afin que Soledad puisse bénéficier d'un traitement par hormone de croissance artificielle, médicament très cher, impossible à obtenir au Pérou.

Dans le mois qui suit son arrivée, Soledad bénéficie de nouveaux examens dans un hôpital français. Elle a alors 7 ans, présente un énorme retard de croissance et son âge osseux est, lui aussi, très en retard, puisqu'il se situe aux alentours de 4 ans et demi; les différents dosages de l'hormone de croissance ne montrent pas de déficit, mais, au contraire, des taux particulièrement élevés. Six mois après son arrivée, Soledad a grandi de 8 cm, ce qu'elle aurait dû prendre en 18 mois, son âge osseux a pris lui aussi 18 mois, puisqu'il est à 6 ans. On peut lui prédire une taille adulte normale.

Après avoir appris le français, elle se met à raconter les violences et les privations qu'elle a subies dans sa famille d'accueil au Pérou.

Le risque neurologique

Il s'agit d'une des principales craintes des parents adoptifs. En effet, un enfant porteur d'un important retard de développement n'a pas nécessairement des signes apparents au moment de son adoption.

Tout comme les retards de taille, de poids et de périmètre crânien, les retards d'acquisition et de développement psychomoteur sont fréquents chez les enfants adoptés à l'étranger. La dénutrition joue un grand rôle, mais plus encore, les éventuels sévices ou la carence affective qui ont précédé l'adoption.

Un exemple historique a été donné par les enfants roumains de l'ère Ceaucescu, adoptés après la chute de ce régime. La durée de séjour dans des orphelinats inhumains, où les enfants étaient élevés comme du bétail, a eu un effet catastrophique sur leur développement. Des établissements où les enfants, même s'ils bénéficiaient d'une alimentation satisfaisante, n'avaient d'autres loisirs que l'ennui. Dix ans après la chute du mur, de tels lieux existent encore.

Une maman m'a raconté le départ de sa fille d'un centre pour enfants sans parents, non pas en Roumanie, mais dans la Bulgarie voisine. Cette petite fille, âgée de deux ans, quittait pour toujours le seul endroit qu'elle ait connu, emmenée par ses nouveaux parents. C'était un début d'après-midi, et tous les enfants se retrouvaient en plein soleil, à l'extérieur. Les moins de trois ans étaient regroupés dans une espèce de grand parc, très calmes, trop calmes. Comme me l'a dit sa mère, dans cet orphelinat qui regroupait plus de cent enfants, on n'entendait pas le moindre bruit, pas le moindre rire, pas le moindre pleur. Un des membres du personnel proposa que la petite fille se joigne une dernière fois à ses camarades pour leur dire au revoir. Son papa la déposa dans le parc; ses pieds n'avaient pas encore touché le sol que tous les enfants s'étaient précipités sur elle pour lui arracher le hochet qu'elle avait en main, le premier jouet qu'elle ait jamais eu, le premier jouet qu'ils aient jamais vu.

Fort heureusement, malgré de telles conditions, le rattrapage reste souvent excellent : les enfants apprennent vite leur nouvelle langue et font de grands progrès, d'autant plus que la stimulation des parents est bonne. Le retard psychomoteur n'est pas toujours irréversible, mais modifiable par l'environnement.

Plusieurs études ont montré que le quotient intellectuel (QI) à l'âge adulte et la réussite professionnelle sont proches de ceux des parents adoptifs.

Quelques exemples de retard psychomoteur

L'histoire de Dimitri

Dimitri a été abandonné dès sa naissance. Âgé de quelques jours, il est placé dans un orphelinat de sa région des Carpates, au nord de la Roumanie. À l'âge de trois ans et demi, il est adopté par un couple français, déjà parents d'une petite fille adoptée en France. Avant son adoption, ses parents n'ont que peu de renseignements sur l'état de santé de Dimitri. On leur parle d'un retard psychomoteur léger. Ils apprennent simplement que l'orphelinat où il se trouve est réputé comme l'un des plus sordides de Roumanie.

Le petit garçon qu'on leur confie ne parle pas (même en roumain) et ne marche pas. Arrivé dans son nouveau domicile, dans une grande ville de France, son seul intérêt est de se traîner jusqu'à une fenêtre et de regarder les voitures passer tout en se tapant la tête contre la vitre. Il est indifférent à tout, même aux câlins de sa maman, même aux jeux qu'essaient d'instituer son papa et sa grande sœur, et même au médecin qui le vaccine.

Après beaucoup d'efforts, de patience, et un suivi dans des centres spécialisés (avec psychomotricité et orthophonie), Dimitri apprend à marcher, il accepte les jeux avec son papa et sa grande sœur, et se réfugie en hurlant dans les bras de sa maman quand un médecin veut l'examiner.

Pourtant, malgré tout l'amour déployé autour de lui, Dimitri ne saura jamais parler, il gardera toujours un intérêt plus marqué pour les objets que pour les personnes et aura un comportement proche de ce qu'on appelle l'autisme.

L'histoire d'Irina

Irina, elle aussi, est née en Roumanie ; pour elle aussi, on a annoncé un léger retard psychomoteur. En effet, quand elle arrive dans son nouveau foyer, à l'âge de trois ans, elle sait marcher, mais n'arrive pas à monter ou descendre des escaliers, elle dit à peine quelques mots de roumain et elle n'est pas propre. Contrairement à Dimitri, son contact est excellent, elle s'intéresse à tout, se jette avec gourmandise sur les nouveaux jouets et est très affectueuse. En quelques mois, Irina devient propre et sait se déplacer malgré les obstacles. Grâce à une aide en orthophonie, elle apprend le français en moins d'un an et, à partir du cours préparatoire, elle peut suivre une scolarité normale.

Les conditions de départ semblaient les mêmes pour ces deux enfants, pourtant leur devenir est incomparable. Que s'est-il passé ? Pour Irina, il est vraisemblable que, même si son orphelinat manquait de moyens et de personnel pour s'occuper des enfants ou jouer avec eux, tous les gestes de la vie courante se passaient dans une ambiance d'affection, ou au minimum d'attention. Alors que dans certains orphelinats, comme probablement celui de Dimitri, les enfants passent 24 heures sur 24, 7 jours sur 7 dans leur lit, certains n'ont jamais été à l'extérieur, beaucoup n'ont jamais eu droit à un sourire. L'ennui règne dans de tels lieux et l'ennui détruit les enfants.

Pourquoi rien n'a-t-il été dit aux parents adoptifs quant aux risques courus par de tels enfants ? Certains intermédiaires peu scrupuleux ont pu arranger le tableau pour permettre une adoption qui leur rapporte de l'argent. D'autres ont, de bonne foi, sous-estimé les risques et espéré donner une nouvelle chance à l'enfant, en lui proposant une famille avec des moyens, dans un pays riche. De toute façon, cela ne change pas grand-chose pour les parents qui, malgré leur amour et leur dévouement, se retrouvent avec le drame d'un enfant lourdement handicapé et le sentiment d'avoir été abusés.

Fort heureusement, les histoires comme celle de Dimitri restent rares, beaucoup moins fréquentes que celle d'Irina.

L'histoire de Marion

Marion a été adoptée au Viêtnam à l'âge de 2 semaines. Ses parents adoptifs ont pu rencontrer ses parents biologiques. Il s'agissait d'un couple vigoureux, ayant déjà 6 enfants tous solides et en pleine santé. Pourtant, dès les premiers mois de sa vie, Marion montre des signes inquiétants : c'est un bébé tout mou, en retard pour toutes ses acquisitions. À l'âge de neuf ans, Marion est une enfant joueuse, un peu agitée, en pleine santé, qui n'a jamais eu la moindre maladie notable. Mais elle ne sait ni lire, ni compter. Ses parents ont consulté de nombreux médecins pour essayer de comprendre. Les réponses restent évasives. La seule anomalie qui soit constatée est un petit poids de naissance, moins de 2 kg, alors que Marion était née à terme. On peut supposer qu'un problème est survenu en cours de grossesse, entraînant d'une part ce petit poids de naissance, et d'autre part le retard psychomoteur. Peut-être Marion a-t-elle souffert d'un manque d'oxygène dans sa vie intra-utérine. Ce n'est qu'une hypothèse et il ne faut pas généraliser : un retard d'acquisition est rarement relié à petit poids de naissance, mais il n'y a pas, *a priori*, d'autre explication.

Les anomalies que présente Marion n'ont probablement aucune relation avec son adoption. Malheureusement, c'est aussi quelque chose qui peut arriver à des enfants nés en France de couples français, dont la grossesse a été bien suivie et qui présentent d'importants troubles neurologiques, sans qu'aucune cause ne soit évidente.

L'histoire de Marion nous rappelle que la filiation adoptive ressemble à la filiation biologique, également par certains drames. Dans toutes les familles, l'arrivée d'un enfant handicapé est dramatique. S'il s'agit d'un enfant biologique, on connaît, ou du moins on croit connaître, tous les antécédents de la famille. Après un certain nombre de recherches, l'absence de diagnostic précis sera admise ; on finit par accepter le destin, l'accident, la « faute à pas de chance ». En revanche, pour un enfant adopté, outre la souffrance due à la maladie, se pose le problème de l'inconnu : la quête d'une réponse de la part des parents semble plus impérieuse. Cet enfant qu'on est allé chercher si loin, que l'on a tant attendu… on doit, on veut savoir.

Doit-on avoir confiance dans les données fournies par le pays d'origine ?

Le plus souvent, on n'a pas le choix et il faut se fier à ce qu'indiquent les documents fournis par le pays d'origine et les intermédiaires. La plupart du temps, ces documents médicaux sont honnêtes, mais peuvent être trompeurs dans un sens comme dans l'autre. Parfois, comme dans le cas de Dimitri, ils minimisent des pathologies graves. Souvent dans l'ancienne Union Soviétique, et tout particulièrement en Ukraine, de « fausses » maladies sont inventées pour faciliter l'adoption, les autorités locales acceptant plus facilement le départ d'un enfant malade, pour qu'il reçoive des soins dans un pays plus favorisé. Les parents adoptifs peuvent être informés de cette

« supercherie » ou s'en apercevoir avec effroi quand, rentrant en France avec un enfant apparemment sain, ils découvrent, lors de la traduction des documents, d'inquiétantes maladies, qu'ils ne savent pas encore inventées de toutes pièces.

Les examens biologiques pratiqués ne sont pas toujours sûrs et je n'hésite pas à les recontrôler s'ils n'ont pas été réalisés dans un laboratoire dont la fiabilité ne fait pas de doute, comme l'Institut Pasteur par exemple.

Je vois aussi, assez fréquemment, des enfants munis de certificats de vaccination en bonne et due forme, mais dont la sérologie montre qu'elle n'a pas été efficace. La vaccination a été faite avec un produit périmé, particulièrement avec le vaccin de l'hépatite B qui, bien qu'efficace, est fragile ; ou encore avec des produits stockés plusieurs mois dans le réfrigérateur de l'orphelinat, appareil coupé la nuit par soucis d'économie ! Des vaccins ainsi périmés ne sont pas dangereux, mais totalement inefficaces. Ou bien la vaccination n'a pas été faite du tout : les enfants ont des certificats trompeurs, dans le but de rassurer les parents contre le risque d'une maladie fréquente dans les orphelinats, alors que la vaccination n'a pas été réalisée car trop onéreuse.

Quelques précautions pour le voyage

Si les parents, ou la famille tout entière, partent chercher le petit dernier dans son pays d'origine, des précautions sont à prendre pour leur propre santé. En premier lieu, il est important de s'assurer de la nécessité, ou non, d'un traitement préventif contre le paludisme, et de contrôler l'état vaccinal.

C'est le moment de se faire faire des rappels si besoin. Des maladies comme la diphtérie ou la poliomyélite ont disparu de France, mais sont encore bien présentes dans certaines régions : la première en Europe de l'Est, et la deuxième en Inde et en Afrique.

L'hépatite B est sans doute encore plus dangereuse pour la famille adoptive. J'ai déjà signalé que cette maladie était fréquente chez les enfants adoptés. Un enfant atteint peut contaminer sa nouvelle famille. J'ai vu un père adoptif souffrant d'une grave cirrhose, dont le seul traitement était une greffe de foie, alors que son enfant, porteur d'une hépatite B chronique lors de son adoption, en avait guéri. De telles situations sont d'autant plus dommageables qu'un vaccin efficace existe.

Avant le départ, il faut préparer une petite trousse médicale pour le voyage, destinée à apporter quelques soins à l'enfant. Celle-ci comportera, entre autres : des boîtes de lait adapté si l'enfant est un nourrisson, des pommades ou lotions antiseptiques, des crèmes hydratantes ou cicatrisantes, un ou deux antibiotiques, des solutés de réhydratation, des antipyrétiques (médicaments contre la fièvre), et de quoi rincer le nez (sérum physiologique).

« *United colours of Monléon* »

Les risques médicaux de l'adoption d'un enfant étranger existent, et ils sont variés. La plupart des pathologies peuvent tout à fait être soignées avec une prise en charge rapide et appropriée. L'augmentation du nombre de petits étrangers adoptés depuis une vingtaine d'années fait que la plupart des médecins français ont de grandes chances d'en avoir parmi leurs patients. Il est donc nécessaire que ces médecins de l'enfance (pédiatres ou généralistes) soient mieux formés à leur accueil.

Il est aussi loisible de penser que des consultations spécialisées dans les principaux hôpitaux pédiatriques seraient utiles pour la prise en charge des enfants dès leur arrivée en France, pour réaliser un bilan approfondi. C'est ce qui m'a amené à créer une consultation originale : j'ai voulu donner aux parents une structure spécialisée dans le dépistage des problèmes que peuvent présenter leurs enfants. Elle existe depuis juin 1999 au CHU de Dijon ; elle commence à être bien connue des parents adoptifs qui savent qu'ils y trouveront une oreille habituée à entendre tous leurs soucis et leurs questions.

Cette consultation est officiellement dénommée « Consultation d'adoption outremer », ceci pour choisir un terme avec une aura plus positive que celui d'*étranger*, et pour que ne soient pas oubliés les enfants des DOM-TOM, mais elle a vite gagné un surnom : *United Colors of Monléon*, donné par mes confrères et amis pédiatres. Et il est vrai que la salle d'attente, remplie d'enfants de toutes couleurs, ressemble à la publicité du célèbre couturier italien.

Elle a permis de suivre plusieurs centaines d'enfants originaires des cinq continents et de quarante pays. Elle se déroule en théorie une fois par mois, mais bien plus souvent en réalité, car elle est débordée par son succès. Chaque consultation dure, en moyenne, une bonne heure. On commence par parler de l'histoire de l'enfant (circonstances de la séparation, antécédents connus, conditions de vie antérieures), puis de celle de la famille adoptive (motivations de l'adoption, délais et circonstances de celle-ci) avant de s'occuper de la santé proprement dite. Elle est souvent prolongée par quelques examens : bilans biologique et radiologique. Les parents savent que, si la santé est le principal objectif de cette consultation, elle n'en est pas le seul. Des conseils sur les plans juridique, social, ethnique, psychologique sont fournis. Je vois tellement de personnes et d'histoires différentes, mais qui présentent bien des similitudes, que je peux aussi servir à transmettre les informations sur d'autres sujets que la santé et faire profiter les uns des expériences des autres.

Je sers parfois aussi de « pédiatre de maternité » : je donne des conseils de puériculture de base à des parents déboussolés, qui se retrouvent brutalement avec un enfant, sans aucune expérience antérieure.

Les buts principaux de la consultation sont : d'abord, voir les enfants le plus tôt possible après leur arrivée, pour rechercher des facteurs de risque en relation avec leur adoption internationale ; ensuite, recevoir des enfants ou des adolescents, quel que soit leur âge et quelle que soit l'ancienneté de leur adoption, pour tout problème pouvant être relié à cette adoption. La plupart des enfants ne sont vus qu'une fois et sont ensuite confiés aux bons soins de leur médecin traitant, dans le circuit « normal », avec une longue lettre de conseils proposés à ce confrère. Ils ne reviennent qu'en cas de problèmes spécifiques : puberté, maladie tropicale, etc.

Il s'agit d'une consultation publique, au tarif conventionnel. Ce n'est pas très rentable pour mon hôpital pour des consultations qui durent plus d'une heure, mais je tiens à cette absence de sélection par l'argent, malheureusement trop présente dans l'adoption.

Quelques petites traditions sont observées. Les consultations se passent dans une ambiance joyeuse et dans la bonne humeur ; les formules telles que « dans ces pays-là » sont bannies. Une épingle de couleur est plantée sur le planisphère qui décore le bureau à l'endroit du lieu de naissance de chaque nouvel enfant. Je suis habillé d'une chemise tahitienne, comme un clin d'œil à cette région (mon terrain d'études et ma seconde patrie) qui a tant à nous apprendre sur l'adoption. Avant de partir, les petits « patients » sont pris en photo pour laisser un souvenir. Tous ces enfants aux couleurs de l'arc-en-ciel sont beaux, attachants et j'aimerais tous les « adopter ». Une petite fille m'a dit un jour, avec ses grands yeux et son beau sourire de Madagascar : « Toi, tu t'appelles Jean-Hôpital de Monléon ! ».

8

Adoption : mode d'emploi

Le déroulement des démarches

Pourquoi est-ce si long ?

Chemin de croix, parcours du combattant, la « galère » de l'adoption… Quand on parle des démarches pour adopter, les qualificatifs semblent tous aller dans le même sens et rendent compte d'une évidence : adopter n'est pas facile.

Beaucoup de personnes, même sans avoir le désir d'adopter, le savent, mais d'autres ne découvrent ces difficultés que lorsque ce sujet va les concerner directement.

Lorsqu'elles comprennent le long cheminement qu'elles doivent parcourir, elles sont souvent désespérées avant même de commencer. Certains vont se décourager et renoncer à leur projet. Sur cette détresse se greffent parfois colère et incompréhension.

Comme les médias renvoient l'image d'enfants malheureux dans notre pays et ailleurs, on pourrait croire que, comme au XVIIIe siècle, les orphelinats sont remplis de nourrissons n'attendant que des parents généreux pour les accueillir. On sait par ailleurs que de nombreux enfants souffrent de misère sociale ou, pire encore, du manque d'amour de leurs parents. De leur côté, des parents voient, dans la fondation d'une famille, leur projet le plus cher et craignent de ne jamais y parvenir. Il est alors tentant de se révolter et de ressentir comme une injustice les longs délais qui sont imposés aux postulants, alors que des enfants ont besoin de parents.

En effet, on peut penser que, dans bien des cas, les délais devraient être plus courts. Sans doute les services régissant les adoptions sont-ils débordés. Mais, en aucun cas, on ne peut blâmer la prudence dont s'entourent les institutions. C'est l'État qui s'engage. Il peut se tromper, mais il doit tout tenter pour s'assurer du bien-être futur de l'enfant. En France, l'adoption est très contrôlée, trop pour certains ; je ne suis pas de ceux-là. L'exemple du Canada, où on peut adopter pratiquement du jour au lendemain, est éclairant. Aucun agrément n'est nécessaire, des organisations à but lucratif ou humanitaire permettent d'accueillir un enfant moins de trois mois après en avoir fait la demande. Est-ce le rêve pour une famille postulante française ? Pas vraiment. En France, les cas de deuxième abandon sont exceptionnels ; au Canada, ils représentent de 5 à 10 % des adoptions. En France, la plupart des couples adoptifs sont solides, avec un faible taux de divorces par rapport à la population générale, c'est peut-être dû au fait qu'en cas de fragilité, ils ont largement le temps d'« exploser » pendant la longue quête de l'enfant ; au Canada, presque la moitié des couples adoptifs se sépare dans les années qui suivent l'arrivée de l'enfant. La préparation est une épreuve, mais qui se justifie par le bien-être ultérieur de l'enfant.

Avoir des enfants n'est pas un droit. Pour la plupart des couples, avoir un enfant par filiation naturelle ou adoptive permet de devenir parents. Mais avoir des enfants et devenir parents sont deux événements différents, l'un n'implique pas automatiquement l'autre.

La plupart du temps, on devient des parents responsables quand on a des enfants. Avoir, ou non, les capacités naturelles à l'enfantement n'est pas contrôlable, en particulier par une administration. Il est difficile d'imaginer une société où un permis d'enfanter serait obligatoire, même si certaines nations surpeuplées utilisent des méthodes répressives pour favoriser la limitation des naissances. Pouvoir ou non devenir parent est, dans une certaine mesure, contrôlable. Le droit de l'enfant, être vulnérable, doit être privilégié. C'est pour les protéger que certains enfants sont retirés à leurs parents violents ou négligents. C'est pour cela aussi que les services publics ou privés veillent à ne pas confier des enfants à des personnes qui ne présentent pas les qualités ou les garanties suffisantes.

Avant de se lancer dans les démarches de l'adoption, il faut savoir, et surtout accepter que ces obstacles sont les gages du bien-être futur d'un enfant. Même si les délais semblent excessifs. Même si des enquêteurs manquent d'expérience, se trompent dans quelques cas et sont totalement injustes. Même s'il faut se mettre à nu devant des inconnus. Malgré ses défauts et ses imperfections cette institution, mérite le respect et une certaine indulgence. La plupart de ceux qui travaillent dans les « cellules adoption » des conseils généraux sont motivés, dévoués et effectuent un travail difficile. Leur principale préoccupation est bien le devenir des enfants qui seront adoptés.

Sans contrôle, toute personne pourrait adopter sans restriction. Alors les pédophiles auraient toute liberté d'adopter des enfants qui ne serviraient qu'à assouvir leurs fantasmes. Sans doute certains pédophiles ont des enfants biologiques et ils peuvent en abuser, mais dans cette situation dramatique l'État ne s'est pas engagé.

Le cheminement de l'adoption est long, astreignant, mais il faut le respecter : c'est en effet l'une des rares procédures (si on la compare à la loi sur le divorce ou l'IVG par exemple) où les droits de l'enfant priment sur les autres. En France, la législation de l'adoption a pour but de protéger l'enfant plus que ses parents adoptifs ; c'est un bon principe, dont les conséquences sont à bien mesurer.

La décision de l'adoption

Dans la plupart des cas, la décision d'adopter survient après une première période de « galère » : la procréation médicale assistée (PMA). Beaucoup de couples désireux d'avoir des enfants sont confrontés à une infécondité douloureuse à vivre. Les moyens de la PMA sont lourds, et surtout hasardeux. Ce sont souvent des étapes difficiles à supporter : attendre que le prélèvement d'ovocytes de l'épouse soit productif, attendre les résultats du spermogramme de l'époux pour juger de son potentiel, attendre de voir si la fécondation *in vitro* a été efficace et si des embryons ont pu se former, attendre enfin la réimplantation de ces embryons, stade le plus éprouvant, car il survient en fin de course et qu'il est souvent le plus aléatoire.

Si cette méthode se révèle efficace dans un certain nombre de cas, puisqu'elle a aidé des parents à avoir des enfants biologiques, elle est encore loin de l'être à 100 %.

En cas d'échecs répétés, on constate plusieurs types de réactions. Certains couples gardent dans la PMA un espoir parfois désespéré et ne veulent en aucun cas l'arrêter. Ils s'enkystent dans cette méthode et multiplient les thérapeutiques de plus en plus lourdes, n'imaginant pas d'autre possibilité d'avoir des enfants. Il y a plusieurs raisons à cela. D'abord, le poids de l'Histoire qui présente souvent la filiation biologique comme le seul mode possible, ensuite les médias qui informent plus facilement sur les méthodes de PMA que sur l'adoption. Cela est particulièrement net dans le corps médical ; beaucoup de médecins connaissent bien les protocoles de PMA (leur durée, leurs contraintes, leur efficacité, leur coût, etc.), alors qu'ils n'ont que de très vagues idées sur l'adoption et son cheminement. Par ailleurs, si un médecin évoque l'adoption avec un couple venu le consulter pour stérilité, il lui est souvent répondu que ce n'est pas ce que l'on attend de lui. Quand on consulte, c'est pour avoir accès à des thérapeutiques médicales et non pour recevoir des conseils socio-familiaux.

D'autres couples, lors d'un parcours de fécondation artificielle parsemé d'échecs, s'interrogent sur l'adoption. Ils se renseignent sur ce mode de filiation, peu à peu s'y habituent et l'acceptent totalement. Ce cheminement est celui de la plupart des familles adoptives.

Enfin, et c'est peut-être la situation la plus délicate, certaines personnes, durement marquées par leur stérilité, ne voient dans l'adoption qu'un pis-aller de la filiation biologique, que celle-ci soit naturelle ou assistée par la science.

Dans ces cas-là, l'adoption risque de partir sur de mauvaises bases. La filiation biologique restant l'idéal, l'adoption n'est qu'un lot de consolation.

C'est aussi pour éviter que l'adoption ne se déroule dans un tel contexte que les services d'aide sociale à l'enfance effectuent une enquête. Leur rôle est de faire prendre conscience à ces couples qu'ils n'envisagent pas l'adoption de la bonne manière, de les aider à évoluer et à passer ce cap, ou parfois à renoncer à leur projet.

Le déroulement de l'adoption

L'agrément

Quand on est décidé à adopter un enfant, la première démarche obligatoire et incontournable est de demander un agrément pour l'adoption.

Certaines conditions sont nécessaires : être âgé de plus de 28 ans ou, pour un couple, être marié depuis au moins deux ans. Un couple vivant maritalement (PACS ou certificat de concubinage) ne peut pas adopter de façon conjointe, mais l'un des deux membres du couple peut le faire, comme s'il était célibataire.

Il faut s'adresser au conseil général du département de son domicile, en faisant parvenir une lettre à Monsieur (ou Madame) le président du conseil général et en lui demandant, officiellement, de prendre en compte cette requête. La réponse parvient après quelques semaines, sous la forme d'une lettre du responsable de l'Aide sociale à l'enfance, qui propose un rendez-vous d'information. Celui-ci a lieu avec le responsable de la « cellule adoption » qui informe les postulants de la législation sur l'adoption et leur explique la procédure de l'agrément. Si les parents souhaitent poursuivre leur démarche, ils doivent, après cette première rencontre, confirmer leur demande par courrier. Par prudence, en cas de contestations ultérieures, il est préférable d'envoyer ces différents courriers par lettre recommandée avec accusé de réception.

Ce n'est qu'après cette première partie que l'enquête en vue de l'agrément commence véritablement. Entre le premier courrier, adressé au président du conseil général, et le début de l'enquête, il n'est pas inhabituel que plusieurs mois s'écoulent. Ce délai n'est pas dû à la mauvaise volonté de l'administration, mais ses services sont souvent débordés, du fait de demandes de plus en plus nombreuses.

Le déroulement de l'enquête peut varier en fonction du département : certains ont la réputation d'être très durs, d'autres seraient au contraire plus souples, mais, dans la plupart des cas, on a affaire à des professionnels motivés par leur travail, qui ont une bonne expérience de l'adoption.

Les enquêteurs sont, le plus souvent, deux : un psychiatre ou un psychologue, chargé d'une enquête psychologique, et un travailleur social (assistante sociale ou éducateur), responsable de l'enquête sociale. Pour que ces investigations soient correctes et fiables, il faut que les postulants acceptent de se dévoiler, c'est-à-dire de révéler une part de leur intimité. Les enquêteurs peuvent, et même doivent, se montrer indiscrets, car il en va du bien-être des futurs enfants adoptés. Si le psychologue veut découvrir la personnalité de chacun, ce n'est pas par curiosité malsaine, mais pour éviter par exemple de confier un nourrisson à un couple psychorigide qui, sans avoir la moindre expérience des enfants, a des idées bien arrêtées sur certains principes. Si l'assistante sociale veut visiter le domicile des postulants, ce n'est pas par commérage, mais pour s'assurer qu'un couple qui demande à adopter une fratrie de 4 enfants n'habite pas dans un studio de 15 m^2.

Il semble parfois aux postulants que le discours des enquêteurs est systématiquement pessimiste, comme s'ils cherchaient délibérément à les dégoûter de l'adoption. Une telle attitude se rencontre, mais elle peut se justifier. Elle n'est pas motivée par des conduites sadiques, elle est un moyen de prévention : l'adoption est un long et dur parcours. Il faut s'accrocher, l'obtention de l'agrément n'est que la première étape et, sans doute… la plus facile. Tant qu'à renoncer à ce projet, mieux vaut le faire le plus tôt possible. Ce moyen est aussi utilisé pour juger de la motivation de chacun.

L'impossible n'est pas demandé aux postulants, mais ils doivent avoir des capacités d'accueil et des aptitudes pour permettre à un enfant de s'épanouir. La faculté d'être de bons parents n'a rien à voir avec le revenu financier ; les meilleurs adoptants ne sont pas ceux qui couvrent leurs enfants de présents. L'enquête souhaite seulement s'assurer que l'enfant ne se retrouvera pas dans la misère après son adoption. Les fiches de paye sont demandées, plus pour être certain d'une stabilité financière que d'un revenu élevé. S'il n'y a aucune relation entre le fait de rendre un enfant heureux et l'épaisseur du portefeuille, il faut toutefois rappeler que, dans bien des cas, adopter n'est pas à la portée de tous. L'adoption internationale, en particulier, est très onéreuse.

Grâce à l'enquête, les désirs de chacun sont précisés. Tout comme les parents parfaits, l'enfant de rêve n'existe pas. Mais il est nécessaire d'exprimer ses souhaits. Les postulants étant plus nombreux que les enfants à adopter, tout le monde ne peut pas adopter un nouveau-né blond aux yeux bleus, sage et en parfaite santé. Et, heureusement, les enfants à adopter qui ne correspondent pas à ces critères standard, ont le droit, comme les autres, d'avoir des parents.

Il ne faut cependant pas hésiter à exprimer ses craintes. Il est naturel d'être inquiet à l'idée d'adopter un enfant trop âgé ou trop différent ethniquement. On ne choisit pas son enfant biologique. On ne choisit pas non plus son enfant adoptif (même si le mot adoption vient du latin *ad optare*, c'est-à-dire choisir) comme sur certains sites Internet américains (véritables catalogues de l'adoption par correspondance). Cela veut tout de même dire que l'adoption permet une alternative, mais limitée, par respect pour l'enfant. On ne sélectionne pas un enfant dans un orphelinat comme une chemise dans un magasin. Si un handicap, même minime, vous fait peur, ne le cachez pas. Si vous pensez que vous aurez du mal à vous attacher à un enfant trop âgé, dites-le. Si vous redoutez le regard des autres (ou même son propre regard, quoique, dans ce cas, on ne soit peut-être pas mûr pour l'adoption) sur un enfant d'origine maghrébine ou africaine, avouez-le. La pire solution serait de dissimuler vos sentiments et d'adopter un enfant que vous n'arriveriez pas à rendre heureux, et qui vous rendrait involontairement malheureux. Sans doute le premier but de l'adoption est bien de donner une famille à un enfant et non le contraire, mais les parents adoptifs ne sont pas chargés de résoudre toutes les misères du monde, et l'adoption ne doit pas être réalisée à tout prix et à contrecœur.

L'enquête dure en principe neuf mois. Cette durée, calquée sur la durée d'une grossesse, n'a probablement pas été choisie au hasard. Il faut profiter de cette période, non pas pour ronger son frein et se lamenter sur les lenteurs de l'administration, mais pour peaufiner son projet, grâce aux entretiens avec des spécialistes de l'adoption, à la lecture de livres, d'articles, au contact avec des associations de parents adoptifs. C'est souvent pendant cette période que le deuil de l'enfant biologique se réalise. C'est aussi à ce moment-là que les aspects pratiques de l'adoption se concrétisent. Une fois l'enquête finie, les enquêteurs remettent leur rapport, et le dossier de chaque postulant passe devant la commission d'agrément.

Celle-ci regroupe, environ une fois par mois, plusieurs intervenants qui se réunissent sous la responsabilité du président du conseil général. Il s'agit de membres du service de l'aide sociale à l'enfance, de membres de conseils de famille, de représentants d'associations de parents adoptifs et de spécialistes de la protection de l'enfance. Si le dossier est satisfaisant, la commission propose que l'agrément soit délivré. C'est au président du conseil général, et à lui seul, que revient la décision finale. Il se plie habituellement à la décision de la commission d'agrément. Je n'ai pas d'exemples contraires qui m'aient été rapportés. Si tel était le cas, il serait choquant que, par « copinage », un représentant de la République prenne un tel risque pour l'avenir d'un enfant.

L'agrément est valable pour une durée de cinq ans.

Il représente, pour ceux qui l'obtiennent, la confirmation de leur capacité à accueillir un enfant. Il ne s'agit, en aucun cas, d'un droit à avoir un enfant. Ce n'est pas non plus une inscription sur une quelconque liste d'attente. L'ancienneté de l'agrément ne donne pas aux postulants la prérogative de passer avant les autres. Ceux qui ont pour charge de placer les enfants le font de façon subjective, mais en leur âme et conscience, pour assurer le meilleur avenir de l'enfant selon sa propre histoire et celle des parents. L'agrément n'est qu'un sésame obligatoire et indispensable… et le chemin de croix continue.

Petit détail : les démarches de l'agrément sont gratuites, les enquêteurs sont rémunérés, non pas par les postulants, mais par les services de l'Aide sociale à l'enfance, donc par l'État.

Récapitulatif des démarches de l'agrément

1. Lettre au président du conseil général de son département, faisant acte de son désir d'adopter.
2. Convocation à une réunion d'information par le responsable de la « cellule adoption » du conseil général.
3. Confirmation par courrier de son désir d'adoption.
4. Enquêtes sociales et psychologiques.
5. Visite médicale auprès d'un médecin agréé.
6. Passage en commission d'agrément.
7. Ratification de la décision par le président du conseil général.

Le refus d'agrément

Avant de passer à l'étape suivante, il faut évoquer le cas relativement rare du refus d'agrément.

Celui-ci est prononcé par la commission d'agrément et validé par le président du conseil général. Ses membres ne connaissent pas, dans la majorité des cas, les postulants, mais se fient aux rapports des enquêteurs. Le refus d'agrément entraîne l'impossibilité de refaire une demande dans les trente mois suivants. Mais des recours existent, et tout d'abord en demandant les comptes rendus des enquêteurs. Ceux-ci peuvent évoquer de multiples raisons pour déconseiller l'adoption à ce couple : depuis une trop grande précipitation, avec l'impression que la décision n'est pas encore suffisamment mûrie, jusqu'à des inquiétudes sur la santé mentale d'un postulant ou sa capacité à s'occuper d'un enfant.

À la réception de cet avis, on peut être très surpris et ne pas se reconnaître. Il est toujours possible que les enquêteurs se soient effectivement trompés sur ceux qu'ils ont eu à estimer. Nul n'est infaillible, l'enquête s'est peut-être déroulée pendant une période où, surchargés, ils n'ont pas réalisé leur travail dans des conditions optimales. Des problèmes professionnels ou personnels peuvent interférer ; même si la plupart des enquêteurs sont choisis avec soin, il existe des psychologues perturbés ou sadiques et des assistantes sociales déprimées ou fragiles sur le plan psychologique. C'est ainsi que des postulants « irréprochables » se retrouvent parfois victimes de leurs sautes d'humeurs. Ces cas sont rares, mais ils imposent une réaction rapide : il faut demander un recours gracieux, en écrivant au président du conseil général une lettre, si possible détaillée et argumentée, expliquant les anomalies constatées.

Mais, sorti de ces cas extrêmes, le refus d'agrément est le plus souvent, malheureusement pour les postulants, plus ou moins fondé. Reste alors à s'interroger sur les problèmes évoqués par les enquêteurs, et, si le désir d'adopter est encore présent, à tenter d'y remédier le mieux possible. La période de trente mois sera mise à profit pour mieux préparer le projet adoptif.

Si le recours est accepté, ce qui est en général le cas, une nouvelle enquête se déroule avec une nouvelle équipe, qui sait qu'il s'agit d'un recours, mais, en principe, ignore tout de la première investigation. La situation est souvent difficile pour tout le monde, car, du côté des postulants, la confiance est perdue, et du côté des enquêteurs cette hostilité est bien perçue et rend le travail plus délicat. N'hésitez pas à accepter de repartir à zéro, et osez aborder ce qui a « coincé » la première fois.

L'adoption d'un enfant français

L'agrément obtenu, reste à trouver un enfant. La méthode peut-être la plus simple, mais sans doute aussi la plus longue, est d'adopter un pupille de l'État, c'est-à-dire un enfant confié aux services sociaux. Dans la majorité des cas, il s'agit d'enfants nés à la suite d'un accouchement sous X.

Depuis la loi sur l'adoption de juillet 1996, dite première loi Mattéi, la législation française rend ces enfants adoptables à partir de l'âge de deux mois. Cette période de deux mois correspond au délai de rétraction, pendant laquelle la mère biologique peut revenir sur sa décision d'abandon. Après cette limite, et un temps d'adaptation, l'enfant est confié à ses nouveaux parents, et l'adoption (plénière dans la majorité des cas) est prononcée assez rapidement. Toute cette procédure est gratuite. Le seul « hic » est que, pour quelques centaines d'enfants qui naissent chaque année sous X en France, environ 10 000 agréments sont délivrés. Les délais, pour ce mode d'adoption, sont particulièrement longs, sauf si on est prêt à adopter un enfant « particulier », présentant un risque médical par exemple. Si l'on souhaite adopter un pupille de la nation, il faut aussi le demander, par un courrier adressé au président du conseil général, en même temps que sa demande d'agrément.

L'attribution est décidée lors de commissions au conseil général. Il ne s'agit pas, là non plus, d'une liste d'attente régulière avec un numéro d'appel en fonction de l'ancienneté. Le choix se fait en fonction de l'adaptabilité de chaque couple pour un enfant particulier.

Les enfants nés sous X ne sont pas les seuls enfants adoptables en France, mais aussi les enfants de tous âges, dont les parents ont été déchus de leurs droits parentaux (pour mauvais traitements en particulier) ou qui ont renoncé à leurs droits, en les confiant aux services sociaux ou à une œuvre privée. Certaines de ces institutions sont spécialisées dans l'adoption d'enfants particuliers (trisomiques par exemple).

Adopter en Polynésie française

Une particularité existe en France : l'adoption en Polynésie, territoire français, mais dont la position culturelle vis-à-vis de l'adoption est très différente de nos conceptions métropolitaines, comme nous l'avons vu précédemment, lors de l'exposé de certaines données culturelles. Des textes d'application ont été prévus pour respecter cette tradition, sans passer outre la loi républicaine. En Polynésie, ce sont les parents biologiques qui choisissent les futurs parents de leur enfant. Or, dans la législation française, des parents ne peuvent confier leur enfant à d'autres personnes en vue d'adoption que s'il est âgé d'au moins deux ans. Un petit Polynésien ne sera donc adoptable qu'à partir de l'âge de deux ans. Entre sa naissance et cette période, l'enfant bénéficie d'une délégation d'autorité parentale des parents biologiques aux parents adoptifs. Ce document est réalisé par un juge qui reçoit tous les intervenants. L'agrément est exigé, dès cette étape, pour les parents adoptifs.

Première remarque : il faut bien avoir *bien* compris la spécialité de l'adoption en Polynésie Française avant de se lancer dans cette démarche. Une entière confiance entre les parents de naissance et d'adoption est nécessaire. La culture polynésienne exige que les liens ne soient pas coupés avec la famille biologique. Ne partez en Polynésie qu'après vous être bien informé et l'avoir acceptée sans restriction.

Deuxième remarque: il est possible que le statut de la Polynésie Française se modifie dans les mois à venir et que des dispositions particulières soient mises en place pour l'adoption. De plus en plus de postulants se tournent vers la Polynésie, non pas parce qu'ils la connaissent, ou voient dans le maintien des liens entre les deux familles (ce qui n'est pas spécifique à cette région) un avantage majeur, mais tout simplement parce que, après la fermeture du Vietnam et du Cambodge, elle est apparue comme l'un des rares endroits où l'on pouvait adopter des nourrissons. Cet afflux de couples a fragilisé l'équilibre de ces archipels. Beaucoup de postulants n'ont pas compris et respecté les Polynésiens. J'avoue avoir la nausée lorsque je vois le comportement de certains Européens, désireux d'adopter à tout prix (harcèlement des femmes enceintes ou venant d'accoucher jusque dans leurs chambres à la maternité, proposition d'acheter des enfants à des familles nécessiteuses, tentatives de récupérer des enfants déjà promis à d'autres couples). Le drame est que certains de ceux qui utilisent de telles méthodes parviennent à leurs fins. Quoique non polynésien, je me sens très solidaire de ce peuple.

En réaction, le gouvernement territorial de Papeete souhaite réformer les procédures d'adoption. À ce jour, rien ne permet de deviner quelles seront ces modifications éventuelles. Tout d'abord, les responsables ont hésité et ont failli pencher dans le mauvais sens, c'est-à-dire en « francisant » l'adoption polynésienne. En effet, certains fonctionnaires, originaires (ou formés) de métropole, voulaient importer l'abandon, l'accouchement sous X et les orphelinats, en oubliant que l'adoption en Polynésie existe depuis des siècles et qu'elle est toute neuve chez nous. Puis le ministère de la Famille et les services sociaux de Polynésie ont décidé de poser quelques barrières, malheureusement nécessaires, tout en respectant la tradition. Cette évolution est bonne, même si elle s'éloigne de la tradition : elle permet de préserver un système qui risquait de se corrompre. L'idéal, à mon sens, serait non pas de « franciser » l'adoption polynésienne, mais de « polynésianiser » l'adoption mondiale puisque, sur ce sujet, cette société montre l'exemple. Il est probable que de plus en plus de petits Polynésiens seront adoptés par l'intermédiaire des services sociaux de Tahiti ; ceux-ci feront une sélection des dossiers de postulants et proposeront les adoptants aux couples désireux de donner leur enfant. Ainsi, sous le contrôle d'une administration, seront maintenus deux principes essentiels : le choix des adoptants par les parents biologiques et le maintien des liens entre ces deux familles.

J'espère que les magnifiques histoires d'adoption qui se déroulent en Polynésie auront encore lieu, mais je comprends l'établissement, par le gouvernement polynésien, de mesures drastiques de contrôle.

Troisième remarque : on ne va pas en Polynésie comme un héros qui va sortir un enfant de la misère. En adoptant un petit Polynésien, on accepte bien souvent d'être, soi-même, adopté par la famille. Il faut être humble face à ce peuple fier, doté d'une grande humanité et d'une vraie sagesse populaire. Il est toujours possible de prendre l'enfant et de couper complètement les ponts avec sa famille et sa région d'origine, mais cela veut dire que l'on a profité d'un système sans respecter les règles du jeu, ce qui n'est pas le meilleur moyen pour avoir la conscience tranquille et pour construire les relations les plus saines possibles avec son enfant. On en a vu des exemples dans les chapitres précédents.

J'ai constaté qu'un certain nombre de couples adoptants agissaient ainsi, par crainte que l'enfant ne sache pas où se situer entre ses deux familles. Mais partir adopter dans un des rares endroits au monde où cette possibilité de maintien des liens existe, ne pas en profiter ni en faire profiter son enfant est, à mon avis, une grave erreur. Sans parler de l'ingratitude envers les parents polynésiens qui ont confié leur enfant et ne demandent qu'à avoir de ses nouvelles, les parents adoptifs s'exposent à de graves conséquences. L'enfant, devenu adolescent, se heurtera dans ce cas au mur du secret, mais, contrairement à l'accouchement sous X, il se rendra vite compte que le secret est détenu par ses parents et il leur en voudra profondément.

L'histoire de Romain

J'ai eu l'occasion, lors d'un séjour en Polynésie, de rencontrer Romain, qui est un bon exemple de cette situation. Il est l'avant-dernier d'une fratrie de huit, et a été confié dès sa naissance à un couple stérile. Il s'agit dans son cas d'un véritable cadeau. Ses parents biologiques, Hiro et Mareva, ont connu la détresse des parents adoptifs, Jacques et Françoise, et leur désir d'enfant par des amis communs ; ils ont pris la décision de leur donner leur enfant à naître, qu'ils comptaient jusqu'alors garder avec eux et élever. Les parents adoptifs vouent une reconnaissance immense aux parents de naissance, mais ils n'osent pas en parler à Romain. Ils envoient fréquemment des nouvelles en Polynésie et, quand pour une intervention chirurgicale importante, Mareva est hospitalisée en France, ils font, à plusieurs reprises, une longue route pour aller lui rendre visite, mais sans emmener Romain, alors âgé de 7 ans. Puis, quand les grands frères viennent faire leur service militaire en France, Jacques et Françoise les invitent sans que, une fois encore, Romain soit là. Pré-adolescent, il est envoyé en week-end chez des grands-parents ou des amis.

Son adoption n'est que rarement évoquée avec lui, et quand il pose des questions, on lui dit que ses parents sont décédés, puis, les questions devenant trop pressantes, qu'ils l'ont abandonné. À peine devenu majeur, Romain, de plus en plus mal dans sa peau et à la limite de la délinquance, exige de tout savoir et de connaître ses parents de naissance pour « régler ses comptes ». Jacques et Françoise se voient dans l'obligation d'organiser un voyage en Polynésie. Par précaution, au moment où ils arrivent, ils demandent à Hiro et Mareva de dire à Romain qu'effectivement ils l'ont abandonné. Mareva refuse catégoriquement : « Nous vous l'avons donné parce que vous nous l'avez demandé. Nous vous remercions de l'avoir aimé, de lui avoir permis de faire des études qu'il n'aurait pas pu faire avec nous. Nous avons souffert quand nous avons compris que vous ne vouliez pas qu'il ait de contact avec nous, mais nous avons respecté cela. Aujourd'hui, c'est vous qui nous le ramenez. Laissez-nous l'accueillir comme nous en avons envie ». Cette histoire ressemble à la parabole de l'enfant prodigue : Romain, stupéfait, est accueilli avec de grandes effusions. Les contacts avec sa famille biologique sont limités, mais, au terme des dix jours du séjour, il refuse catégoriquement de rentrer en métropole. Il passe quatre mois dans sa famille de naissance. C'est à ce moment-là que je le rencontre : il rattrape le temps perdu, vit à la polynésienne avec ses frères, parle longuement avec Mareva. C'est grâce à ces conversations qu'il comprend ses parents adoptifs, leur amour pour lui et leur maladresse, et qu'il peut revenir pleinement réconcilié.

Pour résumer, on voit en Polynésie le pire et le meilleur de l'adoption.

Le meilleur, avec des familles adoptives qui ont créé une véritable parenté avec la famille biologique de leur enfant, ce qui lui permet de se développer au cœur d'une famille de métropole, tout en maintenant des liens avec sa région et sa famille d'origine à l'autre bout du monde.

Le pire, puisque c'est aussi à Tahiti que se retrouvent ceux qui veulent adopter à tout prix (dans tous les sens du terme), ceux qui n'ont pas pu obtenir d'agrément ou qui ont été refusés par toutes les œuvres d'adoption. En pervertissant le système et en utilisant des moyens illégaux, ils trompent les parents biologiques, l'administration et la justice ; ils créent une suspicion sur l'adoption dans ce territoire, et jettent le discrédit sur la grande majorité des parents adoptifs d'enfants polynésiens, qui, eux, ont réussi au mieux leur adoption. Les conséquences pour leur enfant sont souvent désastreuses, comme le montrera le chapitre consacré à l'adoption illégale.

L'affaire Buratti

Si l'adoption en Polynésie sent parfois le soufre, c'est aussi à cause de l'affaire Buratti, du nom des parents adoptifs d'un petit garçon né et adopté en Polynésie. Il s'agit d'une sorte de nouvelle affaire Novak, très médiatisée, et malheureusement suivie comme un feuilleton à la fin des années 1990. Ce fait divers particulièrement douloureux a marqué l'adoption en Polynésie. Depuis, certains pensent que l'adoption d'enfants polynésiens expose au risque de la voir récusée au bout de quelques mois, voire quelques années, par les parents biologiques qui récupéreront leur enfant.

Je raconte cette affaire telle qu'elle a été décrite dans la presse, et grâce à certains témoignages que j'ai obtenus sur place. Mais des détails me sont sans doute inconnus ou n'ont pas été retranscrits dans les meilleures conditions. À l'opposé des autres histoires de ce livre, je n'ai changé ni les noms, ni certains détails, pour respecter un quelconque anonymat, puisque cette histoire a fait grand bruit et a été exposée dans les médias.

Elle débute donc, au début des années 1990, par la naissance de Lionel. Ce petit garçon est né d'une aventure éphémère entre une Polynésienne et un Européen, lors du séjour de ce dernier à Tahiti. À la découverte de sa grossesse, la mère biologique n'a plus aucun contact avec le père de l'enfant. Ne voulant, ou ne pouvant, assumer seule la charge de cet enfant, elle décide de le donner en adoption. Peu avant la naissance, elle rencontre le couple Buratti; le courant passe bien avec ce couple de montagnards, très désireux de créer une famille. Dès sa naissance, Lionel leur est confié. Il grandit et s'épanouit sur les flancs des Alpes, loin de son île natale, mais les joies de la neige remplacent bien celles du lagon, la luge le surf, et Lionel est comblé par l'amour de ses parents. Malheureusement, son père biologique est amené à revenir en Polynésie, il revoit son ancienne maîtresse, qui lui annonce la naissance de Lionel, peut-être par provocation, sans doute par légèreté, étant donné que les liens du sang ne sont pas perçus de la même façon en Polynésie et en Europe. Mais le père biologique de Lionel est marié en France et son couple est infécond. Cet enfant biologique qui lui « tombe du ciel » est, pour lui, le moyen de remédier à cette stérilité. Commencent alors de longues démarches juridiques. Le père reconnaît Lionel, prouve sa paternité grâce à la génétique et exige que son enfant lui soit rendu. La justice finit par lui donner gain de cause. À ce droit du sang, les Buratti opposent l'équilibre de leur enfant. Des comités de soutien se créent, des experts s'inquiètent pour la santé mentale d'un enfant que l'on risque de traumatiser. Des raisons morales sont aussi mises en avant : certains s'indignent que l'on donne raison à l'adultère (le père biologique) avant l'amour et l'équilibre familial (les parents adoptifs). Rien n'y fait, la loi française continue de privilégier le droit du sang par rapport au bonheur des enfants. Le père biologique de Lionel aime sûrement son enfant, mais, dans cet amour, il a beaucoup plus pensé à lui qu'à son fils.

C'est âgé de plus de trois ans que Lionel, sur ordre du procureur, est arraché *manu militari*, au petit matin, par des gendarmes, aux parents qui l'avaient jusqu'alors entouré et choyé. Sa mère biologique n'a aucun droit de visite, pas plus que l'autorisation d'avoir des nouvelles, car elle avait renoncé à ses droits pour permettre l'adoption par les Buratti. Ceux-ci n'ont plus aucun droit non plus, puisque l'adoption n'avait pu être prononcée.

Cette histoire est déplorable. Elle a brisé un couple qui pensait avoir atteint le bonheur, elle a bafoué les droits de l'enfance, et elle a jeté le discrédit sur une forme d'adoption qui, pourtant, privilégie l'enfant. Enfin et surtout, elle laisse un petit garçon sans doute blessé. D'aucuns pensent qu'à trois ans on est trop petit, qu'on s'adapte à tout, qu'on n'a pas le temps de s'attacher... Mais trois ans, c'est très long. Et je ne pense pas qu'on puisse un jour oublier tout le bruit, toutes les larmes de ceux qu'on aime et que l'on voit immobilisés par des hommes en uniforme, pas plus que la fuite qui nous emmène loin de ceux qu'on ne reverra jamais. Beaucoup d'histoires, vraies ou fausses, de l'adoption tournent au mélo. L'histoire de Lionel, par sa cruauté, doit amener à une réflexion sur le droit du sang, mais surtout sur les droits de l'enfant dans notre pays.

Cette histoire reste exceptionnelle. Elle est cependant souvent mise en avant et a découragé nombre de Métropolitains d'aller adopter en Polynésie française. Elle a aussi fait naître des soupçons chez les Polynésiens sur la justice française qui ne respecte ni leurs traditions ni leur sens de la filiation. À cause de cette histoire, certains Polynésiens, qui n'ont pas compris les « subtilités » de la loi française, craignent que, s'ils confient leurs enfants à des Français de métropole, ceux-ci risquent d'être, par la suite, donnés à une autre famille que celle qu'ils ont choisie. Beaucoup de Métropolitains, pensant que le père de Lionel est polynésien, imaginent qu'il est fréquent que les parents biologiques de cette région changent d'avis et reprennent leurs enfants. Cette histoire a sans doute plus scandalisé à Tahiti qu'en France. Les Polynésiens ne reviennent quasiment jamais sur leur décision de donner leur enfant. Les rares cas observés concernent des bébés promis avant leur naissance, mais qui n'ont pas été confiés au couple qui aurait dû l'adopter car, peu avant l'accouchement, un proche (parent ou ami des parents biologiques), à qui on ne peut rien refuser, le réclame. Il existe aussi des parents, marginaux et défavorisés, qui tentent de profiter des deux ans de délégation d'autorité parentale pour faire peser la menace de ne pas accepter l'adoption, afin d'en tirer quelques bénéfices. De tels cas doivent se régler avec tact et fermeté, à condition que l'on soit soi-même très clair et que l'on n'ait rien à se reprocher, comme des propositions de monnayage par exemple.

L'adoption d'un enfant étranger

C'est vers l'adoption internationale que se tournent la plupart des postulants, pour des raisons de démographie, déjà évoquées.

Dans les trente dernières années du XXe siècle, en même temps que le législateur rendait l'adoption possible, il permettait aussi le contrôle des naissances par l'autorisation de la contraception et de l'interruption volontaire de grossesse.

Les guerres de Corée, du Vietnam, les drames humanitaires du Biafra, de la Corne de l'Afrique, les dictatures d'Amérique latine et d'Europe de l'Est ont été fortement médiatisés. Même à travers la barrière du petit écran, le téléspectateur européen s'est senti concerné par les famines et les drames qui touchaient les populations civiles, et plus particulièrement les enfants.

Alors que moins de bébés étaient adoptables en France, il semblait acceptable de se tourner vers des enfants sans parents originaires d'autres régions.

Pour adopter à l'étranger, il existe deux possibilités : soit se débrouiller tout seul, soit se tourner vers une association. Actuellement, un peu moins de la moitié des parents adoptifs passent par une association, le reste fait une démarche individuelle.

Sur le plan financier, il est difficile de comparer ces deux modes d'adoption mais tous deux coûtent cher.

Pour l'adoption par l'intermédiaire d'une association, les parents adoptifs doivent rembourser leurs frais aux œuvres. Et si ces associations n'ont pas de but lucratif, les dépenses sont quand même très importantes (frais de dossier, d'éventuelles expertises, de transport, de formalités dans le pays d'origine et surtout l'entretien des orphelinats).

Pour l'adoption individuelle, les dépenses incluent principalement le transport et l'hébergement dans le pays d'origine, les frais de dossier, les dons aux orphelinats et, malheureusement, d'éventuels bakchichs. Les dons aux orphelinats sont obligatoires et nécessaires. Même s'il y a des abus, ceux-ci sont souvent démunis, et la prise en charge des enfants avant leur adoption leur a beaucoup coûté.

L'adoption par l'intermédiaire d'une association

Ces associations s'appellent des organismes agréés pour l'adoption (OAA). Il en existe de multiples et elles doivent, pour exister, être autorisées par la Mission de l'adoption internationale, qui dépend du ministère des Affaires étrangères. La grande majorité d'entre elles ont un but humanitaire, qu'il s'agisse soit d'associations de solidarité avec le tiers-monde (*Médecins du monde* est la plus connue), soit d'associations créées par des parents adoptifs, voulant faire partager leur expérience.

Les OAA s'attachent à trouver une famille aux enfants qui leur sont confiés, souvent dans des orphelinats des pays d'origine. Les postulants qui s'adressent à elles remplissent un dossier et même, parfois, ont quelques entretiens. Cela ressemble à un « agrément bis », et on peut se demander l'intérêt de répéter ces démarches déjà effectuées sous la responsabilité de l'État. Quand le dossier est accepté, l'organisme d'adoption fait entrer en contact l'enfant et les parents. Des photos sont échangées et chacun est préparé à la rencontre. C'est souvent l'œuvre qui s'occupe du voyage : les parents sont invités à aller chercher leur enfant dans son pays, ou c'est un membre de l'association qui accompagne plusieurs enfants. Dans ce cas, la rencontre se fait à l'aéroport.

Par rapport à la démarche individuelle, le grand avantage de passer par l'intermédiaire d'une association est une certaine sécurité, puisque, le plus souvent, les enfants sont déjà connus de l'œuvre. Souvent aussi, les parents sont bien épaulés par les membres de l'association et préparés à l'adoption. Il ne faut pas hésiter à faire appel à une œuvre lorsqu'on désire adopter, ce que l'on perd en indépendance est souvent gagné en sécurité.

Mais, passer par une OAA n'est pas une assurance tout risque : il peut y avoir des ratés. Par exemple, des enfants porteurs de maladies graves sont adoptés sans que les parents adoptifs soient informés. Dans presque tous les cas, l'organisme lui-même ignorait ces problèmes. Il ne peut être jugé responsable. Mais certaines conduites restent intolérables, comme le montre l'exemple de Dimitri, évoqué dans le chapitre médical. Les parents de Dimitri se sont plaints auprès de leur œuvre d'adoption de la santé de leur enfant et surtout du fait que cet état leur avait été complètement caché. Les responsables de l'œuvre, très embarrassés, se sont appuyés sur les certificats médicaux et psychologiques établis en Roumanie pour soutenir que Dimitri avait un comportement normal avant son adoption.

Cette affirmation est inacceptable, car, lorsqu'un enfant est délaissé dans un orphelinat inhumain, son adoption ne peut lui être que bénéfique. C'est le cas pour tous les enfants, cela a été le cas pour Dimitri, même si l'amélioration a malheureusement été insuffisante. Outre leurs soucis, leur découragement vis-à-vis du comportement de leur enfant, ces parents ont été culpabilisés puisqu'on leur a expliqué que le choc de l'adoption était la cause principale de l'état de leur petit garçon.

L'œuvre française était peut-être de bonne foi, mais, en cherchant à se couvrir à tout prix plutôt qu'en reconnaissant ses ratés involontaires, elle a « enfoncé » un peu plus les parents dans leur détresse. Les personnes qui travaillent dans une œuvre humanitaire sont déçues quand quelque chose se passe mal, quand au lieu de rendre service, de rendre heureux, elles sont la cause involontaire d'un échec. Mais il faut admettre ses erreurs pour éviter la répétition de tels drames.

Quant à la fondation d'adoption roumaine, il semble qu'elle était fiable, ce qui n'est pas toujours le cas. Elle a cependant caché la vérité de manière délibérée, peut-être dans un but humanitaire, en sous-estimant le risque de cet enfant et en espérant qu'une adoption permettrait de l'améliorer.

L'adoption par démarche individuelle

C'est souvent l'aventure, avec ses joies et ses aléas : une expérience unique et une rencontre directe avec son enfant, ou au contraire la pire des mésaventures qui engloutit toutes les économies et toutes les illusions du postulant, sans aucun résultat.

Entreprendre une démarche individuelle ne signifie pas que l'on peut faire n'importe quoi, et en particulier ne pas respecter la loi. Il faut veiller à la fois à ne pas cautionner les trafics d'enfants et à ne pas pêcher par excès de confiance.

Je ne peux que déconseiller à tous les adoptants de partir à l'aventure sans aucun repère. Ils ont tout intérêt à se renseigner, auprès soit d'associations de parents adoptifs ou de familles ayant déjà adopté et qui peuvent faire part de leur expérience, soit de proches qui habitent dans le pays d'origine et connaissent bien le déroulement de l'adoption, enfin et surtout auprès de la Mission de l'adoption internationale (MAI).

Cette agence gouvernementale, qui dépend du ministère des Affaires étrangères, est une source d'informations sur les conditions d'adoption dans tous les pays du monde, sur les risques que l'on court dans certains pays et sur la fiabilité des intermédiaires. Ce n'est pas un organisme d'adoption, elle n'aide pas les postulants à trouver un enfant, mais elle est incontournable. Ne pas tenir compte de ses conseils expose souvent à de grandes déconvenues. Elle peut, dans des situations délicates, faire intervenir les services diplomatiques dont elle dépend. Malheureusement, elle est souvent débordée, dépassée par l'ampleur du phénomène, comme beaucoup des structures qui s'occupent d'adoption.

Les façons d'adopter par une démarche individuelle ou par l'intermédiaire des OAA sont aussi différentes (et même plus nombreuses) que les pays d'origine.

Quelques exemples pays par pays

Cette liste n'est pas exhaustive, mais elle montre quels sont les cheminements nécessaires pour adopter et les intermédiaires, indispensables ou non.

Au Vietnam

Ce pays, qui a occupé pour la France des années 1990 la première place de l'adoption internationale, vient d'être à nouveau ouvert aux Français. Paris justifiait son interdiction d'adopter par le reproche qui était fait aux autorités vietnamiennes d'utiliser l'adoption internationale comme une source de revenus, sans chercher de solution interne au sort des enfants abandonnés. La récente réouverture se traduit par un « embouteillage » énorme ; l'accord bilatéral entre les gouvernements français et vietnamien prévoit, à titre de précaution, le contrôle des dossiers, mais, ni les services consulaires français au Vietnam, ni les services sociaux vietnamiens ne sont prêts à faire face à ce surcroît de travail, et les complications administratives sont devenues majeures. De plus de 1 000 enfants adoptés par an avant 1998, on est passé à moins de 50 en 2001.

Avant l'interruption de l'adoption et la convention signée 2000, la principale plainte des parents qui avaient adopté au Vietnam, portait sur les délais imposés pour les formalités, qui rendaient le séjour interminable. Il manquait toujours un papier (et pas toujours un papier indispensable), et les parents adoptifs perdaient beaucoup de temps et d'argent (entre les frais d'hôtellerie, de transport, voire de « pourboires » aux différents fonctionnaires et intermédiaires). Tout ceci était préjudiciable à l'enfant qui ne pouvait pas être accueilli de façon complète par sa nouvelle famille.

Selon les régions, la recherche d'un enfant ne se faisait pas de la même manière.

Au nord du Vietnam, l'adoptant passait souvent par un intermédiaire. Celui-ci, parlant le français, servait de contact avec une famille qui ne pouvait pas garder son bébé. Il aidait à faire les démarches auprès des autorités. Si la plupart de ces intermédiaires étaient sûrs, il fallait s'assurer de leur fiabilité auprès de la MAI ou de parents qui avaient déjà adopté grâce à eux. Cette profession était très lucrative, et certains étaient prêts à tout, comme cela a été décrit dans le chapitre sur le commerce de l'adoption.

Il était cependant indispensable d'interroger l'intermédiaire de manière précise, pour qu'il dise ce qu'il savait sur l'enfant, et qu'il ne se contente pas de le poser comme une marchandise.

Dans le sud du Vietnam, l'adoption était plus souvent réglée par des institutions locales. Il pouvait s'agir d'un orphelinat confessionnel, tenu principalement par des religieuses catholiques, ou d'un orphelinat privé, souvent à but humanitaire, mais ces établissements ne pouvaient exister que grâce à l'aide financière des adoptants.

Au Cambodge

Au printemps 2000, ce pays a été interdit à l'adoption pour les ressortissants français. La France n'aurait pas voulu cautionner un véritable commerce de l'adoption : cela m'a été confirmé par des parents adoptifs. La corruption était telle que l'attribution des enfants ressemblait parfois à une vente aux enchères, dans laquelle le parent adoptif, qui sortait plus ou moins ouvertement la plus grosse liasse de billets de son portefeuille, était servi en priorité. L'adoption a été à nouveau légalisée à partir de l'été 2001, avec une démarche transitant par les services administratifs des deux pays (MAI et services sociaux cambodgiens). Les démarches individuelles n'étaient donc plus possibles. Mais certains postulants (une dizaine) ont profité de la période transitoire où l'adoption était à nouveau autorisée, et les modalités pas encore bien connues, pour adopter directement des petits Cambodgiens. Ces comportements ont compromis le fragile équilibre qui venait de s'établir, et rendu méfiantes les autorités cambodgiennes. Par l'inconséquence et l'égoïsme de certains, les adoptions franco-cambodgiennes risquent d'être remises en question.

En Thaïlande

Aux frontières du Cambodge, ce pays a une politique très différente en matière d'adoption. La corruption, tout au moins en ce qui concerne l'adoption, y est sévèrement punie. Accusé de beaucoup de maux, il a voulu rendre l'adoption internationale très « propre ». Chaque enfant abandonné fait l'objet d'une enquête, soit pour retrouver les parents, soit pour connaître les raisons de l'abandon. Les services chargés de l'adoption choisissent des intermédiaires bien identifiés dans chaque pays adoptant. Pour la France, il s'agit de l'association *Orchidée,* OAA sans laquelle il est pratiquement impossible d'adopter. C'est elle qui est chargée, après avoir réalisé une enquête, d'indiquer ses candidats au gouvernement thaïlandais. Un enfant est alors proposé, et avant son adoption, s'écoule une période de plusieurs mois d'adaptation, où chacun apprend à se connaître par des photos et des lettres. Puis les adoptants se rendent en Thaïlande pour chercher eux-mêmes leur enfant. L'inconvénient de cette procédure est le long délai avant de recueillir son enfant. L'avantage, et il n'est pas négligeable, est une grande transparence de toutes les démarches.

Malheureusement, victime de son « succès » et débordée par le nombre des dossiers, fin 2002, la Thaïlande vient d'interrompre les adoptions internationales pour une durée indéterminée, le temps de rattraper le retard des dossiers en cours.

En Colombie

De la même manière que la Thaïlande, la Colombie a voulu moraliser son adoption. Mais, ici, les démarches sont le plus souvent individuelles : les parents envoient directement leur candidature au *Bien Estar*, équivalent colombien de l'aide sociale à l'enfance. Il est tout de même conseillé de s'adresser à l'APAEC (l'Association des parents adoptifs d'enfants colombiens) ; il ne s'agit pas d'une OAA, mais d'une association de parents, source de renseignements et de bons conseils. La Colombie, pays pourtant en difficulté et marqué par une interminable guerre civile et un grand banditisme (les parrains de la drogue) est presque un modèle pour l'adoption internationale sans corruption, et cela avec une bonne préparation des enfants.

Petit détail amusant : la plupart des enfants colombiens sont adoptés assez âgés, souvent après 3 ans ; ils ne voient pas beaucoup d'hommes, il y en a très peu dans les orphelinats. Mais ils sont tellement bien préparés, on leur a tellement parlé de leur futur papa qu'ils l'attendent et l'idéalisent. Souvent, lors de la première rencontre avec leur famille adoptive, ils se jettent sur le papa, laissant leur nouvelle maman un peu frustrée.

En parallèle du *Bien Estar*, il existe d'autres moyens pour adopter des enfants en Colombie ; ils sont très minoritaires, en particulier pour l'adoption par des Français, car ils sont essentiellement en relation avec des organismes privés américains. Des orphelinats privés, destinés à l'adoption internationale, se sont également créés.

Dans les autres pays d'Amérique latine

Les situations sont très diverses. Le Brésil semble être proche de la Colombie. Ailleurs, les démarches sont plus individuelles et l'interlocuteur n'est plus l'administration du pays, mais un intermédiaire. Certains sont très honnêtes, mais chez d'autres tous les abus sont permis. Les rapts d'enfants destinés à l'adoption internationale existent encore. Pour les prévenir, des pays comme le Guatemala demandent une étude génétique, par une prise de sang faite à la mère et à l'enfant, pour confirmer que celle qui a amené cet enfant est bien celle qui l'a porté.

Ici comme ailleurs, si on effectue une démarche individuelle, il faut s'assurer auprès de la MAI de la fiabilité des interlocuteurs (avocats, institutions, etc.).

En Roumanie

Depuis la chute du régime Ceaucescu, les reportages sont nombreux sur les orphelinats et l'adoption dans ce pays. L'Occident a découvert dans quelles conditions épouvantables vivaient les orphelins de Roumanie, laissés dans un dénuement total, élevés sans humanité. Ces terribles images ont montré que beaucoup d'enfants pouvaient être adoptés. L'ouverture du pays a provoqué un afflux massif d'enfants vers des États plus favorisés : une vague de petits Roumains a submergé l'Europe de l'Ouest et l'Amérique du Nord au début des années 1990. Mais à l'effroyable régime totalitaire a succédé un pays fragilisé où les mafias imposent souvent leur loi. L'adoption, comme dans d'autres pays, y est apparue comme un moyen de gagner beaucoup d'argent.

Aujourd'hui, pour adopter un enfant roumain, il faut passer par ce qu'on appelle une fondation : c'est un organisme roumain qui s'occupe de faire adopter des enfants par des étrangers. Tout comme ailleurs, il existe de « bonnes » fondations, qui font leur travail honnêtement et cherchent à réaliser au mieux les adoptions, et de mauvaises fondations, voire très mauvaises, prêtes à tout pour gagner le plus d'argent possible, et donc à adapter l'offre à la demande.

Il est donc conseillé de passer par une OAA française, qui entrera en contact avec une fondation fiable, ou de se faire conseiller par la MAI pour le choix des fondations.

Mais, depuis juin 2001, le gouvernement roumain a pris la décision d'interrompre l'adoption par des étrangers, jusqu'à la mise en place d'une nouvelle procédure. Cette mesure semble provoquée par les plaintes de plus en plus nombreuses de parents adoptifs contre le gouvernement roumain, accusé de laxisme, mais aussi par le désir de ce pays d'apparaître plus « propre » au moment où il pose sa candidature comme membre de l'Union Européenne.

En Éthiopie

Le nombre d'adoptions augmente dans ce pays. Elles se font la plupart du temps par l'intermédiaire d'OAA, et ont une visée principalement humanitaire. Elles nécessitent une nouvelle enquête, réalisée par l'œuvre, en plus de celle effectuée pour l'obtention de l'agrément. Les enfants sont bien préparés, ils reçoivent des informations sur leur future famille, et inversement. Le plus souvent, le voyage d'arrivée des enfants est accompagné par des membres de l'OAA. La rencontre parents-enfants a donc lieu dans un aéroport.

Le déroulement des démarches est le même dans d'autres pays, en particulier africains (Mali, Burkina Faso), mais aussi en Chine ou en Corée du Sud.

Un des grands problèmes de l'adoption est celui des délais administratifs particulièrement longs demandés par les pays d'origine. S'ils sont parfois justifiés, ils prolongent les séjours dans des orphelinats qui manquent de tout. Certains enfants en ont souffert, d'autres sont morts pendant cette période transitoire, alors que des parents les attendaient au bout du monde avec de meilleurs moyens médicaux. Tout devrait être fait pour diminuer cette attente, et c'est sans doute aux pays riches d'aider les plus pauvres, ne serait-ce qu'en fournissant une aide logistique, administrative et financière.

Adopter un enfant de manière illégale

Si certains guides proposent des moyens illégaux ou détournés pour adopter, ce ne sera certes pas mon propos ici. Beaucoup m'ont été décrits, mais je ne souhaite pas les détailler, pour ne pas les promouvoir, même indirectement. Tous les adoptants entendront parler, lors de leurs démarches, de ces méthodes illégales, ou qualifiées comme « à la limite de la légalité ». Il faut qu'ils fassent clairement leur choix face à de telles tentations. Je ne peux que leur conseiller un refus net et définitif.

Comment cautionner de tels procédés ? Même si certains juges semblent bornés et inefficaces, la transgression de la loi n'est pas sans risques, et les peines sont particulièrement sévères pour les détournements d'enfants. Prenons l'exemple, que nous avons déjà évoqué, de parents prêts à tout pour avoir un enfant, et qui ont simulé un accouchement dans un pays d'Amérique latine. Pour cela, nul besoin d'agrément long et fastidieux, d'enquête auprès d'une OAA, de longues attentes dans un pays étranger à la recherche de divers papiers administratifs. Une fois de retour en France, il n'est pas non plus nécessaire d'attendre la ratification de l'adoption par un tribunal français. Mais si un magistrat est mis au courant de tels agissements, la tromperie sur la filiation sera facilement prouvée par des analyses génétiques, les parents seront déchus de leurs droits parentaux, et l'enfant sera retiré et placé sur décision judiciaire.

Plus grave encore est de commencer une filiation par une tromperie, par une démarche honteuse que l'on cachera à l'enfant lui-même.

Oui, le cheminement de l'adoption est long, difficile, parfois terrible. Oui, il est tentant de recourir à des méthodes plus rapides et plus aisées. Mais il faut résister : s'il faut être prêt à endurer beaucoup de choses pour créer une famille, c'est pour qu'elle repose sur des bases saines. Les enfants ont besoin de savoir d'où ils viennent, quel que soit leur mode de filiation.

C'est un beau geste d'amour et de confiance envers son futur enfant de dire non à ceux qui proposent une voie directe mais illégale. Je le répète, car c'est l'une des raisons qui m'ont poussé à écrire ce livre : il faut constamment penser que l'adoption dure toute la vie et qu'un comportement ambigu dans le pays d'origine ne s'efface pas d'un revers de manche.

L'adoption par l'enfant adopté

Légalement, l'adoption ne se fait que dans un sens : l'adoption d'un enfant par des adultes. Mais, en pratique, l'adoption doit être réciproque. J'ai déjà cité mes modèles : le renard et le Petit Prince de Saint-Exupéry, qui s'adoptent (s'apprivoisent) mutuellement.

Il est important de ne pas négliger ce point. C'est aussi pourquoi les services de l'Aide sociale à l'enfance poursuivent leur enquête après l'arrivée de l'enfant (en moyenne quelques mois) afin de s'assurer que ses nouveaux parents ont su lui faire sa place.

Pour adopter ses parents, un enfant a besoin, lui aussi, de temps. Si dans certains pays, il a eu une préparation adéquate pour s'adapter à ce bouleversement, le plus souvent il n'a pas bénéficié de neuf mois de préparation, ni d'une enquête d'agrément pour l'aider à comprendre ce qui va se passer. L'adoption peut lui apparaître abstraite. Il faut admettre ses craintes et ses regrets de sa vie antérieure (qui matérialiseront souvent son inquiétude face à la révolution qu'est son adoption). En l'apprivoisant peu à peu, comme un petit cheval sauvage, sans chercher à le dompter, on accepte d'être, soi-même, apprivoisé. Cette attitude ne demande pas seulement de la patience, mais une grande ouverture d'esprit.

L'adoption par la famille élargie

D'autres intervenants ont un rôle important dans l'adoption d'un enfant, et si les parents, les frères et sœurs sont souvent bien préparés par l'enquête d'agrément et des réunions d'association de parents, les proches n'ont pas toujours cette information.

Dans notre société où la longévité augmente, les grands-parents ont une place essentielle. Ils sont souvent d'une aide précieuse auprès des parents et très appréciés de leurs petits-enfants.

Devant un petit-fils ou une petite-fille adoptés, les grands-parents peuvent avoir des réactions variées. On a vu quelques cas de refus de cette descendance, tel ce grand-père qui avait refusé que son nom soit transmis à la descendance non biologique de son fils, et qui avait attaqué ce dernier en justice. Il a bien entendu, et fort heureusement, perdu ce procès. Les grands-parents sont souvent surpris lorsqu'ils sont informés de l'intention d'adopter. L'adoption telle que nous la connaissons était moins répandue « de leur temps » et, alors que les parents ont mûri cette décision, ils sont mis brutalement devant le fait accompli. Que les futurs parents ne s'inquiètent pas de cette réaction : le temps fera son œuvre et l'idée de cette descendance sera vite acceptée. L'arrivée en chair et en os de ce nouveau petit enfant finira de convertir les grands-parents à l'adoption.

Elle est généralement bien admise par les proches (parents et amis) des parents adoptifs. Sans doute parce que les petits adoptés apparaissent comme les enfants de tous. Beaucoup deviennent les « petits gâtés » de leur grand-mère ou de leur grand-père. Quand un bébé naît dans une famille, notre société manifeste sa solidarité avec les nouveaux parents par des aides matérielles (sous forme de cadeaux) et morales (conseils de parents expérimentés). Pour un enfant adopté, cette solidarité est souvent plus forte, avec plus d'attentions, mais aussi plus de conseils. Hélas ! si tout un chacun a des idées bien arrêtées sur la question, ce n'est pas toujours à bon escient. Les remarques les plus désagréables (et les plus déplacées) sont celles qui soulignent la différence avec un enfant biologique : « Tu sais avec ces enfants-là, il faut faire ceci », « Dans pays-là ils doivent faire comme cela » ou « Il est gentil… au moins ».

Les associations de parents adoptifs

Comme cela a déjà été dit, beaucoup de parents, enthousiasmés par leur aventure, veulent faire profiter de leur expérience et fondent des associations.

Il existe deux types d'associations. Les œuvres d'adoption, dites OAA (Organisme agréé pour l'adoption), ont pour but de trouver une famille pour un enfant et vice-versa. Elles ne sont pas toujours créées par des anciens parents, mais aussi par des organismes humanitaires. L'autre type d'associations de parents est destiné à fournir des renseignements généraux ou particuliers : les démarches et les formalités, les conseils pour l'accueil de l'enfant. Elles organisent aussi des réunions, pour faire partager les expériences des uns et des autres et créer des liens de solidarité entre leurs membres. Elles représentent une certaine force de pression sur les autorités, comme cela fut le cas en 1999 à propos de la circulaire Guigou, qui, réalisée trop rapidement, « mettait en garde » les magistrats contre les excès de l'adoption internationale.

Enfance et Famille d'Adoption représente la principale association de parents adoptifs. Elle regroupe de nombreux parents. Elle fête son cinquantenaire en 2003, ce qui est un gage de sagesse. Elle a des antennes dynamiques dans chaque département français. Elle a aussi des spécialistes pour les cas particuliers : adoption à l'étranger, adoption d'enfants particuliers (avec sa filiale ERF, déjà citée), etc.

Il y a aussi les APPO (Association par pays d'origine). Certaines sont très actives, comme l'*APAEC* pour les enfants colombiens, ou *MAEVA Polynésie* pour les petits polynésiens ; cette dernière compense un faible nombre d'enfants originaires de cette région par un grand dynamisme. D'autres en sont à leur premier cri, comme *Les grains de riz* pour le Vietnam, *Demisenya* pour le Mali, l'*APAEG* pour le Guatemala et l'*AFANAER* pour la Roumanie. D'autres restent à créer, par exemple pour les enfants originaires de Haïti,

Certaines, telle *Orchidée* pour la Thaïlande, sont à la fois une OAA et une APPO. Du fait de sa rigueur et de son efficacité, cette APPO a été reconnue comme un interlocuteur fiable par le gouvernement thaïlandais, qui a décidé qu'elle serait l'intermédiaire obligatoire pour les personnes désireuses d'adopter en Thaïlande,

Enfin, il commence à se créer des associations d'enfants adoptés qui, devenus adultes, se regroupent par pays d'origine pour partager leur expérience. Ce sont bien évidemment, du fait de leur nombre et de leur âge actuel, des jeunes gens d'origine coréenne, adoptés au début des années 80, qui sont à l'initiative de la première association (*Racines coréennes*).

Adoption et Internet

Internet est un formidable outil pour l'information en général et pour l'adoption en particulier. Il existe de très bons sites, celui de la MAI, ceux de certaines OAA et APPO, qui donnent des renseignements concrets sur l'adoption.

Cela peut être aussi l'horreur :

« Bonjour, je m'appelle Sonia, j'ai 3 ans, je suis blonde aux yeux bleus, je suis très sage et j'attends un papa et une maman pour qu'ils viennent me chercher dans ma maison d'accueil à Saint-Pétersbourg. »

Sonia est effectivement blonde aux yeux bleus, elle est très jolie, comme tous les enfants qui s'affichent sur l'écran d'ordinateur. Il y a des garçons, des filles, des blonds (surtout), des bruns, des petits, des grands. Il y en a pour tous les goûts, et surtout à différents tarifs, ce qui est assez triste, les prix baissant quand l'âge augmente ou la « blondeur » s'estompe. Pour trouver de telles annonces, il suffit d'inscrire « adoption » sur un moteur de recherche américain et de nombreux sites privés s'affichent, dont le but est clairement lucratif. Dans le pays de la statue de la Liberté et du grand commerce, tout s'achète et tout se vend, même les enfants.

Pour certains, cette technique montre l'absence d'hypocrisie de la société américaine ; pour d'autres, il ne s'agit que d'une nouvelle perversion de la société de consommation. Chacun est libre de penser ce qu'il veut, mais je ne cache pas ma nausée devant un tel étalage de ventes par correspondance d'enfants sans parents.

L'autre danger d'Internet a déjà été évoqué au début du livre : il s'agit des intermédiaires à la recherche de proies faciles dans les sites de discussion.

À la fin de cet ouvrage figure une courte liste d'adresses et de sites Internet (sérieux) sur l'adoption. Ceux-ci permettent de chercher et de se renseigner en toute tranquillité, sans encombrer des services débordés. D'autres sites peuvent être trouvés en tapant « adoption » sur un moteur de recherche francophone.

9

Aspects juridiques de l'adoption

La filiation par le juge

Ce titre se veut provocateur. Comme la procréation médicale assistée est, en quelque sorte, la filiation par le gynécologue, l'adoption entraîne nécessairement l'intervention de la Justice. Contrairement à la filiation naturelle, la filiation adoptive nécessite en effet un jugement, un acte juridique.

Quand un enfant naît, il est déclaré par ses parents à un officier d'état civil, à la mairie de sa commune. La naissance est inscrite sur le livre des actes de naissance, et c'est grâce à cette trace qu'il pourra obtenir des extraits d'acte de naissance, si importants dans la vie courante.

Un enfant adopté a été déclaré lui aussi dans sa commune de naissance, s'il existe un état civil dans son pays d'origine, ce qui n'est pas toujours le cas. Après son adoption, cet état civil change. La date et le lieu de naissance sont les mêmes, mais les parents ont changé et parfois aussi la nationalité. Les changements d'état civil sont une décision importante. C'est pour cette raison qu'ils nécessitent un acte de justice, et qu'ils demandent qu'un magistrat juge de la conformité de tous les documents : acte initial de naissance, certificat de consentement à l'adoption, ou d'abandon, avis de non-rétractation des parents, etc. Au vu de tous ces éléments, le juge prononce un jugement qui confirme l'adoption, simple ou plénière.

Un nouvel état civil est créé, et pour les enfants nés en France, un nouvel acte de naissance remplace l'original de la commune de naissance. Pour les enfants nés à l'étranger, c'est à Nantes que sont regroupés tous les états civils des Français nés en dehors du territoire.

Je ne veux pas jeter l'opprobre sur notre Justice, qui est l'un des rouages essentiels de notre démocratie. Si la médecine n'est pas une science exacte, la Justice, elle, a pour mission de répondre à tout et de ne pas se tromper. Mais les juges n'en sont pas moins des hommes, donc faillibles.

On pourrait croire, puisque tout semble bien codifié, que les magistrats sont censés suivre à la lettre les textes de loi, que l'adoption est bien définie, que ces jugements d'adoption ne sont que de simples formalités. C'est souvent le cas, quand le magistrat se contente de vérifier l'absence d'anomalie avant de prononcer son jugement.

Mais des juges se découvrent parfois une vocation à décider à la place des autres. La plupart utilisent leur pouvoir à bon escient, dans l'intérêt de la Justice et dans l'intérêt de tous les individus, ceux qu'ils ont à juger et ceux qu'ils sont censés protéger par leurs jugements. C'est, sans doute en croyant bien faire que certains magistrats se prononcent sur des sujets qu'ils connaissent mal. Le problème est que leur pouvoir est grand, à la mesure de leur faculté d'interprétation de la loi, et ne dépend souvent que d'eux-mêmes.

Tout dépendra alors de la personnalité du juge et de sa connaissance exacte du dossier. En Polynésie, j'ai ainsi connu un juge, installé depuis quelques années sur une petite île. Passionné par son travail, très ami des Polynésiens, il menait rondement, mais très sérieusement, ses interrogatoires pour chaque adoption, cherchant à éviter la moindre malversation. Il avait même appris la langue polynésienne, et expliquait clairement à chaque famille biologique les différences entre adoption simple et plénière. Ceci n'a pas empêché quelques juges de métropole, peu (ou pas du tout) au fait des données de l'adoption en Polynésie, de refuser systématiquement de prononcer les adoptions plénières, malgré le consentement des parents biologiques, recueilli par leur collègue. Tout ceci parce qu'à leur sens, l'adoption à la polynésienne correspond à une adoption simple.

À nouveau en Polynésie, dans l'affaire Buratti que nous avons précédemment racontée, les juges étaient sans doute obligés par la loi de rendre le petit Lionel à son père biologique, mais n'était-il pas possible d'essayer de comprendre ce que ressent un enfant de trois ans, d'adapter la séparation et de ne pas couper aussi brutalement et de manière aussi irrémédiable le lien de Lionel avec ceux qui avaient été, jusqu'alors, ses seuls parents ? Des magistrats, que j'ai interrogés sur cette affaire, m'ont expliqué qu'il n'y avait pas d'autre solution. Mais la convention de La Haye, qui plaît tant à nos magistrats et qui est, en théorie, la référence absolue sur le plan international, ne commence-t-elle pas, dans son premier article, par proclamer l'intérêt supérieur de l'enfant ?

Si l'adoption d'enfants d'origine étrangère se déroule sans problème dans la plupart des départements français, elle peut être catastrophique dans d'autres. Ainsi, il y a quelques années, des parents se sont vus refuser des adoptions plénières, car, pour le magistrat ayant à traiter leur dossier, les adoptions d'enfants étrangers entraînaient automatiquement des adoptions simples. Comme pour la Polynésie, ce jugement a été rendu alors que les autorités du pays d'origine avaient transmis des documents certifiant que l'adoption plénière était possible, et alors même que, dans certains cas, le dossier contenait un accord pour l'adoption plénière signé par les parents biologiques. Elle était refusée, alors qu'elle était acceptée dans le département limitrophe pour des dossiers moins complets. De telles affaires se concluaient souvent en Cour d'appel où les parents obtenaient gain de cause. Mais l'appel signifiait de nouveaux frais pour les parents et surtout un stress important, alors que la période d'adaptation qui suit l'arrivée de l'enfant est délicate pour toute la famille. Si l'on veut que les enfants s'intègrent au mieux dans leur famille et leur nouvel environnement, il paraît inutile de créer de nouveaux obstacles.

L'adoption dépend de beaucoup de personnes. Il suffit d'une réflexion inadéquate ou d'un avis défavorable injustifié pour déstabiliser un équilibre fragile. Les magistrats ne se rendent pas nécessairement compte du pouvoir considérable qu'ils ont entre les mains et des conséquences de décisions prises à la va-vite, en mauvaise connaissance de cause, sous prétexte que l'appel permet d'approfondir le dossier. Si pour un juge, la Cour d'appel est une formalité habituelle, presque anodine, pour le commun des mortels il s'agit d'une procédure terrible. Tout comme je conseille aux médecins de ne pas hésiter à demander un avis à un confrère dans une situation où ils manquent d'expérience, j'invite les magistrats à faire de même.

Ces comportements, de la part de certains juges, ont eu tendance à augmenter lors de la parution de la circulaire Guigou, qui semblait encourager un état de suspicion. Ils ne devraient plus se reproduire depuis qu'a été votée la deuxième loi Mattéi en 2000, qui rend automatique l'adoption plénière par les tribunaux français quand celle-ci a été prononcée dans le pays d'origine.

On peut aussi s'interroger sur le décret de février 2001, inspiré par des magistrats trop rigides à mon sens. Il interdit aux magistrats français de prononcer l'adoption d'un enfant, si la loi de son pays d'origine ne la reconnaît pas. Ainsi, l'adoption au Maghreb n'est plus autorisée pour les Français. Or, malgré la rigueur de la loi islamique vis-à-vis de l'adoption, les gouvernants de ces pays étaient prêts à laisser partir des enfants sans parents à l'étranger, pour leur donner une nouvelle chance. Sans doute faut-il voir dans cette décision un sentiment de culpabilité de la part de l'ancien colonisateur.

Nous venons d'évoquer les deux formes d'adoption en vigueur dans la législation française. Beaucoup de familles sont angoissées quand l'adoption plénière leur est refusée. Pourtant, si l'adoption plénière présente des avantages certains, il faut savoir que l'adoption simple est loin d'être une catastrophe.

Adoption simple en famille, adoption plénière en société

L'adoption simple et l'adoption plénière s'opposent dans le droit français. Il est dommage qu'il faille choisir l'un ou l'autre et qu'il n'existe pas de solution intermédiaire. Tout le monde sait qu'il existe deux formes d'adoption qui, pense-t-on, sont très différentes. Ceci explique que, dans la vision populaire, l'adoption simple ne soit pas une adoption « pour de vrai », et encore moins une filiation « pour de vrai ».

Dans l'adoption simple, l'enfant garde son nom, auquel on peut ajouter éventuellement le nom de sa famille adoptive. Son acte de naissance ne change pas, et il conserve aussi sa nationalité d'origine. Ses liens avec sa famille biologique ne sont pas coupés, c'est-à-dire qu'il peut en hériter, mais qu'il est aussi tenu d'avoir une solidarité financière avec sa famille d'origine. Il peut donc être obligé de venir en aide à ses parents biologiques, et de leur verser une pension, si ceux-ci sont devenus indigents, et ce même s'il ne les a jamais connus.

Il peut hériter de ses parents adoptifs, mais, sauf s'il est prouvé qu'il dépendait d'eux depuis longtemps (en particulier sur le plan financier), les droits fiscaux sont moins favorables que pour un enfant biologique, au moins pour les premières années qui suivent l'adoption. Avec le temps, ces droits se rapprochent de ceux de la filiation biologique. De plus, il ne peut hériter directement de ses grands-parents adoptifs, c'est-à-dire que, si ses parents décèdent avant ses grands-parents, il ne percevra pas de part d'héritage lors du décès de ces derniers.

Depuis la loi de 1966, l'adoption plénière est censée être équivalente à une filiation biologique. L'enfant acquiert le nom, la nationalité de sa famille adoptive, et il peut en hériter sur le même plan que les enfants biologiques du couple s'il y a lieu. Les liens avec la famille biologique sont totalement coupés, comme s'ils n'avaient jamais existé. L'enfant ne peut pas hériter d'eux, mais il ne leur doit, non plus, aucune assistance en cas de difficultés.

Ces deux manières d'adopter ont chacune des avantages, mais aussi des inconvénients. Reste que le plus important dans l'adoption c'est l'affection, l'acte d'adoption proprement dit n'étant guère qu'un bout de papier. Un couple qui a adopté son enfant par une procédure d'adoption simple ne représentera pas pour autant une famille au rabais. Dans la Rome antique, par exemple, l'adoption était plénière au vu de la loi, mais les relations affectives étaient faibles avec la famille adoptive et très fortes avec la famille biologique. À l'opposé, dans beaucoup de sociétés traditionnelles, les adoptions se font au petit bonheur, sans aucun papier officiel pour les concrétiser, ce qui ne les empêche pas d'être totales. Aux familles adoptives que je rencontre je ne demande même pas s'il s'agit d'une adoption simple ou plénière. Quand les parents me le révèlent spontanément, je suis souvent surpris parce qu'aucun indice ne m'orientait vers l'une ou l'autre de ces situations. Les couples qui ont adopté par une procédure simple n'en aiment pas moins leurs enfants, et leurs enfants leur sont tout aussi attachés. Il ne faut donc pas donner trop d'importance aux mots.

Cependant, l'adoption simple inquiète les parents adoptifs, parfois à juste titre. En cas de décès prématuré, ils se demandent ce que va devenir leur enfant tant sur le plan financier que familial : sera-t-il confié à nouveau à ses parents biologiques qu'il n'a plus jamais revus ? Les parents sont aussi troublés par le fait que leur enfant ne porte pas le même nom qu'eux, ce qui étonnera et qui pourra poser des problèmes d'intégration à l'école ou dans la société. Enfin, ils ont peur que, devenu adulte, leur enfant soit obligé de subvenir aux besoins d'un parent ou d'un frère biologique, qu'il ne connaîtra pas ou très peu.

Pour toutes ces raisons, il est sans doute préférable d'obtenir l'adoption plénière, pour que l'enfant bénéficie de plus de sécurité en société.

L'inconvénient de l'adoption plénière est qu'elle coupe les liens de manière irrémédiable avec la famille biologique. Or, comme je l'ai dit, il est nécessaire que l'enfant n'oublie pas son histoire antérieure. Avec des parents qui ne l'auraient pas compris, l'adoption plénière rend la coupure encore plus nette. Mais, si les parents acceptent de respecter l'histoire de leur enfant, de ne pas rompre tout lien avec le pays d'origine ni, quand cela est possible, avec la famille de naissance, s'ils admettent dans leur milieu familial de vivre l'adoption comme une adoption simple, le jugement d'adoption plénière sera un bon complément. Autrement dit : adoption plénière en société, adoption simple en famille. C'est ce que je conseille aux parents en attendant la création d'un hypothétique, car difficile à mettre en place, troisième mode d'adoption qui permettrait de cumuler les avantages des deux autres.

La problématique de l'accouchement sous X

Beaucoup de débats portent sur cette particularité française, qui est effectivement surprenante et même ambiguë sur le plan juridique. Ce sujet revient régulièrement à la une de l'information. Mais avant de condamner cette pratique, de la juger dépassée ou inhumaine, il faut analyser les services qu'elle rend et ce qu'elle permet d'éviter.

Comme l'accouchement sous le secret est une spécificité française, celle-ci est, pour ses détracteurs, une des raisons de le remettre en cause. Mais le fait d'être unique en son genre ne veut pas dire que l'on est sur le mauvais chemin. Galilée était seul au monde à croire que la Terre était ronde ; il a même été contraint de renier publiquement sa théorie, qui n'est plus, depuis, remise en doute par personne. On peut être les seuls à voir juste quand le reste du monde se trompe.

Ce n'est pas tout à fait le cas de l'accouchement sous X, qui est loin d'être la panacée et qui peut être amélioré, mais cette solution est souvent meilleure que ce qui se passe à nos frontières. Deux pays au moins aussi riches que la France, l'Allemagne et la Suisse, viennent de rétablir les tours. Ces tours du XXIe siècle sont plus modernes que les tours du XIXe, le cylindre où était déposé l'enfant est remplacé par une couveuse chauffée, et la clochette destinée à avertir la religieuse a laissé la place à des détecteurs de mouvement, reliés à des services spécialisés. Toute technologie mise à part, ce sont néanmoins des tours. Comme les anciens tours, ils sont placés à certains endroits « stratégiques » de grandes villes. S'ils permettent réellement de prévenir des infanticides, comme le soutiennent les autorités des pays concernés, il faut les maintenir, mais, reconnaissons-le, l'accouchement sous X est plus humain et offre plus de sécurité, au moins sur le plan médical, à la mère et l'enfant.

Malheureusement l'infanticide existe encore bel et bien. Je refuse de croire ceux qui affirment que le fait de maintenir l'accouchement sous X ne change en rien les chiffres de l'infanticide. Ou, tout au moins, je ne tiens pas à ce que l'on prenne le risque de le supprimer pour voir, ou pour confirmer cette théorie. Dans notre pays riche, chaque année, beaucoup trop de nouveau-nés non identifiés et sans vie sont encore découverts dans une poubelle, une décharge ou au fond d'une forêt. Je crains qu'il ne s'agisse que de la partie visible de l'iceberg et que d'autres petits corps ne soient jamais retrouvés. Si l'accouchement sous X ne peut en sauver que quelques-uns, ne serait-ce que pour ces quelques vies, il faut le maintenir. Il représente environ 700 naissances par an en France. Que deviendraient ces enfants si l'accouchement sous X n'existait pas ?

Nous avons déjà vu que des femmes originaires du Maghreb viennent accoucher anonymement en France, en toute discrétion, pour sauver leur enfant et parfois aussi se sauver elles-mêmes. Ce sont donc des petits réfugiés politiques sans défense que, grâce à l'accouchement secret, la France accueille chaque année.

Les détracteurs de l'accouchement sous X, mettent en avant deux arguments.

Le premier est que la loi le régissant a été instaurée par le régime de Vichy, dans un but avant tout nataliste. C'est vrai, mais si cette loi avait été si néfaste et n'avait dû sa justification qu'au régime autoritaire qui l'a créée, pourquoi les dizaines de gouvernements français, élus démocratiquement depuis 1944, ne l'ont-ils pas annulée ?

Le deuxième est que cette loi présente surtout de l'intérêt pour les parents adoptifs qui, grâce à elle, trouvent des enfants à adopter, tout « propres », sans histoire, sans passé, des enfants bruts en quelque sorte, qui seraient modelables à leur guise. Ce fut le cas sans doute il y a quelques années, ou plutôt quelques dizaines d'années. Mais les parents adoptifs ont évolué, eux aussi. Ils acceptent et respectent de plus en plus l'histoire de leurs enfants. Ils sont souvent leurs meilleurs appuis quand ces derniers décident de rechercher leurs origines. C'est d'ailleurs à la demande d'associations de parents adoptifs qu'il est envisagé de remplacer, dans les extraits d'actes de naissance révisés après adoption, le « né de » par « enfant de ». Il est surprenant en effet qu'un enfant soit déclaré né de ses parents adoptifs. Par l'acte d'adoption, il devient bien leur enfant, et cette nouvelle version correspondra mieux à la réalité.

Il ne faut pas croire pour autant que l'accouchement sous X est la meilleure solution, et qu'il serait un modèle mondial à exporter, comme le voudraient certains fonctionnaires. Tout d'abord, il convient de respecter les particularités de chaque culture et ses sensibilités propres par rapport à l'adoption. D'autre part, il y a beaucoup de points à améliorer dans cette naissance anonyme. À l'heure actuelle, elle est sans doute ce qui correspond le mieux (ou le moins mal) à notre société française actuelle.

La loi de 2002 a permis de proposer à la mère qui désire accoucher sous X un accouchement non anonyme, avec un consentement à l'adoption qui est signé dans les jours suivants la naissance. La prise en charge des frais de maternité n'incombe pas à la mère, mais au service de l'Aide sociale à l'enfance. Cette forme de séparation précoce a le même cadre que l'accouchement sous X, sans l'anonymat. En effet, l'accouchement sous X n'est pas seulement la naissance anonyme, mais une prise en charge de la mère et de l'enfant, afin que la séparation se fasse de la meilleure façon possible.

Dans le cas d'une femme qui, pour des raisons qui n'appartiennent qu'à elle, souhaite maintenir son anonymat, cette même loi demande aux professionnels de la maternité de l'encourager à laisser des renseignements qui seront disponibles pour son enfant à sa majorité. Cette transmission se fait par le Conservatoire national d'accès aux origines parentales (CNAOP), qui vient d'être mis en place. La mère est, bien entendu, libre des informations qu'elle laisse, identifiantes ou anonymes. Cette lourde décision lui est personnelle, mais je crois que beaucoup de ces mères de l'ombre ont compris qu'il était nécessaire à leur enfant d'avoir quelques éléments pour comprendre son histoire et se construire le mieux possible. Ces modifications récentes, même si elles ne semblent pas spectaculaires, représentent une nette amélioration.

L'accouchement sous X présente aussi des points faibles. La loi française précise que toute femme peut se présenter dans une maternité pour accoucher anonymement. Rien ne lui est demandé, ni son nom, ni sa nationalité, ni son âge. Il lui est juste proposé de laisser des renseignements sous forme, par exemple, d'un courrier que son enfant pourra consulter à sa majorité, quoique les modalités de ce droit de consultation ne soient pas encore très bien définies.

C'est ainsi que l'enfant peut se retrouver complètement coupé de ses origines. Dans certains cas, l'enfant se construit sereinement dans sa nouvelle famille et n'est pas obsédé par ce fragment d'inconnu, même si, à un moment ou un autre, il est amené à regretter de ne pas connaître son histoire. Dans d'autres cas, surtout s'il considère son adoption comme un échec, il est révolté qu'une partie de sa vie lui soit occultée à jamais.

Il n'est pas nécessaire de tout savoir sur ses géniteurs, sa conception, la grossesse et l'accouchement de sa mère pour bien se construire. Mais il est insupportable de se voir opposer la notion de secret. Parmi les adultes nés sous X qui cherchent à connaître leurs origines, certains arrêtent leurs recherches avant leur aboutissement; il leur a suffi de savoir qu'ils pouvaient savoir, qu'ils ont fait céder le mur du secret.

Si certains renoncent quand ils ont la certitude qu'ils pourront consulter leur dossier, d'autres ont vraiment besoin de savoir pour continuer leur chemin. Plus que leur identité, ces adultes veulent connaître leur passé. Dans la majorité des cas, la femme a aimé son enfant, et elle l'a respecté, même si elle n'a pas pu le garder. Beaucoup d'accouchements sous X sont, d'ailleurs, des histoires dont les enfants peuvent être fiers… à condition d'y avoir accès.

Les jeunes adultes à la recherche de leurs origines bénéficiaient parfois de la complicité de certains fonctionnaires, qui faisaient passer les sentiments avant la rigueur de la loi. Tout en objectant aux personnes nées sous X, qu'ils recevaient dans leur bureau, l'impossibilité légale de leur communiquer les données du dossier qu'ils avouaient avoir dans leurs mains, ils s'arrangeaient pour s'absenter quelques minutes du bureau, en laissant le dossier bien en évidence et sans surveillance. Cette petite feinte, plusieurs fois racontée, est à la limite de la légalité; mais quand la loi n'ose pas franchir le pas, il n'est pas interdit d'avoir un geste d'humanité ! Elle est désormais inutile avec les nouveaux textes qui libéralisent l'accès au dossier.

Un premier pas avait déjà été franchi par la loi du 5 juillet 1996, qui après une adoption plénière demandait la conservation des renseignements sur la naissance par un officier d'état civil. Puisqu'on les conservait, il fallait bien penser à les transmettre un jour. Depuis peu c'est enfin possible.

Beaucoup de ceux qui ont pu consulter leur dossier se sont dits apaisés. Ils ont découvert que celle qui leur avait donné la vie, et à qui ils en voulaient beaucoup, les avait aimés ou au moins respectés. Certaines avaient gardé cet enfant contre l'avis de tous, d'autres même étaient mortes en lui donnant la vie. Si la sévérité de la loi se justifiait par la protection des femmes qui avaient demandé l'anonymat parce que, bien souvent, elles n'avaient pas d'autre choix, il était indispensable que le législateur se penche sur les droits d'accès aux origines.

D'autres améliorations sont envisageables. Aujourd'hui, la femme qui accouche sous X dispose d'une période de deux mois pour, éventuellement, se rétracter et revenir sur sa décision. Après ce délai, elle n'a plus aucun droit sur son enfant. Tout se passe comme si elle n'avait jamais accouché, il y a un déni total et légal de sa grossesse et de son enfantement. On peut comprendre une telle mesure, mise en place pour protéger l'enfant. Il peut être catastrophique, même si l'on se sait adopté, de voir apparaître une mère que l'on n'attend pas, au risque de bouleverser un équilibre familial et d'entraîner des conséquences d'autant plus néfastes que l'enfant traverse une période de fragilité, comme l'adolescence. Mais on comprend aussi la détresse de certaines femmes qui, contraintes de se séparer de leur enfant dès la naissance, souffrent par la suite de ne pas savoir ce qu'il est devenu. Si une rencontre ne peut être proposée qu'avec l'accord à la fois de la mère et de l'enfant, il faudrait peut-être prévoir une disposition pour que les mères, si elles le désirent, bénéficient d'informations anonymes sur le devenir de leur enfant (son développement, sa scolarité, les moments importants de sa vie, etc.). Ces renseignements pourraient, par exemple, être communiqués par un responsable de l'Aide sociale à l'enfance.

Une solution, pour que le secret soit moins étouffant, serait de proposer systématiquement aux femmes qui viennent accoucher de manière anonyme de préférer, si elles le peuvent, le consentement à l'adoption. Cela ne change pas grand-chose : l'enfant peut être adopté dès le délai légal de rétraction (de deux mois) demandé. Dès son adoption plénière prononcée, il prend le nom de sa nouvelle famille, et il est considéré légalement comme son enfant. La seule différence avec un accouchement sous X est que son état civil antérieur est conservé et les liens moins irrémédiablement coupés.

Cette solution existe, elle a été redéfinie par la loi de 2002, mais elle n'est que rarement proposée, comme si la séparation d'un enfant à sa naissance ne pouvait se faire par un autre moyen que l'accouchement sous X.

Une autre modification légale à proposer concerne le délai de rétraction. II a déjà été ramené de trois à deux mois par la loi Mattéi de 1996 ; il faudrait encore le réduire. Les rares femmes (moins de 10 %) qui se rétractent le font, soit dans les premiers jours du délai, soit juste avant son expiration. Beaucoup de ces mères en souffrance se plaignent d'ailleurs de cette période et regrettent sa durée, qui accroît leur détresse et leurs regrets.

Pour les enfants, la diminution du délai est aussi importante. Contrairement à une idée encore trop souvent répandue, pendant les deux premiers mois de la vie, un nourrisson n'est pas un petit animal qui se contente de pleurer, dormir et manger. C'est un être humain qui comprend déjà, perçoit des émotions. Il est important qu'il sache vite identifier ceux qui s'occupent de lui. Les parents adoptifs qui ont eu la chance d'accueillir un enfant dès son plus jeune âge apprennent aussi beaucoup de ces échanges. Même si ce n'est pas le côté le plus agréable de la maternité ou de la paternité, il ne faut pas nier que l'on devient aussi maman ou papa en se réveillant à trois heures du matin, fatigué, et la bouche pâteuse, pour donner un biberon à un bébé très exigeant, mais dépendant.

Enfin, pour poursuivre le débat législatif et juridique, voici une hypothèse d'école, que j'ai totalement inventée et poussée à l'excès, mais elle montre bien les paradoxes de l'accouchement sous X. Depuis que je l'ai écrite, deux cas assez proches ont été ébruités par la presse.

Monsieur André et Mademoiselle Benoit ont une relation. Celle-ci découvre sa grossesse au moment où le couple est en train de se séparer. Elle en informe Monsieur André, mais déclare qu'elle préfère abandonner son enfant plutôt que de le laisser s'en occuper. Monsieur André, qui désire élever cet enfant, même seul, fait une déclaration de reconnaissance anténatale. Il se rend auprès d'un officier d'état civil de leur commune de résidence pour déclarer être le père de l'enfant que Mademoiselle Benoit mettra bientôt au monde. Mais elle choisit d'accoucher sous X. Malgré sa déclaration, Monsieur André ne peut recueillir l'enfant, car légalement Mademoiselle Benoit n'a jamais accouché. Si, au moment de la naissance, elle avait consenti à l'adoption, cela aurait signifié qu'elle renonçait à ses droits sur son enfant, et celui-ci aurait été confié à Monsieur André, son géniteur reconnu, sauf si celui-ci renonçait, à son tour, à ses droits. Mais aujourd'hui, dans le cas d'un accouchement anonyme, Monsieur André n'a aucun moyen de faire reconnaître sa paternité, même s'il peut la prouver scientifiquement. Son enfant est reconnu né sans parents, sans aucune ascendance. Ce serait grave si une telle histoire arrivait véritablement : un père désireux de récupérer son enfant (et ce désir est légitime) engagerait des procédures longues, hasardeuses et dangereuses. Dangereuses, car si l'enfant, comme la majorité des enfants nés sous X, est adopté à l'âge de deux mois, il est néfaste pour son équilibre de le séparer de la seule famille qu'il a connu, comme cela a déjà été montré dans l'affaire Buratti. De plus, l'adoption plénière est, fort heureusement, irrévocable et je pense que les démarches du père biologique n'aboutiraient pas.

Pour pousser le raisonnement encore plus loin, il suffit d'imaginer la même histoire avec Monsieur et Madame André, couple marié. Madame André étant enceinte et ne désirant pas garder cet enfant, contrairement à l'avis de son mari, choisirait d'accoucher anonymement dans une autre ville ou un autre département. Les conséquences seraient encore plus déroutantes.

J'espère que les législateurs et les magistrats privilégieront l'intérêt supérieur de l'enfant et ne laisseront pas prévaloir la loi du sang et les seuls intérêts des parents biologiques. Les textes sur l'adoption doivent encore être amendés pour améliorer l'accueil des enfants. Les lois proposées depuis quelques années par Jean-François Mattéi et Ségolène Royal ont ouvert la voie. Il reste à la poursuivre.

Les petits adoptés, explorateurs du XXIe siècle

Le grand reproche que font certains moralisateurs à l'adoption internationale est d'être une exploitation des pays pauvres par les pays riches. Ils la comparent volontiers à la colonisation. Il est vrai que, pour l'adoption, le transfert de population ne se fait que dans une direction : des pays pauvres vers les pays riches, mais dans le sens contraire de la colonisation, telle qu'on la voyait au XIXe siècle, où les colons allaient peupler des pays moins favorisés. Considérons par conséquent les enfants adoptés comme de nouveaux colons. De charmants petits colons aux yeux bridés, ou à la peau sombre, ou au teint clair avec des pommettes hautes. Leur tâche est immense, mais ils sont sans doute les meilleurs ambassadeurs pour faire évoluer les habitudes d'esprit et transmettre des messages de tolérance. J'attends beaucoup de ces conquérants, sans casques, mais munis de leurs sourires. J'espère qu'ils auront le pouvoir de désarmer les plus sceptiques, de conquérir les citadelles imprenables, d'envahir les terres qui s'opposent encore à leur accueil et de faire basculer définitivement les mentalités. Il est de bon ton de critiquer la mondialisation. Du moins l'adoption internationale, dans le respect de chaque peuple et de chaque culture, en est-elle une merveilleuse facette. Et si elle s'impose, non par la puissance militaire ou financière, mais par un raz-de-marée d'enfants multicolores, notre planète n'en sera que plus belle.

L'adoption internationale peut être résumée en une petite phrase provocatrice « Mon enfant ne me ressemble pas ». Quand l'adoption est bien admise, on peut pousser encore plus loin la provocation : « Mon enfant ne me ressemble pas, tant mieux ! » Sans doute parce que choisir l'adoption à l'étranger nécessite une réflexion et un cheminement personnels plus importants que la filiation naturelle : on n'accepte pas seulement un enfant non apparenté, mais différent par son ethnie et sa culture. Elle demande de la confiance dans l'ignorance.

Pour ma part, je resterai un militant et un combattant.

Non pas militant d'un enfant à tout prix. Mais militant de l'adoption, pour que chacun pose sur elle un autre regard, pour qu'elle soit l'objet de plus de tolérance et de compréhension. Quand elle sera banalisée au point de devenir un événement complètement normal, que des consultations comme la mienne n'auront plus de raisons d'être, car on ne dira plus jamais « dans ces pays-là... », une nouvelle ère s'ouvrira, dans laquelle la fraternité et le respect des enfants auront fait de grands pas.

C'est pour cela que je reste un combattant. Sans doute un combattant de l'utopie, pacifique, mais défendant de toutes mes forces la cause de l'enfant, même, si cela est nécessaire, contre les parents biologiques ou adoptifs, parce que tout enfant a le droit d'être heureux et de s'épanouir dans une famille. Combattant de l'acceptation des différences et le respect de chacun, ces valeurs indispensables au progrès de notre société.

Annexes

Adresses utiles

La fameuse MAI, Mission de l'adoption internationale qui dépend du ministère des Affaires étrangères, est l'organisme souvent incontournable pour toute adoption hors frontières.

> Mission de l'Adoption Internationale
> 244, bd Saint Germain, 75303 Paris 07 SP
> http://www.diplomatie.fr/MAI/index.html

La plus importante association de parents adoptifs, et la plus ancienne, est Enfance et Famille d'adoption (EFA). Il en existe une antenne dans presque tous les départements. Elle aussi est incontournable, pour partager des expériences et obtenir des conseils. Elle peut être un lobby puissant quand l'adoption est critiquée ou menacée.

> Enfance et Famille d'adoption
> 221, rue La Fayette, 75010 Paris
> http://www.sdv.fr/efa/

Pour mémoire, le site Internet d'EFA 78 qui, pour sa présentation et ses conseils, dépasse celui de la « maison mère ».

> http://www.efa78.org/

Voici quelques APPO (Association de parents par pays d'origine), parmi les plus actives.

La plus importante est l'Association des parents adoptifs d'enfants colombiens (APAEC) :

> 11, quai Anatole France, 75007 Paris
> http://members.aol.com/apaec/apaec/index.htm

Celle des parents d'enfants polynésiens (MAEVA Polynésie) présente un site Internet particulièrement sympathique, qui montre sa convivialité :

> http://perso.wanadoo.fr/maeva-polynesie/

Plus récente, et pour l'instant un peu moins structurée, l'APPO pour les parents d'enfants vietnamiens :

> Association Loi 1901 « Les Grains de Riz »
> 6, allée des Muguets, 77123 Noisy-sur-École
> http://www.lesgrainsderiz.asso.fr

À la fois APPO et OAA, l'association orchidée concerne les enfants d'origine thaïlandaise :

> Orchidée Famille
> 6, rue Gaspard Gresley, Domaine Château Galand
> 25000 Besançon

Enfin, l'une des premières associations d'enfants adoptés d'origine étrangère (Corée) devenus adultes :

> Racines coréennes
> 3, rue du Commandeur, 75014 Paris
> http://www.racinescoreennes.org/

Bibliographie

Voici une sélection de livres pour approcher l'adoption de manière différente.

MATTÉI J.-F., *Le chemin de l'adoption*, Paris, Albin Michel, 1997.
L'auteur, médecin, professeur de génétique, et ministre de la Santé et de la Famille, insiste sur le côté législatif. Jean-François Mattéi a été député et, par plusieurs de ses textes de loi, il a déjà fait progresser l'adoption et l'accueil des adoptés dans notre pays. Il en ressort un livre, malheureusement épuisé, plein de bon sens et d'humanisme.

PEYRÉ J., *Le guide Marabout de l'adoption*, Paris, Marabout, 2002.
Récent et complémentaire de mon livre, cet ouvrage a été écrit par la présidente de l'association EFA. Beaucoup de conseils sur le côté pratique de l'adoption.

GUITTON J.-P., *L'adoption (Histoire)*, Paris, Publisud, 1995.
Ouvrage passionnant réalisé par un historien, il permet d'en savoir encore plus sur l'histoire de l'adoption.

LALLEMAND S., *La circulation des enfants en société traditionnelle*, Paris, L'Harmattan, 1993.

L'ouvrage référence de la grande spécialiste française de l'ethnologie de l'adoption.

LEBLIC I., *De l'adoption. Des pratiques de filiation différentes*, Clermont-Ferrand, Presses universitaires Blaise Pascal, 2003.
Ouvrage collectif (dont je suis l'auteur du chapitre sur la Polynésie) d'ethnologues et d'anthropologues.

DUFOUR J., *Adopte-moi quand même*, Paris, Fayard, 1991.
Récit témoignage qui raconte avec beaucoup d'émotion l'adoption d'un

enfant étranger (adoption, qui s'est déroulée quand l'adoption internationale en était à ses balbutiements). Il permet d'aider à comprendre combien ce que l'enfant a vécu avant son adoption ne peut être oublié.

DE MONLÉON J.-V., DAUTREMER R., *Les deux Mamans de Petirou*, Paris, Gautier-Languereau/Hachette Jeunesse, 2001.
Avant d'écrire pour les grands, j'avais pensé aux petits de 18 mois à 7 ans, afin que l'adoption internationale ne soit plus un mystère. Aux pays des kangourous, certains papas et mamans n'arrivent pas à remplir leur poche avec un petit kangourou. C'est ce qui s'est passé pour Petirou, qui nous raconte son adoption.

Table des matières

Sommaire 5

La passion de l'adoption 7

Pourquoi ce livre ? 7

Pour qui ce livre ? 11

1. Les deux grandes questions

Le pourquoi de l'adoption 15

La séparation en France : l'accouchement sous X 19

Qui accouche sous X en France ? 20

La séparation à l'étranger : des raisons souvent proches sous toutes les latitudes 21

Les données sociales des parents biologiques 24

Pourquoi accepter un enfant qui n'est pas le sien ? 25

Les raisons de l'adoption 26

Les données socio-familiales des parents adoptifs 30

2. De nouvelles maternités performantes : les aéroports

L'état actuel de l'adoption internationale 31

D'où viennent les enfants adoptés ? Le Top 50 de l'adoption internationale 36

Les géants de l'adoption 36
Les grands pays d'adoption 42
Les pays d'adoption de taille moyenne 42
Les petits pays d'adoption 43
Les cas particuliers 44
Les variations de l'adoption pays par pays au fil des années 44
Les pays décroissants 44
Les pays stables 45
Les pays émergents 45
Les pays « à accident » 45
Les destinations de demain ? 46
La convention de La Haye 47
Que pense-t-on de l'adoption internationale dans les pays d'origine des enfants ? 49
Adoption et sentiment national 49
Adoption et planification familiale 51
Le commerce de l'adoption 53

3. L'adoption au fil des siècles
Un miroir de nos mentalités 57
Les mythes fondateurs de l'enfant abandonné à l'aube de la civilisation occidentale 58
Rome 65
La position de l'Église chrétienne du Moyen Âge à l'Ancien Régime 67
Le Moyen Âge 68
L'Ancien Régime 71
La Révolution 73
Le XIXe siècle 74
Le XXe siècle 77

4. Dis-moi comment tu adoptes, je te dirai d'où tu viens

Tour du monde ethnologique de l'adoption 83

Pourquoi aller voir ce qui se passe ailleurs ? 83

L'islam : adoption interdite 84

Le judaïsme : l'adoption valorisée 89

L'Afrique sub-saharienne : l'enfant, élément important du clan 89

Les Inuits : l'abandon comme moyen de survie 92

La Chine et l'Asie méridionale : entre nécessité des garçons et inutilité des filles 93

Le Japon : une parenté « romaine » en extrême-Orient 95

L'adoption en Amérique latine : entre rumeurs et réalités 95

La Polynésie : les deux modes de filiation sur le même plan 98

Alternative à la planification familiale 101

Coopération familiale 102

Raison conjugale 102

Raison professionnelle 102

5. Qui a peur de l'adoption ?

Inquiétudes et *a priori* psychologiques 105

Petit cours de jardinage ou le mystère des origines expliqué 105

Pourquoi l'adoption fait-elle si peur ? 107

Des bienfaiteurs tristes et désespérés 108

Des spécialistes peu spécialisés 109

Des parents inquiets 110

Adolescence et adoption : où est le problème ? 114

Des milieux trop favorisés 119

Des institutions parfois maltraitantes 119

Adoption et assistance médicale à la procréation : deux poids, deux mesures 125

Les risques psychologiques de l'adoption 130
Risques relatifs aux enfants 131
Risques psychologiques dus aux parents adoptifs 143
Les erreurs d'aiguillage 154
Qu'entend-on par le deuil de l'enfant biologique ? 155
Conseils aux futurs et aux nouveaux parents adoptifs 156

6. Un enfant à tout prix ou des parents à tout prix
Éthique et morale dans l'adoption 159
La dualité de l'adoption 159
Mieux vaut avoir deux familles que pas du tout ! 159
Changer de culture en changeant de parents ? 164
La différence ethnique et le racisme 170
L'annonce : quand et comment dire à un enfant qu'il a été adopté 172
Les secrets 176
Les cas particuliers de l'adoption 177
Tout le monde peut-il adopter ? 177
Certains enfants méritent-ils l'adoption plus que d'autres ? 185
En conclusion : respect et humilité 189

7. Mon enfant a traversé des frontières, en est-il plus fragile pour autant ?
La santé des petits adoptés 191
Le risque propre au tout-petit enfant 193
Trois maladies graves dépistées en maternité 194
Les maladies transmises pendant la grossesse 196
Les maladies exotiques 197
Le sida 198
L'hépatite B 199
L'hépatite C 201
L'hépatite Delta 201

L'hépatite A 201
La syphilis 202
La tuberculose 202
Infections bactériennes et parasitaires intestinales 203
La gale, les teignes, les poux 204
Hernie ombilicale 205
Les taches mongoloïdes 206
Le paludisme 206
Les hémoglobinopathies 206
Les vaccinations 207
Nourriture et croissance 208
Le retard de croissance 208
Le rachitisme 210
Les anémies 210
La puberté précoce 210
Le nanisme psychosocial 217
Le risque neurologique 219
Quelques exemples de retard psychomoteur 221
Doit-on avoir confiance dans les données fournies par le pays d'origine ? 224
Quelques précautions pour le voyage 225
« United colours of Monléon » 226

8. Adoption : mode d'emploi

Le déroulement des démarches 231
Pourquoi est-ce si long ? 231
La décision de l'adoption 234
Le déroulement de l'adoption 236
L'agrément 236
Le refus d'agrément 241
L'adoption d'un enfant français 243
L'adoption d'un enfant étranger 253
Adopter un enfant de manière illégale 264
L'adoption par l'enfant adopté 265
L'adoption par la famille élargie 266

Les associations de parents adoptifs 268
Adoption et Internet 269

9. Aspects juridiques de l'adoption
La filiation par le juge 271
Adoption simple en famille, adoption plénière en société 275
La problématique de l'accouchement sous X 278

Les petits adoptés, explorateurs du XXIe siècle 289

Annexes
Adresses utiles 293
Bibliographie 295

Imprimé en France par Dumas-Titoulet Imprimeurs à Saint-Étienne
N° d'édition : 003564-05 – N° d'imprimeur : 45510 – Dépôt légal : mai 2007